# HISTOIRE DE FRANCE

MOYEN AGE

## OUVRAGES DU MÊME AUTEUR

HISTOIRE DE FRANCE *et notions d'histoire générale.* — TEMPS MO-
DERNES. *(Deuxième année de l'enseignement spécial.)* 1 vol.
in-18 jésus, cart. . . . . . . . . . . . . . . . . . 2 fr. 50

HISTOIRE DE FRANCE *et notions d'histoire générale.* — ÉPOQUE
CONTEMPORAINE. *(Troisième année de l'enseignement spécial.)*
1 vol. in-18 jésus, cart. . . . . . . . . . . . . . 2 fr. 50

RÉSUMÉ D'HISTOIRE MODERNE, 1610-1789. 1 vol. in-18 jésus,
cart. . . . . . . . . . . . . . . . . . . . . . . . . . 1 fr. 50

RÉSUMÉ D'HISTOIRE CONTEMPORAINE, 1789-1886. 1 vol. in-18 jésus,
cart. . . . . . . . . . . . . . . . . . . . . . . . . . 2 fr. 50

RÉSUMÉ D'HISTOIRE MODERNE ET CONTEMPORAINE. 1 vol. in-18
jésus, cart. . . . . . . . . . . . . . . . . . . . . 4 fr. »

ENSEIGNEMENT SECONDAIRE SPÉCIAL

# HISTOIRE DE FRANCE

ET

## NOTIONS D'HISTOIRE GÉNÉRAL

### MOYEN AGE

Rédaction conforme aux programmes officiels du 10 Août 1886

AVEC PORTRAITS, CARTES, RÉSUMÉS ET TABLEAUX

PAR

A. GRÉGOIRE

AGRÉGÉ DE L'UNIVERSITÉ
PROFESSEUR D'HISTOIRE AU LYCÉE SAINT-LO

PREMIÈRE ANNÉE

PARIS
GARNIER FRÈRES, LIBRAIRES-ÉDITEURS
6, RUE DES SAINTS-PÈRES

# INTRODUCTION

## Grandes divisions de l'histoire.

Pour se reconnaître à travers la longue suite des siècles il est nécessaire de choisir quelques *grandes époques* et de marquer, pour ainsi dire, les étapes du genre humain. On est convenu d'une division en trois périodes : — l'**Antiquité**; — le **Moyen âge**; — les **Temps modernes**.

L'**Histoire ancienne** remonte aux premiers temps du genre humain; elle comprend : 1° l'histoire des peuples orientaux : *Égyptiens*, *Assyriens*, *Juifs*, *Phéniciens*, *Perses*, etc.; — 2° l'histoire des *Grecs*; — 3° l'histoire des *Romains*. — Elle s'étend depuis les temps les plus reculés jusqu'aux invasions des Barbares, qui, après la mort de Théodose, en l'an 395 de notre ère, détruisent l'Empire romain, héritier de tous les vieux empires.

Le **Moyen âge**, ou âge intermédiaire entre l'Antiquité et les Temps modernes, est une longue époque de souffrances. Les sociétés nouvelles se forment péniblement, sous la triple influence de l'Antiquité, du Christianisme et des mœurs germaniques. — On prolonge ordinairement cette période de l'histoire jusqu'à la prise de Constantinople par les Turcs Ottomans, en 1453.

**L'Histoire moderne** s'étend depuis le milieu du quinzième siècle jusqu'à nous. Les nations de l'Europe se sont enfin constituées ; la civilisation renaît et se développe rapidement ; le progrès emporte les hommes, émancipés par la science, vers un état social de jour en jour mieux réglé et plus libre. — La période des temps modernes qui commence à la Révolution française de 1789 est désignée sous le nom d'**Histoire contemporaine**.

# HISTOIRE GÉNÉRALE

## MOYEN AGE

### I

### La Gaule indépendante.

Résumé.

1. — La Gaule était bornée par le Rhin, les Alpes, la Méditerranée, les Pyrénées et l'océan Atlantique : c'étaient des limites naturelles.

2-7. — Pendant la longue durée de l'âge de la pierre, on élève les monuments *mégalithiques*. L'âge de l'histoire ne commence pour notre pays que vers le sixième siècle avant l'ère chrétienne. La Gaule est alors froide, couverte de forêts, pleine d'animaux féroces ; — elle est habitée, au sud, par les Ibères, venus d'Espagne ; au centre et au nord par les Gaulois et les Belges, venus d'Asie.—Vers l'an 600, des Grecs ont fondé Marseille. — Il n'y a ni unité de race, ni unité de langue, ni unité politique.

8-9. — Les Gaulois n'ont point de villes. Ils sont braves et hospitaliers, mais grossiers et querelleurs. Ils ne connaissent aucune discipline et leurs armes sont très imparfaites.

10. Les Gaulois croient à l'immortalité de l'âme ; leurs prêtres sont les Druides ; la récolte du gui sacré est la principale cérémonie d'un culte malheureusement ensanglanté par des sacrifices humains.

11-12. — Entraînés par leur esprit aventureux, les Gaulois font de nombreuses expéditions en Espagne, en Italie, en Grèce et jusqu'en Asie Mineure ; en l'année 390, ils incendient Rome, la future maîtresse du monde.

RÉCIT.

**1. La Gaule.** — Notre pays s'appelait autrefois la **Gaule**. — La Gaule était bornée : au nord, par la *mer du Nord* et par la *Manche* ; — à l'ouest, par l'*océan Atlantique* ; — au sud, par les *monts Pyrénées* et la *mer Méditerranée* ; — à l'est, par la chaîne des *Alpes occidentales* et par le cours du *Rhin*, depuis sa source jusqu'à son embouchure. C'étaient des **limites naturelles**.

Ainsi limitée, la **Gaule** était **plus vaste que la France d'aujourd'hui**. Elle comprenait, outre notre pays actuel, les territoires qui forment la Belgique, les provinces méridionales de la Hollande, la plus grande partie de la Suisse et la portion de l'empire d'Allemagne qui est située sur la rive gauche du Rhin (Alsace-Lorraine, partie de la Hesse-Darmstadt, Bavière rhénane, Prusse rhénane).

L'heureuse situation de la région gauloise a été remarquée dès les temps anciens : « *Il semble*, écrivait l'illustre géographe Strabon, au temps d'Auguste, *il semble qu'un dieu tutélaire éleva ces chaînes de montagnes, rapprocha ces mers, traça et dirigea le cours de tant de fleuves pour faire un jour de la Gaule le lieu le plus florissant de la terre.* »

**2. Les temps préhistoriques.** — Les premiers habitants de la Gaule, aux *temps préhistoriques*, ne nous sont que fort peu connus. Ils étaient contemporains d'espèces animales depuis longtemps disparues, telles que le *mammouth*, sorte d'éléphant gigantesque de cinq à six mètres de hauteur, tout couvert d'une toison rousse, avec des défenses longues de quatre mètres, recourbées en arc de cercle. Pour se défendre contre des ennemis aussi redoutables, ils n'eurent pendant longtemps que la force de leurs bras et les branches qu'ils arrachaient aux troncs des arbres (1). Peu à peu, ils apprirent à

---

(1) Ce fut l'*âge du bois* (BROCA).

tailler la pierre. Avec des fragments de *silex*, ils se firent des armes, lances ou haches, des outils indispensables, des couteaux, des scies par exemple ; ils se servirent de poteries grossières faites à la main ; ils surent employer les os et les cornes des animaux. Ils étaient *troglodytes*, c'est-à-dire habitaient dans des cavernes, ou bien encore ils vivaient au milieu des lacs, dans de misérables cabanes construites sur pilotis (*habitations lacustres*). Ce fut l'**Age de la pierre** dont la durée a été prodigieuse (1).

**3. Pierres druidiques.** — C'est alors que furent dressés sur notre sol ces monuments grossiers que l'on a longtemps appelés « *monuments druidiques* ». On a reconnu qu'ils n'ont aucun rapport avec la religion des Druides, et on les nomme aujourd'hui **monuments mégalithiques**, c'est-à-dire « construits de grandes pierres. » On trouve des monuments semblables dans presque toutes les parties du monde, mais, comme ils sont plus nombreux en Bretagne que partout ailleurs, on leur a généralement conservé leurs noms bretons. On distingue :

1º Les **Peulvans** ou **Menhirs**, blocs énormes de pierres brutes, plantés debout et ayant parfois 16 mètres de hauteur.

2º Les **Cromlechs** formés de menhirs rangés en un cercle unique ou en plusieurs cercles concentriques, quelquefois autour d'un menhir plus élevé.

3º Les **Alignements** formés de menhirs plantés en lignes parallèles. Les plus célèbres sont ceux de la lande de *Carnac*, dans le Morbihan ; ils occupent une étendue de trois kilomètres et se composaient il y a quelques années encore, avant que les paysans eussent commencé à les exploiter comme une carrière, de plus de quatre mille blocs, disposés en onze lignes.

4º Les **Pierres branlantes**, grandes pierres posées en équilibre sur quelque pointe de rocher ; aucune force humaine

---

(1) Nos musées renferment de nombreux débris de l'industrie grossière de nos premiers pères. Les plus remarquables se trouvent au *musée gallo romain de Saint-Germain-en-Laye* (Seine-et-Oise).

ne peut les déplacer, mais un enfant peut les mettre en branle (1).

5° Les **Dolmens**, lourdes tables formées d'une grande

Pierre levée (dolmen) près de Poitiers.

pierre plate posée horizontalement sur deux ou plusieurs roches verticales. On les connaît, dans un grand nombre de

---

(1) La *pierre branlante* de Perros-Guyrech (Côtes-du-Nord) est longue de 14 mètres sur 7 d'épaisseur ; un seul homme peut la mettre en branle malgré son poids de 500,000 kilogrammes.

départements, sous le nom de : *pierre levée, pierre levade, table du diable, tuile des fées*, etc. (1).

6° Les **Allées couvertes** formées d'une succession de dolmens.

**4. L'âge de l'histoire.** — Les premières populations de notre pays furent détruites ou soumises, probablement entre le x$^e$ et le vii$^e$ siècle avant notre ère, par de nouvelles populations venues de l'est ou du sud. (Cf. § 5.) C'est alors qu'on apprit l'usage des métaux. Avec l'**âge du fer**, nos ancêtres, munis d'instruments irrésistibles, purent librement défricher le sol, détruire les animaux féroces, tailler le bois et la pierre, construire des habitations durables ; une première civilisation devint possible, et, *vers le sixième siècle*, notre pays entre dans l'**âge de l'histoire**.

La Gaule était alors loin de ressembler à la France d'aujourd'hui. « Elle était couverte de marais inabordables, de vastes forêts point exploitées, livrées au hasard de la végétation primitive, peuplée de loups, d'ours, *d'aurochs* même ou grands bœufs sauvages, et d'élans, animaux qui ne se rencontrent plus que dans les froides régions du nord-est de l'Europe (2). Nos meilleurs fruits, nos meilleurs légumes étaient inconnus. Une température froide et âpre régnait sur cette terre. Les rivières gelaient presque tous les hivers, assez fort pour être traversées par les chariots. » *(Guizot.)*

**5. Populations : — Ibères; Gaulois; Belges.** — Il n'y avait en Gaule **ni unité de race, ni unité de langue**.

Vers le commencement du vi$^e$ siècle, les peuples établis en Gaule (6 ou 7 millions d'hommes) appartenaient à trois familles; on distinguait :

1° Les **Ibères** ;
2° Les **Gaulois** ;
3° Les **Belges**.

---

(1) Il y a quelques dolmens près de Paris : — la *pierre turquoise* dans la forêt de Carnelles, entre Beaumont-sur-Oise et Luzarches ; — le dolmen de Rumont, près de Fontainebleau ; — le dolmen de Moret ; — celui d'Argenteuil. — (2) Le nom de la *Bièvre*, petit cours d'eau qui se jette dans la Seine à Paris même, signifie « rivière des castors ».

1° Les **Ibères** occupaient l'Espagne (*péninsule ibérique*) et la Gaule méridionale (1). Ils étaient petits, secs et bruns. On ne sait pas de quel pays ils étaient originaires. On suppose qu'ils étaient arrivés en Gaule, non pas de l'Orient comme les autres peuples, mais du Midi, peut-être de l'Afrique. Leur langue n'appartient pas à la famille des langues européennes, comme les autres idiomes de la Gaule; elle ne se rattache à aucune langue connue. Elle est encore aujourd'hui parlée par les *Basques* qui vivent au sud de l'Adour (2). — Les Ibères différaient également par les mœurs des autres habitants de la Gaule, et ils ne se mêlèrent jamais dans leurs guerres.

2° Les **Gaulois** occupaient le pays compris entre la Garonne, les Alpes, la Seine et l'Océan. Comme les Latins, comme les Grecs, comme presque tous les peuples de l'Europe, ils appartenaient à la grande *famille des Aryas*, établie à l'origine en Asie entre la mer Caspienne et l'Hindoustan. Ils avaient subjugué les *Celtes*, venus avant eux dans notre pays, et donné leur nom à tout le territoire. Les Gaulois avaient la taille moyenne, les cheveux châtains, les yeux bleus. On trouve des traces de la langue qu'ils parlaient dans les idiomes celtiques encore usités aujourd'hui en Écosse, en Irlande, dans le pays de Galles (3) et dans la Bretagne française.

3° Les **Kymris** occupaient le nord de la Gaule sous le nom de **Belges**. Grands et blonds, ils formaient par leur aspect et leurs mœurs une transition entre les Gaulois et les Germains.

**6. Colonies grecques.** — Vers l'an 600, des **Grecs**, venus de *Phocée*, en Asie Mineure, fondèrent, sur le littoral méditerranéen, des villes dont les noms grecs se sont conservés depuis avec de légères modifications : *Agathè Tychè* ou

---

(1) L'*Aquitaine* de César. — (2) C'est la langue *euskara*. D'autres Ibères ont oublié leur idiome national pour apprendre ceux de leurs voisins ; ce sont les Gascons. Mais *Basque* et *Gascon*, c'est le même mot avec un léger changement. — (3) Les Gaulois ne s'étaient pas établis seulement en Gaule ; ils avaient également occupé les îles Britanniques.

« la Bonne Fortune » (Agde)(1); — *Nikè* ou « la Victoire » (Nice); — *Antipolis* ou « la cité en face » de Nice (Antibes); etc. Mais la plus importante de ces colonies fut **Massilia** (Marseille), dont le nom gaulois signifie « le mas ou la maison des Salyes », parce que c'est sur le territoire de ce peuple que s'éleva la ville nouvelle.

Une gracieuse légende se rattache à la fondation de Marseille. Un marchand phocéen, *Euxène*, aborda à quelque distance du Rhône. Le roi du pays, *Nann*, reçut bien l'étranger et l'invita au festin des fiançailles de sa fille, *Gyptis*. Celle-ci devait offrir une coupe pleine à celui des convives qu'elle choisissait comme époux; ce fut Euxène qu'elle désigna. Nann accepta le choix de sa fille et donna au Phocéen le golfe où il avait pris terre. — Les nouveaux venus payèrent aux Gaulois leur hospitalité en leur apprenant la culture de la vigne et celle de l'olivier. « *Marseille*, dit Strabon, *fut l'institutrice des Barbares; elle les initia aux arts et aux connaissances de la Grèce.* »

**7. Absence d'unité politique.** — La Gaule possédait encore moins l'unité politique que l'unité de race ou de langue. Les Ibères, les Gaulois, les Belges, étaient divisés en **une centaine de peuples** indépendants les uns des autres.

Les noms de ces petits peuples se sont conservés dans les noms des villes et des provinces de France : ainsi les *Rèmes* ont donné leur nom à Reims; les *Turons* à Tours et à la Touraine; les *Andégaves* à Angers et à l'Anjou; les *Parisii* à Paris; les *Lemoviks* à Limoges et au Limousin; les *Bituriges* à Bourges et au Berry; les *Senones* à Sens; les *Tricasses* à Troyes; les *Lingons* à Langres; les *Bellovaks* à Beauvais; les *Ambiani* à Amiens; les *Atrebates* à Arras; les *Suessiones* à Soissons; les *Mediomatriks* à Metz, etc. — **L'unité romaine** aura facilement raison de l'anarchie gauloise.

**8. Manière de vivre des Gaulois.** — Les Gaulois vivaient grossièrement dans des huttes faites de boue et de planches, formées d'une seule pièce ronde, ouvertes au jour par la porte seulement, avec des toits pointus revêtus de

---

(1) AGDE, ch.-l. de canton (Hérault).

chaume. Au-dessus de la porte, on clouait, à côté des têtes de loups et de sangliers, les têtes des ennemis tués dans les combats. Il n'y avait pas de villes, mais seulement des *oppida*, forteresses construites de pierres et de madriers en

## GAULE INDÉPENDANTE

tremêlés, refuges en temps de guerre, sans habitants pendant la paix.

Plus tard, au second et au premier siècle avant notre ère, s'élevèrent dans le voisinage de la province romaine (Cf. II, § 1) des villes gauloises avec quelque industrie et quelque commerce comme *Vesuntio* (Besançon); *Bibracte* (Autun); *Alésia* (1), dont l'emplacement a donné lieu à tant de

---

(1) ALÉSIA, probablement *Alise-Sainte-Reine*, village du dép. de la

controverses. Sur la Loire, qui formait une des grandes voies commerciales, on trouvait *Genabum* (Orléans) (1), déjà fréquenté par des marchands italiens ; et, dans le bassin de la Seine, *Durocorter* (Reims) ; *Melodunum* (Melun) ; *Lutetia* (Paris) ; — dans le centre, *Avaricum* (Bourges) ; — sur l'Océan, quelques petits ports gaulois commerçaient avec l'Espagne et les îles Britanniques.

Les Gaulois portaient des espèces de pantalons appelés *braies* ; un manteau aux couleurs voyantes appelé *sagum* ou *saie* ; des chaussures appelées par les Romains *gallicæ* ou gauloises, d'où est venu notre mot de *galoches*. — Chez les plus riches on trouvait bien quelques vases d'or et d'argent, mais pas de meubles. « L'or et les troupeaux constituaient toute la richesse, parce que ce sont des biens qu'on peut transporter avec soi, à tout événement. » (*Polybe*) (2). — « Les Gaulois, dit le même historien, prennent leurs repas, accroupis autour d'une table ronde, sur des peaux de loup et de chien. A côté d'eux, sont des foyers flamboyants avec des chaudières et des crocs garnis de quartiers entiers de viande. On honore les braves en leur offrant les meilleurs morceaux. »

Les armes des Gaulois étaient très imparfaites ; c'étaient de mauvais sabres, des épieux durcis au feu, souvent même des haches de pierre. Beaucoup d'entre eux combattaient nus, par bravade.

**9. Caractère des Gaulois.** — Les Gaulois étaient généreux, hospitaliers, sensibles aux beaux discours ; mais en même temps, ils étaient légers, inconstants et querelleurs. — « Ils invitent les étrangers à leurs festins, dit l'historien que nous avons cité, et ce n'est qu'après le repas qu'ils leur demandent qui ils sont et ce qu'ils viennent faire dans le pays. Souvent, pendant qu'ils mangent, leurs discours font

---

Côte-d'Or, sur le mont Auxois, près de Semur. C'est sur le mont Auxois qu'a été élevée la statue de Vercingétorix. — (1) GENABUM, fut appelé par les Romains *Aureliana* : de là le nom d'Orléans. — (2) POLYBE, historien grec. Il vivait au second siècle avant notre ère ; il a écrit une *Histoire générale*, remarquable par le tableau des institutions, la peinture des caractères, l'indication des causes et des résultats des grands faits historiques.

naître des querelles, et ils se provoquent à des combats singuliers. »

Pleins de bravoure, ne craignant pas la mort, ils aimaient la guerre avec passion. — « *Nous ne craignons qu'une chose*, disaient-ils, *c'est que le ciel ne tombe sur nos têtes.* » — « *Nous portons*, disaient-ils encore, *notre droit à la pointe de nos épées; tout appartient aux braves.* » — Mais, au combat, ils ne connaissaient aucun ordre, aucune discipline ; s'ils étaient terribles au premier choc, ils se décourageaient facilement et se laissaient aller à de fréquentes *terreurs paniques*.

**10. Religion des Gaulois. — Les Druides.** — Les Gaulois adoraient les forces naturelles, le soleil, la lune, les astres, les eaux, le vent, le tonnerre, tout ce qui leur paraissait terrible ou merveilleux. Mais ils adoraient aussi les forces morales et intelligentes : *Hésus*, le génie de la guerre; *Teutatès*, celui du commerce; *Ogmius*, le dieu de la poésie et de l'éloquence, représenté avec des chaînes d'or sortant de sa bouche pour aller saisir et entraîner ceux qui l'écoutaient. Il y avait également un grand nombre de divinités locales, comme *Vosège*, génie de la forêt des Vosges; *Arduinna*, génie de la forêt des Ardennes, etc.

La religion était enseignée par des prêtres appelés **Druides** ou hommes des chênes, parce qu'ils vivaient au fond des forêts. Les Druides étaient à la fois grands prêtres, sacrificateurs, juges, conseillers des chefs. Ils adoraient un dieu suprême, maître des autres dieux, et croyaient à l'immortalité de l'âme. Ils exerçaient le plus grand empire sur l'esprit du peuple. « Les Druides, dit César dans ses Commentaires, si un particulier ou un homme public refuse de souscrire à leur sentence, lui interdisent l'accès des sacrifices, ce qui est chez eux la peine la plus grave. Ceux qui en sont frappés sont mis au rang des impies et des scélérats; tout le monde s'éloigne d'eux, fuit leur rencontre et leur entretien, de peur que leur contact ne devienne funeste; aucune action en justice ne leur est ouverte et ils sont exclus de tous les honneurs. ». — C'est déjà l'*excommunication*, cette arme si redoutable du clergé chrétien pendant le moyen âge.

Les **Bardes** étaient des prêtres publics; ils formaient une sorte de corporation laïque; dans les sacrifices, ils entonnaient les litanies religieuses; dans leurs chants ou *bardits*, ils célébraient les hommes de cœur et déshonoraient les lâches. — Les **Eubages**, magiciens et médecins, étaient chargés des services inférieurs du culte.

La cérémonie religieuse la plus importante était la **récolte du gui**, petite plante parasite qui croît sur les branches du chêne. A certaines époques, un druide allait couper solennellement, avec une faucille d'or, la plante sacrée. Un autre druide la recevait sur une toile blanche, car elle ne devait pas toucher le sol, et en distribuait les feuilles aux assistants. On croyait que ces feuilles avaient la vertu de guérir toutes les maladies. — Le culte était malheureusement souillé par de fréquents **sacrifices humains**. Les victimes étaient égorgées sur les dolmens, ou bien entassées dans d'immenses mannequins en osier et brûlées vives.

Les Druides dominèrent pendant longtemps, mais, vers le troisième siècle, leur pouvoir fut ruiné par l'aristocratie des guerriers.

**11. Expéditions des Gaulois.** — Entraînés par leur esprit aventureux, les Gaulois firent de nombreuses expéditions. « Quand le conseil de la tribu avait décidé qu'il y aurait émigration, on amassait des vivres, on rassemblait de tous les côtés des bœufs et des chariots, et, sous le commandement d'un **brenn** ou chef, l'on partait, femmes, enfants, guerriers, marchant droit devant soi, pillant quand il y avait à piller, combattant ceux qui refusaient le passage, et s'arrêtant là où de belles plaines, de riches vallées invitaient la horde au repos. »

Les Gaulois franchirent les Pyrénées et, mêlés aux indigènes de la péninsule ibérique, ils donnèrent naissance au peuple *celtibérien*; — ils franchirent les Alpes et s'établirent en grand nombre dans la plaine du Pô, qui devint la *Gaule cisalpine* (1);

---

(1) GAULE CISALPINE, c'est-à-dire en deçà des Alpes par rapport à Rome. La Gaule proprement dite était pour les Romains la *Gaule transalpine*, c'est-à-dire au-delà des Alpes; pour nous, ce serait le contraire.

— ils pénétrèrent jusqu'en Grèce où ils pillèrent le trésor sacré de *Delphes* ; — jusqu'en Asie Mineure où ils formèrent un petit État, longtemps redoutable à ses voisins, la *Galatie*.

**12. Prise de Rome, 390.** — Vers l'an 390, une armée gauloise, s'avançant vers l'Italie méridionale, vainquit les Romains sur les bords de l'**Allia** (1).

Quand les vainqueurs arrivèrent devant Rome, toute la population, frappée de terreur, s'était enfuie. Les jeunes gens seuls étaient restés pour défendre le **Capitole**, c'est-à-dire la citadelle, et, avec eux, un certain nombre de vieux magistrats. Ceux-ci avaient résolu d'attendre la mort dans leurs demeures ; et ils s'étaient assis, revêtus de la robe qu'ils portaient dans les cérémonies religieuses, ayant à la main le bâton d'ivoire, signe de leurs dignités. — Les Gaulois arrivèrent. Ne rencontrant personne dans les rues, ils s'effrayèrent de cette solitude, car ils craignaient qu'elle ne cachât quelque piège. Ils éprouvaient une sorte de respect religieux à l'aspect de ces augustes vieillards dont l'air grand et l'attitude imposante semblaient représenter la majesté des dieux. L'un d'eux s'avisa pourtant de toucher de la main la barbe de l'un des vieillards ; celui-ci frappa le barbare de son bâton d'ivoire. Les Gaulois, furieux, massacrèrent tout ; la ville fut incendiée et pillée.

Les Gaulois assiégèrent le Capitole. Une nuit, ils tentèrent l'escalade et faillirent surprendre la garnison endormie. Déjà ils étaient parvenus au sommet, lorsque, dit la légende, les oies sacrées (2) se mirent à crier et réveillèrent les défenseurs de la citadelle. — Cependant la famine força la garnison du Capitole à se rendre. Elle dut payer mille livres pesant d'or pour sa rançon. Pour augmenter la somme convenue, les Gaulois apportèrent de faux poids, et, comme les Romains se récriaient : « **Malheur aux vaincus !** » dit le *brenn* en jetant dans la balance son baudrier (3) et sa lourde épée.

Les Gaulois se retirèrent, mais, pendant un demi-siècle,

---

(1) ALLIA, petit ruisseau affluent du Tibre, à 15 kil. de Rome. — (2) C'est-à-dire consacrées aux dieux. — (3) BAUDRIER, bande de cuir ou d'étoffe mise en écharpe pour supporter l'épée ou le sabre.

leurs bandes, établies dans les montagnes voisines, prirent part à toutes les guerres que Rome soutint pour relever sa puissance, et plus d'une fois encore nos ancêtres firent trembler les futurs maîtres du monde.

**Devoirs oraux.** — 1. Aspect de la Gaule vers le sixième siècle avant notre ère. — 2. La fondation de Marseille. — 3. Le courage des Gaulois. — 4. Festins des Gaulois. — 5. La récolte du gui. — 6. La prise de Rome.

**Devoirs écrits.** — 1. Limites et aspect de la Gaule vers le sixième siècle; les populations de la Gaule. — 2. Les temps préhistoriques et les pierres druidiques. — 3. Dites ce que vous savez sur le caractère des Gaulois, leurs mœurs, leur manière de vivre et de combattre. — 4. Les Druides et la religion des Gaulois. — 5. Les expéditions gauloises et la prise de Rome. — 6. Résumé du chapitre I.

**Carte à tracer.** — La Gaule avec les noms de peuples et de villes cités dans ce chapitre.

## TABLEAU I.

### La Gaule indépendante.

| | | | |
|---|---|---|---|
| 1º Limites de la Gaule | Rhin; Alpes, Méditerranée, Pyrénées, Océan. | Limites naturelles. | |
| 2º Les premiers âges | âge de la pierre | cavernes, habitations lacustres. armes de silex. monuments mégalithiques | menhirs, cromlechs, dolmens. |
| | âge du fer | première civilisation avec peuples venus d'Asie (*Aryas*). | |
| | âge de l'histoire. | vers le VIᵉ siècle avant J.-C. | |
| 3º Populations au VIᵉ siècle | 1. Ibères, venus du Sud; leur isolement. 2. *Gaulois* au Centre, 3. *Belges* au Nord, | venus d'Asie. | une centaine de peuplades; anarchie politique. |
| | 4. *Colonies grecques*. | Marseille (*Euxène*). Agde. Nice. Antibes, etc. | |

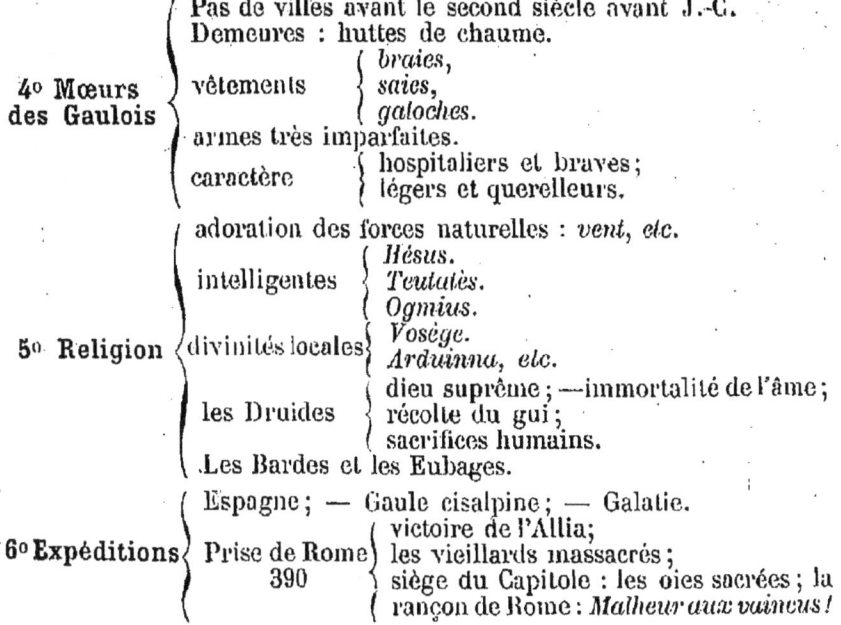

## II

## La Gaule romaine.

### Résumé.

1. — Les Gaulois, attaqués par les Romains, devaient succomber parce qu'ils n'étaient pas unis. Les légions occupèrent d'abord les deux versants des Alpes; puis, elles achevèrent la conquête du pays sous la conduite du célèbre Jules César. Cette dernière lutte dura huit ans, de 58 à 50 avant J.-C.

2-3. — L'Arverne Vercingétorix essaya de sauver la Gaule en lui donnant l'unité; mais, vaincu et assiégé dans Alésia, il se livra à César pour sauver ses compagnons. L'indépendance gauloise était perdue.

4-6. — La Gaule adopta la langue et la civilisation du

vainqueur. Elle fut longtemps prospère sous la domination romaine. C'est alors que commença à se développer la ville de Lutèce, appelée plus tard Paris.

7. — C'est alors que le Christianisme se répandit dans notre pays. Il fut prêché par saint Pothin, saint Denis, saint Martin. La Gaule était chrétienne lorsque l'Empire romain s'écroula au v$^e$ siècle de notre ère.

Récit.

1. **Conquête de la Gaule par les Romains.**
— Les Romains jurèrent de combattre « *tant qu'il existerait un seul homme de cette race qui avait incendié Rome.* » **La lutte dura trois siècles.** Le courage discipliné des légions (1) romaines devait l'emporter à la longue sur le courage désordonné des bandes gauloises.

Les Romains occupèrent d'abord la *Gaule Cisalpine* pour opposer la barrière des Alpes aux envahisseurs. Bientôt cette barrière fut trouvée insuffisante et les légions pénétrèrent dans la *Gaule Transalpine*. Le pays compris entre la Méditerranée, les Cévennes, les Alpes et le cours supérieur du Rhône, fut conquis et annexé au territoire de Rome sous le nom de **Province**, qui s'est conservé dans celui de *Provence*. La ville d'*Aix* (2) fut fondée en 122 ; celle de *Narbonne* (3) en 118.

La conquête de la Gaule, un moment interrompue, fut reprise et achevée par le célèbre **Jules César**, le plus grand capitaine des temps anciens.

Cette dernière lutte dura huit ans (58-50 av. J.-C.); elle devait fatalement se terminer par la défaite des Gaulois. Les Gaulois n'étaient pas une nation; ils étaient **une centaine**

---

(1) Légions, nom donné aux divisions de l'armée romaine. — (2) Aix, sous-préfecture des Bouches-du-Rhône; en latin *Aquæ Sextiæ*, c'est-à-dire les « eaux thermales de Sextius », nom du fondateur de la ville. — (3) Narbonne, sous-préfecture de l'Aude. A l'époque romaine Narbonne fut un port florissant; il a été comblé par les sables de la mer et les alluvions des rivières voisines. Narbonne est aujourd'hui à plusieurs kilomètres du littoral.

de petits peuples que n'unissaient aucune autorité supérieure, aucun sentiment commun. Leur seul patriotisme, c'était l'amour du petit État dont chacun d'eux faisait partie. Les Romains comptèrent toujours de nombreux Gaulois dans leurs armées. Dans l'intérieur de chaque État les esprits étaient divisés ; il y avait partout lutte entre les nobles et le peuple, réduit à une véritable servitude. Les nobles, pensant avant tout au succès de leur faction, appelaient l'étranger et lui ouvraient les portes des villes où ils avaient le pouvoir.

Ce fut seulement pendant la septième année de la guerre que César vit la Gaule presque entière s'unir contre lui.

**2. Vercingétorix. — Siège d'Alésia.** — Les Gaulois avaient enfin compris ce qu'il y avait de funeste dans leurs dissensions et ils se donnèrent un chef suprême. **Vercingétorix**, chef d'une illustre famille des *Arvernes* (1), défendit avec héroïsme l'indépendance de la Gaule. Mais l'union était venue trop tard : il échoua. Après quelques succès, après la victoire de *Gergovie*, près de Clermont, il fut vaincu dans une grande bataille et contraint de se réfugier avec toute son armée sous les murs d'**Alésia**, forte place assise sur le plateau d'une colline escarpée (2).

César.

---

(1) ARVERNES. Le pays des Arvernes s'est depuis appelé l'*Auvergne* (départements du Puy-de-Dôme, et du Cantal.) — (2) ALÉSIA, probablement Alise-Sainte-Reine, village du département de la Côte-d'Or, sur le mont Auxois, près de Semur.

César conçut l'audacieuse pensée de terminer cette guerre redoutable d'un seul coup, en assiégeant à la fois la ville et l'armée. Il creusa d'abord trois enceintes de fossés profonds et borda le dernier d'une terrasse élevée, palissadée de troncs d'arbres fourchus, et protégée par vingt-trois forts. En avant des fossés il plaça cinq rangées de chevaux de frise (1) et huit lignes de pieux enfoncés en terre et dont la pointe était cachée sous des branchages ; plus près encore du camp ennemi, il disposa des pièges armés d'aiguillons acérés. Tous ces ouvrages furent répétés du côté de la campagne.

Ces travaux, les plus considérables qu'une armée romaine ait jamais entrepris, furent exécutés en cinq semaines par moins de soixante mille hommes.

Vercingétorix s'était efforcé d'arrêter les Romains dans leurs travaux par des attaques continuelles. Il n'avait pas réussi. Ne pouvant nourrir sa cavalerie, il la renvoya avant que les lignes de blocus fussent achevées : « *Je puis*, dit-il à ses cavaliers, *tenir trente jours ; mais que tous les peuples se lèvent en masse ; que la Gaule n'abandonne pas à l'ennemi celui qui s'est dévoué pour elle et ses 80,000 frères.* » Cet appel suprême fut entendu et la Gaule, après tant de défaites, après tant de sang répandu, sut trouver encore plus de 200,000 guerriers. Mais l'armée de secours vint se briser contre les obstacles insurmontables que César avait accumulés ; elle fut vaincue et forcée de chercher son salut dans la fuite. — Alésia n'avait plus qu'un parti à prendre, la soumission.

**3. Dévouement de Vercingétorix.** — La patrie était perdue, mais Vercingétorix pouvait peut-être encore quelque chose pour ses frères. Il espéra qu'en venant se livrer lui-même au vainqueur, il adoucirait sa colère et sauverait ses compagnons de la mort ou de l'esclavage.

Au matin de l'horrible nuit qui suivit le dernier combat, on vit sortir des portes de la ville un cavalier de haute taille, couvert d'armes splendides, monté sur un cheval magnifiquement paré. C'était Vercingétorix. Il traversa au galop l'intervalle

---

(1) CHEVAL DE FRISE, grosse pièce de bois traversée par des pieux ferrés.

des deux camps, tourna trois fois autour du tribunal de César, puis, sautant à bas de son cheval, il jeta aux pieds du Romain son casque, son glaive, et se tint immobile, sans proférer une parole. Devant la majesté d'une telle infortune les durs soldats se sentaient émus. César, insensible à la grandeur d'âme du vaincu, éclata en reproches, en insultes, et livra le héros gaulois aux liens des licteurs (1).

Vercingétorix attendit six ans dans une horrible prison le jour du triomphe de César. Il parut derrière le char du vainqueur. Au retour de cette cruelle cérémonie, la hache abattit la tête du noble Gaulois (2).

La France ne s'est point montrée ingrate envers la mémoire de Vercingétorix : elle a élevé une statue au défenseur d'Alésia, au Gaulois dans lequel notre patriotisme doit saluer « **le premier Français** ».

**4. La Gaule sous la domination romaine.**\* — La Gaule fit partie de l'Empire romain pendant près de cinq siècles, et, dans un si long espace de temps, elle ne fit pas un seul effort sérieux pour se séparer de cet empire. La Gaule devint si facile à gouverner, que, cent ans après la conquête, cette vaste région n'était gardée que par

\***Nouvelles divisions de la Gaule.** — Auguste, neveu de César et le premier empereur, divisa la Gaule en quatre provinces : *Aquitaine*, des Pyrénées à la Loire ; — *Lyonnaise* ; c'est l'ancienne Celtique ; — *Belgique* ; — *Province*. — Plus tard, de la Belgique on sépara deux provinces nouvelles, deux provinces toutes militaires, sur la rive gauche du Rhin : la *Germanie supérieure* (Mayence) ; la *Germanie inférieure* (Cologne). — Enfin, au début du v$^e$ siècle, il y eut dix-sept provinces : les quatre Lyonnaises, les deux Belgiques, les deux Germanies, les deux Aquitaines, les deux Narbonnaises, la Séquanie, la Viennaise, les Alpes Grées et Pennines, les Alpes Maritimes, la Novempopulanie.

---

(1) LICTEUR, soldat accompagnant le général romain, portant une hache dans un faisceau de verges. — (2) César, dans son style concis et énergique, a résumé cette conquête de la Gaule : « César prit d'assaut 800 villes, soumit plus de cent nations, combattit en différents temps 3 millions d'hommes, dont il a tué un million, vendu un autre million, et mis le reste en fuite. » — Que de calamités sous ces quelques mots

*trois mille soldats*; tout le reste des troupes romaines servait dans des *camps*, sur la frontière du Rhin.

Ce résultat fut dû à l'habile politique des vainqueurs. Les Gaulois ne furent ni réduits en servitude, ni dépouillés de leurs biens; bientôt même ils devinrent citoyens romains, et un Romain pouvait sans exagération dire à un Gaulois: « *Vous partagez l'empire avec nous; c'est souvent vous qui commandez nos légions; vous qui administrez nos provinces; entre vous et nous il n'y a aucune distance, aucune barrière.* »

Au deuxième siècle de notre ère, la **civilisation romaine**

Arènes d'Arles.

avait pénétré partout en Gaule; les Gaulois avaient adopté la langue du vainqueur avec ses lois, sa religion, ses mœurs, sa littérature, ses dignités: ils étaient devenus les **Gallo-Romains**.

Les forêts furent défrichées; l'industrie et le commerce se développèrent; la culture du lin fut transportée de l'Égypte dans la Gaule; les vignobles de la Bourgogne et de la Champagne datent du temps des empereurs.

Les arts et la littérature étaient cultivés avec succès et l'on ac-

courait de loin aux *écoles de Bordeaux, de Lyon, d'Autun*, etc. (1).
La **langue latine** s'était si bien répandue dans tout le pays,
que la **langue française ne contient qu'un nombre
très insignifiant de mots d'origine gauloise.**

**5. Les grandes villes de la Gaule romaine.**
— Les villes de la Gaule devinrent semblables aux villes de
l'Italie et de la Grèce ; elles eurent des temples, des théâtres,

Pont du Gard.

des cirques, des *thermes* (2), des aqueducs. Tous ces monuments
furent élevés, non par des hommes de race romaine, mais par
les Gaulois eux-mêmes, à leurs frais, d'après les décrets de
leurs villes, par un effet de leur pure volonté. Plusieurs de
ces monuments sont encore aujourd'hui debout pour nous
attester quelle fut la prospérité de notre pays sous la domination romaine : les *arènes de Nîmes et d'Arles* (3), *la Maison carrée*

---

(1) Autun, chef-lieu d'arrondissement (Saône-et-Loire). — (2) Thermes,
grands établissements de bains publics. — (3) Arènes, se dit des cirques ou amphithéâtres romains. On y donnait des combats de gladia-
teurs et d'animaux féroces.

de *Nîmes*, les arcs de triomphe d'*Orange* (1), de *Reims*, un grand nombre d'aqueducs dont le plus célèbre est désigné sous le nom de *Pont du Gard*, etc., etc.

**Lyon**, centre de l'administration romaine, était comme la

capitale **de la Gaule.** De ses murs partaient quatre grandes *voies romaines*, allant, à travers les forêts éclaircies et les marais comblés, aboutir aux quatre frontières du pays : la Méditerranée (*Marseille*), le Rhin (*Mayence*), la Manche (*Boulogne*) et l'Océan

---

(1) ORANGE, sous-préfecture de Vaucluse.

(*Brest*). Une cinquième grande voie, partant de Marseille, gagnait *Bordeaux* en passant par *Narbonne*. Sur ces grandes lignes de communication s'embranchaient toutes ces voies romaines dont on retrouve tant de vestiges dans notre pays, toutes jalonnées, de mille pas en mille pas, par des *bornes milliaires* monumentales.

*Fréjus* (1) était le grand arsenal maritime des Romains sur la Méditerranée.

**6. Origine de Paris.** — C'est alors que commença à se développer la ville qui devait devenir si célèbre sous le nom de Paris.

La cité des *Parisii* ou *Parisiens* s'appelait **Lutèce**; elle était renfermée dans la petite île de la Seine qui a gardé depuis le nom de *Cité*. Pendant la guerre de l'indépendance gauloise, les Parisiens luttèrent vaillamment, sous la conduite d'un chef intrépide, nommé *Camulogène*, et incendièrent leur ville plutôt que de la livrer à l'ennemi.

Lutèce reconstruite ne tarda pas à devenir importante par son commerce. Située dans le pays où la Marne, l'Yonne et l'Oise se réunissent à la Seine, elle devait être l'entrepôt naturel de toutes les marchandises de la région, car alors presque tout le trafic se faisait par la voie des fleuves. La *corporation des bateliers et marchands parisiens* devint riche et puissante. Elle avait pris pour emblème le vaisseau qui est demeuré dans les armes (2) de la ville de Paris.

Au IV$^e$ siècle, l'empereur *Julien* résida à Paris. Il fit élever près de la ville le *Palais des Thermes* dont on voit encore aujourd'hui les ruines près du musée de Cluny. Il nous a laissé du Paris d'alors une description curieuse à citer : « J'étais, dit-il, en quartier d'hiver dans ma chère Lutèce ; c'est ainsi que les Gaulois appellent la petite cité des Parisiens, située sur le fleuve qui l'environne de toutes parts, en sorte qu'on n'y peut aborder que de deux côtés, par deux ponts de bois. Il est rare que la rivière se ressente beaucoup des pluies

---

(1) FRÉJUS, ch.-l. de canton (Var). — (2) ARMES, ici l'ensemble des signes peints ou figurés choisis par un homme, par une ville, pour se représenter.

e l'hiver et de la sécheresse de l'été. Ses eaux pures sont
gréables à la vue et excellentes à boire. Les habitants auraient
e la peine à en avoir d'autres, étant, comme ils le sont, dans
ine île. L'hiver n'y est pas rude, ce qu'ils attribuent à l'Océan,
ont ils ne sont qu'à neuf cents stades (1), et qui peut envoyer
usque-là des exhalaisons propres à tempérer le climat. Il

Arc de triomphe d'Orange.

semble, en effet, que l'eau de la mer est moins froide que l'eau
douce. Quoi qu'il en soit, ils ont de bonnes vignes et des figuiers
même, depuis qu'on prend soin de les revêtir de paille (2). »

**7. Le Christianisme en Gaule.** — Ce fut à l'époque
romaine que la **foi chrétienne** se répandit en Gaule, et,
comme les autres pays, la Gaule eut ses martyrs. L'un d'eux,
**Pothin**, fut le premier évêque de Lyon. Lorsque la persécution
éclata dans cette ville, l'évêque Pothin, âgé de quatre-vingts

---

(1) Mesure de longueur usitée dans les temps anciens. — (2) On
voit que les figuiers d'Argenteuil datent de loin, et que c'était alors
le beau temps du vin de Suresnes.

ans, refusa de quitter les siens. Il fut traîné devant le tribunal du gouverneur, au milieu des imprécations de la foule. Le juge lui demandant quel était le dieu des chrétiens : « *Tu le connaîtras*, dit-il, *si tu t'en rends digne.* » Il fut accablé de coups et reconduit dans son cachot, où il expira deux jours après. — On fit paraître au milieu du cirque une jeune esclave, **Blandine**, qui était à peine âgée de quinze ans. On essaya d'abord de triompher de sa foi par la terreur. On l'attacha à un poteau, mais à une certaine distance de terre, de sorte qu'elle voyait à ses pieds les chrétiens déchirés par les bêtes féroces. Elle résista à toutes les menaces. Ramenée dans sa prison, livrée à d'affreuses tortures, elle s'écriait : « *Je suis chrétienne ! il ne se fait pas de mal parmi nous.* » Elle fut fouettée, déchirée par les bêtes, mais elle ne cessait d'exhorter un jeune garçon de son âge, *Ponticus*, à ne pas renoncer au culte du vrai Dieu. Enfin on l'enferma dans un filet et on la livra à un taureau sauvage qui la lança plusieurs fois en l'air. On l'acheva d'un coup d'épée.

A Paris, l'Évangile fut prêché par un illustre apôtre, **Denis**. Le gouverneur romain le fit saisir ainsi que deux de ses compagnons. Les trois chrétiens furent décapités sur la colline qui depuis lors s'est appelée le **Mont des Martyrs** (*Montmartre*).

Au IVe siècle, **saint Martin**, soldat malgré lui dans sa jeunesse, obtint de quitter la milice ; il entra dans la vie religieuse et consacra sa vie à renverser les idoles, à détruire les superstitions dont les campagnes gauloises étaient encore pleines (1). Il devint le plus populaire des missionnaires de la Gaule et

---

(1) Voilà pourquoi du mot *paganus*, ou paysan, on a fait les mots *païen* et *paganisme*. — Nos noms de jours et nos noms de mois rappellent encore aujourd'hui le paganisme romain. Janvier est le mois de Janus ; Mars, celui du dieu de la guerre ; Mai, celui de le déesse Maïa ; Juillet, celui du « divin Jules », c'est-à-dire de César ; Août, celui d'Auguste. Le nom de Février rappelle les fêtes dites *Februa* ; Juin, les fêtes des *Juniores*, c'est-à-dire de la Jeunesse ; Avril vient d'*Aprilis*, mot latin qui rappelle qu'il ouvrait l'année. — Les jours de la semaine ont des noms plus significatifs encore : lundi c'est le jour de la Lune ; mardi, de Mars ; mercredi, de Mercure ; jeudi, de Jupiter ; vendredi, de Vénus ; samedi, de Saturne. Dimanche est un mot chrétien qui vient de *dies dominica* « le jour du Seigneur » ; mais longtemps il a été chez nous le jour du soleil ; il l'est encore en Angleterre, où il se dit *Sunday*, et en Allemagne, où il se dit *Sonntag*.

les vitraux de nos églises ont souvent reproduit la scène qui le représente, à la porte d'Amiens, coupant avec son épée son manteau de soldat, pour en donner la moitié à un pauvre presque nu. Les habitants de Tours lui firent presque violence pour qu'il consentît à être leur évêque.

La Gaule était chrétienne lorsque les Barbares de la Germanie arrivèrent ; l'Empire romain s'écroula et une nouvelle époque commença pour notre pays.

**Devoirs oraux.** — 1. Travaux des Romains devant Alésia. — 2. Dévouement et mort de Vercingétorix. — 3. Origine de Paris. — 4. Histoire de Pothin et de Blandine. — 5. Histoire de saint Martin.

**Devoirs écrits.** — 1. Pourquoi les Gaulois devaient-ils être vaincus par les Romains ? — 2. Histoire de la conquête romaine. — 3. Vercingétorix. — 4. La Gaule sous la domination romaine : sa prospérité. — 5. Premiers développements de Paris. — 6. Tableau des deux premiers chapitres.

**Carte à tracer.** — La Gaule avec les noms cités dans les chapitres I et II.

## TABLEAU II.

### La Gaule romaine.

**1° Conquête de la Gaule par les Romains.**
1. Causes de la défaite des Gaulois : manque d'union et de discipline ; — une centaine de peuples rivaux.
2. Les Romains occupent d'abord la Gaule Cisalpine ; puis, — au-delà des Alpes, — la Province : Aix et Narbonne (122, 118.)
3. Campagnes de Jules César, 58-50.
4. Vercingétorix. — Chef Arverne ; — ses efforts pour unir les Gaulois ; — succès inutile de Gergovie ; — siège d'Alésia ; — doubles lignes des Romains ; — dévouement de Vercingétorix ; — sa mort.

**2° La Gaule romaine.**
1. Près de cinq siècles. — Fusion des vainqueurs et des vaincus : les *Gallo-Romains*.
2. Prospérité de la Gaule.
   - Pays défriché ; — les voies romaines ; — développement du commerce et de l'industrie ; — villes fondées : Lyon, etc. — Lutèce (Paris).
   - Monuments : Arènes de Nîmes. Pont du Gard, etc.
3. Introduction de la langue latine, origine de la langue française.

**3° Le christianisme en Gaule.**
Saint Pothin, premier évêque de Lyon ; — Blandine.
Saint Denis à Paris (*Montmartre*).
Saint Martin (de Tours).

## III

## La grande invasion.

### Résumé.

1-3. — Au v<sup>e</sup> siècle de notre ère, l'Empire romain, affaibli par une longue décadence, sans finances et sans armée, est partagé en deux empires : celui d'Occident, sous Honorius; celui d'Orient, sous Arcadius. — L'Empire d'Occident doit bientôt succomber sous les coups des Barbares venus de la Germanie, poussés en avant par l'invasion des Huns.

4. — Les Wisigoths, conduits par Alaric, pillent l'Empire d'Orient; puis, après la mort de Stilicon, leur rude adversaire, s'emparent de Rome en 410. Les successeurs d'Alaric fondent un royaume sur les deux versants des Pyrénées.

5. — En 406, Stilicon a sauvé l'Italie de l'invasion de Radagaise. Mais les Burgondes, les Suèves, les Vandales envahissent la Gaule, puis l'Espagne, et s'y établissent.

6. — Genséric, roi des Vandales, conquiert l'Afrique romaine et fonde à Carthage un puissant empire.

7-9. — Attila, roi des Huns, peuple de race tartare, envahit la Gaule, mais il est vaincu par Aétius à la bataille des Champs Catalauniques, en 451, et meurt, en 453, après avoir dévasté l'Italie septentrionale.

10. — En 455, Genséric livre Rome au pillage, et, en 476, un chef germain, Odoacre, met fin à l'Empire d'Occident.

11. — Les invasions ont détruit l'unité romaine et la civilisation antique.

## Récit.

**1. L'Empire romain à la fin du IV^e siècle.**
— En **395**, à la **mort de Théodose le Grand**, l'Empire romain s'étendait : — au nord, dans la Grande-Bretagne jusqu'à la *Calédonie* (Écosse) ; — sur le continent européen jusqu'au *Rhin* et au *Danube* ; — en Asie, jusqu'à l'*Euphrate* ; — au sud, jusqu'aux déserts de l'Afrique septentrionale *(Sahara)* ; — à l'ouest, jusqu'à l'*Océan* (1). — Il était définitivement divisé en deux empires : l'**Empire d'Occident**, sous *Honorius* ; et l'**Empire d'Orient**, où régnait *Arcadius*.

Il était **affaibli par une longue décadence**. Le despotisme avait tué l'énergie morale ; le patriotisme avait disparu ; les armées, sans discipline, étaient désorganisées ; les campagnes dépeuplées par les guerres civiles ; le commerce et l'industrie ruinés par des impôts exagérés et mal répartis. Viennent les Barbares, ils ne rencontreront pas de résistance capable de les arrêter ; sur plus d'un point même, ils seront appelés par des populations à qui le régime impérial est devenu odieux, intolérable.

Depuis plusieurs siècles, les **Barbares** se pressent sur toutes les frontières du monde romain, attirés par le beau ciel, les immenses richesses, les grandes cités de l'Europe méridionale. Longtemps on les a repoussés ; mais, depuis deux cents ans, ils débordent lentement sur la rive droite du Danube, sur la rive gauche du Rhin. Ici, on leur a permis de s'établir pour repeupler un territoire devenu désert ; là, une invasion victorieuse leur a livré une province. — Beaucoup d'entre eux, sous le nom d'*alliés*, remplissent les armées impériales qui ne sont plus romaines que de nom. L'ennemi est dans la place assiégée ; le moment venu, il donnera la main aux assaillants du dehors.

---

(1) Ainsi l'Empire comprenait : — en *Europe*, les pays qui correspondent aujourd'hui à l'Italie, l'Espagne, le Portugal, la France, l'Angleterre, le sud de l'Écosse, la Belgique, le sud de la Hollande, la Suisse, l'Allemagne à l'ouest du Rhin et au sud du Danube, les États de la péninsule des Balkans, la Grèce ; — en *Asie*, à tout ce qui forme aujourd'hui la Turquie d'Asie ; — en *Afrique* à l'Égypte, au pays de Tripoli, à la Tunisie, à l'Algérie, au nord du Maroc.

**2. Les Barbares : les Huns, les Slaves.** — Ces peuples barbares qui menacent l'Empire appartiennent à trois grandes races : ils sont **Tartares, Slaves, Germains.**

1º Au nord, dans la grande plaine septentrionale de l'Europe et de l'Asie, des rivages de la Baltique aux limites de la Chine, errent les hordes sauvages des **Tartares.** Les *Alains*, les *Avars*, les *Bulgares*, les *Hongrois*, les *Turcs*, les *Mogols* quitteront tour à tour leurs steppes (1) pour se jeter sur l'Europe civilisée. Mais ce sont les *Huns* qui paraissent tout d'abord. Ils sont horribles voir avec leur visage jaunâtre, osseux, percé de deux petits yeux et souvent taillé de coups de sabre, leur nez plat et large, leurs oreilles énormes et écartées, leurs casaques de peaux de rats, qu'ils laissent pourrir sur leur corps. « Vous diriez, dit un contemporain, des bêtes à deux pieds ou quelqu'une de ces figures de bois mal charpentées dont on orne les parapets des ponts. » Ces barbares, les plus hideux de tous, n'ont ni maisons, ni cabanes; ils passent leur vie errante à cheval, traînant avec eux leurs immenses troupeaux, ne se nourrissant que de racines sauvages et d'une viande mortifiée, pour toute cuisson, entre la selle et le dos de leurs montures. — *Le triomphe des Tartares eût été pour jamais la ruine de la civilisation.*

2º Voisins des Huns, les **Slaves** habitaient entre la Vistule, la Theiss et le Volga. C'est plus tard seulement qu'ils doivent jouer un rôle dans l'histoire. Au Vᵉ siècle, quelques-unes de leurs tribus sont entraînées par les Huns; les autres voient passer le torrent de l'invasion à côté des forêts et des marécages qui les dérobent.

**3. Les Barbares : les Germains.** — A l'ouest des Slaves, entre le Rhin et la Vistule, vivent les **Germains** : — au nord, *Lombards, Burgondes, Vandales, Angles, Saxons;* — à l'ouest, *Francs, Alamans, Suèves;* — au sud, *Turcilinges, Hérules;* — au sud-est, se développe la grande nation des *Goths*, divisée en trois tribus : *Wisigoths*, ou Goths de l'ouest; *Ostrogoths* ou Goths de l'est, et *Gépides*. Le pays entier est couvert de forêts; dans les éclaircies s'élèvent des cabanes éparses;

---

(1) STEPPES, plaines vastes et stériles.

plusieurs de ces cabanes forment un village ; plusieurs villages un canton ; plusieurs cantons une tribu ; plusieurs tribus une confédération. — L'assemblée générale des guerriers (**mall**) fait les lois et décide les grandes affaires. — Beaucoup de tribus ont des rois héréditaires, mais sans grand pouvoir ; en temps de guerre on choisit un chef, illustre par ses exploits, et on jure de lui obéir jusqu'à la fin de l'expédition. — La guerre est la grande occupation du Germain ; tout l'y excite : « le jeune homme est obligé de tuer un ennemi pour payer sa naissance ; le guerrier doit suivre partout le chef auquel il s'est dévoué et qui lui promet pour prix de sa valeur une place à sa table, un cheval de combat, une framée sanglante et victorieuse ; enfin, le brave, mort au champ de bataille, entrera seul dans le palais d'**Odin** (1) pour y chasser et y combattre tout le jour, pour y boire toute la nuit la bière et l'hydromel dans le crâne de ses ennemis. »

Ces peuples connaissent l'agriculture et la vie sédentaire ; certaines de leurs tribus ont une sorte de demi-civilisation, née d'un contact prolongé avec le monde romain, et, au moment des invasions, elles embrassent le christianisme. — **Avec les Germains, de nouvelles sociétés pourront peu à peu se former sur les ruines de la civilisation antique.**

**4. Les Wisigoths : — Alaric.** — La masse des Barbares fut mise en mouvement par les **Huns** qui s'avançaient vers l'ouest. Les Gépides et les Ostrogoths furent soumis par les hordes tartares ; mais les **Wisigoths** échappèrent en se jetant sur l'Empire d'Orient. En 395, sous les ordres d'**Alaric**, ils pénétrèrent jusqu'en Grèce. Là, ils rencontrèrent l'habile **Stilicon**, général d'Honorius. Alaric, vaincu, allait être écrasé ; il fut sauvé par l'incapable empereur de Constantinople. Arcadius ne voulait pas devoir son salut à l'empereur de Rome ; il traita honteusement avec le chef barbare, lui livra l'*Illyric* (2), et lui donna le titre de *maître des milices* (3) de l'em-

---

(1) ODIN, le plus puissant des dieux germaniques. Son palais s'appelait le *Walhalla*. — (2) ILLYRIE, partie de l'Empire d'Orient, à l'est de l'Italie et de la mer Adriatique, au sud du Danube. — (3) C'est-à-dire le titre de chef de l'armée.

LA GRANDE INVASION. — CARTE

pire dont il emportait les dépouilles, puis il l'excita à se jeter sur l'Italie.

Deux fois Alaric essaya de franchir l'Adige; deux fois vaincu par Stilicon, il fut forcé de rentrer en désordre dans sa province. Il reparut une troisième fois lorsque son adversaire eut été lâchement assassiné, sur l'ordre de l'Empereur, à l'instigation du parti romain qui lui reprochait d'être un Vandale (408).

Cette fois Alaric ne rencontra point d'armée, et, tandis qu'Honorius se blottissait, tout tremblant, derrière les remparts et les marais de *Ravenne* (1), 200,000 Wisigoths parurent devant **Rome**. Un prêtre chrétien essaya de fléchir le barbare : « *Je ne puis m'arrêter*, répondit Alaric, *une force inconnue me pousse et me commande d'aller renverser la ville des Romains.* » On voulut l'effrayer de la résistance d'un peuple immense poussé au désespoir. « *Tant mieux*, dit-il, *plus l'herbe est serrée, mieux la faux y mord.* » Il fallut renoncer à un orgueil qui n'était plus de saison et s'abaisser aux prières. Alaric exigeait qu'on lui livrât tout l'or et tout l'argent que renfermait Rome. « *Mais que nous laisseras-tu donc?* demandèrent les députés. — *La vie.* » — Alaric accepta cependant une grosse rançon. Il leva le siège; mais, trompé par Honorius, il reparut. Les esclaves ouvrirent les portes, et la ville, où pendant dix siècles s'étaient entassées les dépouilles de l'univers, fut livrée pendant six jours au pillage (août **410**). Au milieu des scènes de violence et de désolation, les églises seules furent respectées.

Alaric ne survécut pas longtemps à son triomphe : il mourut dans l'Italie méridionale, au moment où il s'apprêtait à passer en Sicile (412).

Les Goths lui firent des funérailles dignes de lui. « De peur que des mains romaines, excitées par la cupidité ou la haine ne violassent les restes du violateur de Rome, ils creusèrent sa fosse près de Consentia, dans le lit d'une petite rivière appelée le Barentin, qu'ils rendirent ensuite à son cours naturel, et celui qui avait traversé le monde avec la violence et le fracas

---

(1) RAVENNE, jadis port d'Italie, sur la mer Adriatique; aujourd'hui ville entourée de marais.

d'un torrent entendit gronder éternellement sur sa tête les eaux déchaînées de l'Apennin. Une partie du trésor royal avait été déposée près de lui dans la fosse; afin d'assurer le secret du lieu, les Goths égorgèrent les captifs qu'ils avaient employés à la creuser (1). »

Les successeurs d'Alaric, et surtout **Ataulphe**, mari d'une sœur d'Honorius, *Placidie*, se réconcilièrent avec l'Empire et lui fournirent des secours contre les usurpateurs et les Barbares qui se disputaient la Gaule; puis, s'établissant entre la Garonne et les Pyrénées (413), ils fondèrent un **royaume wisigoth** qui devait peu à peu s'étendre sur l'Espagne.

**5. Les Germains : Radagaise. — La Gaule envahie.** — Cependant les Huns s'étaient avancés jusqu'aux bords de la Theiss. A leur approche, une multitude de toutes nations, peut-être 400,000 personnes, se précipita affolée vers le haut Danube et vers le Rhin. La moitié, sous les ordres de **Radagaise**, franchit sans résistance les cols des Alpes, traversa rapidement la haute Italie, passa l'Apennin et vint assiéger Florence. **Stilicon** vivait encore : il réunit une armée, surprit les Barbares, les força à se réfugier sur les **rochers de Fésules**, et les entoura de retranchements comme César avait entouré les Gaulois de Vercingétorix; puis il laissa faire la famine, la peste et le désespoir. Radagaise essaya de fuir : il fut pris et décapité; ceux qui survécurent furent transportés à Rome et vendus comme esclaves (406).

Le reste de la grande émigration (*Alains, Suèves, Vandales, Burgondes*), passa le Rhin sur la glace, le **dernier jour du mois de décembre de l'année 406**. La Gaule fut ravagée; puis, en 409, les Pyrénées franchies, ce fut le tour de l'Espagne. Les Barbares songèrent enfin à s'établir : les *Suèves* se fixèrent au nord-ouest de la Péninsule; les *Alains*, à l'ouest; les *Vandales*, au sud, dans la fertile Bétique, à laquelle ils donnèrent leur nom (*Vandalousia, Andalousie*). — Les *Burgondes*, restés en Gaule, fondèrent leur royaume dans la vallée de la Saône et la région du Jura (443).

**6. Les Vandales : — Genséric en Afrique.**

---

(1) AMÉDÉE THIERRY.

— A la mort d'Honorius (423), la Gaule et l'Espagne étaient perdues pour l'Empire ; sous le règne du nouvel empereur, *Valentinien II*, l'Afrique, le grenier de Rome, tomba aux mains des Vandales. Ils y furent appelés par un traître, le *comte Boniface*, gouverneur de la province.

Le **roi des Vandales, Genséric**, était le plus rusé et le plus féroce des envahisseurs. Il était petit et boiteux ; mais « il subjuguait tout par un génie profond, une âme ardente, une insatiable ambition, un art diabolique à séduire les hommes et à semer la discorde et la haine. » A la tête de soixante mille hommes, il passa le détroit de Gadès (1) sur la flotte de Boniface. Il fut soutenu par les tribus féroces de l'Atlas et par les sectes religieuses persécutées. L'Afrique, si peuplée et si florissante sous les empereurs, devint un désert. « Lorsque, dit un historien du siècle suivant, les Vandales s'approchaient d'une place fortifiée que leurs troupes indisciplinées ne pouvaient réduire, ils rassemblaient un grand nombre de prisonniers, les passaient au fil de l'épée, et les laissaient sans sépulture, afin que l'infection des cadavres forçât la garnison d'abandonner la place. » Ils incendiaient les villes, coupaient les arbres, arrachaient les vignes. Le mot *vandalisme* est devenu synonyme de destruction aveugle et stupide.

Boniface se repentit trop tard et s'efforça, mais inutilement, de sauver sa province. L'illustre *saint Augustin*, assiégé dans *Hippone* (2), succomba avant d'avoir vu les Barbares maîtres de la ville (430). Carthage (3) ouvrit ses portes en 439. Genséric en fit la capitale de son empire, puis, tournant son ambition vers la mer, il équipa une flotte, occupa les îles Baléares, la Corse, la Sardaigne, et fit trembler l'Italie.

**7. Les Huns : — Attila.** — Tandis que les Germains s'établissaient peu à peu dans l'Empire d'Occident, les **Huns** poursuivaient leur marche victorieuse et, vers 440, leur domination s'étendait de la Caspienne au Rhin ; du Volga, de la

---

(1) Aujourd'hui détroit de Gibraltar. — (2) HIPPONE. Les ruines de ce port se voient aujourd'hui près de Bône (Algérie, province de Constantine). — (3) Les ruines de Carthage sont près de la ville actuelle de Tunis.

Baltique et de la mer du Nord au Danube et à la mer Noire.

« Le chef de cet immense empire, **Attila**, n'était qu'à demi-barbare comme presque tous les héros de l'invasion. Il avait eu des maîtres romains ; il parlait latin ; sa vanité ou sa politique aimaient à se parer du titre de maître des milices de l'Empire d'Orient, arraché à la faiblesse de *Théodose II*, successeur d'Arcadius. Cependant, il avait conservé toute la férocité de sa race ; il se plaisait à entourer son nom d'une sorte de terreur superstitieuse ; il se faisait appeler le *fléau de Dieu*, et se vantait que « là où son cheval avait posé le pied, l'herbe ne repoussait pas. » Il se drapait dans sa barbarie avec une sorte de coquetterie sauvage : tandis que ses chefs de bandes, vêtus d'étoffes précieuses étalaient dans son palais de bois les dépouilles de l'Orient, il gardait son costume de cavalier tartare, et mangeait de la viande à demi crue et du lait de jument aigri dans de la vaisselle de bois. » *(Pigeonneau.)*

**8. Attila en Gaule.** — En 451, Attila, franchissant le Rhin, lança sur la Gaule 500,000 cavaliers que suivaient dans des chariots les femmes et les enfants. Les désastres de 407 se renouvelèrent ; vingt villes furent détruites. *Troyes* (1) fut sauvé par son évêque, *saint Loup* ; à *Paris*, **sainte Geneviève** décida les citoyens à s'armer et à fermer leurs portes aux Barbares ; *Orléans* (2) fut héroïquement défendu par son évêque, *saint Aignan*. Grâce à cette résistance, le général romain, **Aétius**, put rassembler ses légions et rallier autour de lui les peuples, déjà établis en Gaule, qui ne voulaient point partager avec les nouveaux envahisseurs. Les Alains, les Burgondes, les Wisigoths, les Francs envoyèrent des secours. Forcé de lever le siège d'Orléans, Attila recula jusqu'en Champagne ; il s'arrêta près de *Méry* (3), dans les **Plaines Catalauniques**, où son innombrable cavalerie pouvait se déployer tout entière, et ce fut là que se livra une des batailles les plus célèbres de l'histoire.

La mêlée fut atroce. « Si l'on en croit les vieillards, dit l'historien Jornandès (4), un petit ruisseau qui arrosait la

---

(1) Troyes, chef-lieu de l'Aube. — (2) Orléans, chef-lieu du Loiret. — (3) Méry-sur-Seine, chef-lieu de canton (Aube). — (4) Jornandès, historien du vi<sup>e</sup> siècle, Goth d'origine, a écrit l'*Histoire des Goths*.

plaine, se grossit du sang qui coulait des blessures, et devint un torrent roulant des flots de sang. » — Les Huns eurent le dessous. Cent soixante mille morts couvraient le champ de carnage. Toute la nuit, le camp d'Attila retentit du bruit des trompettes et des hurlements furieux des hommes. Les alliés craignaient une surprise; ils se tinrent sous les armes, en célébrant les funérailles du roi des Wisigoths, *Théodoric*, foulé aux pieds des chevaux. Attila ne sortit pas de son camp. Il fit dresser en guise de bûcher un énorme monceau de selles, tout prêt à y mettre le feu et à s'y précipiter ensuite, si l'ennemi forçait l'enceinte. « Tel qu'un lion pressé par des chasseurs parcourt à grands pas l'entrée de sa caverne sans oser s'élancer au dehors, et épouvante le voisinage de ses rugissements, tel, dit l'historien des Goths, le fier roi des Huns, du milieu de ses chariots, frappait d'effroi ses vainqueurs. »

Mais l'armée victorieuse avait éprouvé des pertes trop considérables pour songer à une nouvelle attaque; Attila put partir, dans un appareil encore formidable, en emportant son butin (451).

**9. Attila en Italie; sa mort.** — L'année suivante, il entra en Italie, s'empara d'*Aquilée* (1), dont les habitants allèrent fonder *Venise* dans les lagunes de l'Adriatique, et ravagea toute la plaine du Pô. Le souvenir d'Alaric et la crainte d'un sort semblable l'arrêtaient sur le chemin de Rome, quand le pape **saint Léon** vint le trouver à Milan. La vue de ce prêtre sans armes, la pensée qu'il était le représentant d'une divinité redoutable, adoucirent le barbare. Attila accepta une rançon et repassa les Alpes. Il ne tarda pas à mourir au milieu d'une orgie (453).

Ses funérailles furent célébrées avec une pompe sauvage. « Les Huns se coupèrent les cheveux et sillonnèrent de profondes blessures leurs visages hideux, car un tel guerrier ne devait pas être pleuré avec des lamentations de femmes, mais avec le sang des hommes. Au milieu des plaines, entre des tentes de soie, on plaça le corps d'Attila, spectacle d'une imposante solennité. Les cavaliers les plus habiles exécutèrent

---

(1) Aquilée, au nord de la mer Adriatique.

alentour des courses semblables à celles du cirque. En même temps ils célébraient les exploits du roi des Huns par des chants funèbres. » Les funérailles se terminèrent par un grand festin. Le corps d'Attila, comme celui d'Alaric, fut enterré de nuit et avec mystère. Du fer, de l'argent, de l'or, des dépouilles conquises sur les nations vaincues, des pierres précieuses furent enfouis dans la tombe, et, pour que le lieu restât ignoré, les ouvriers qui avaient exécuté ces travaux furent égorgés.

La mort d'Attila ruina l'empire des Huns ; les tribus soumises se révoltèrent ; les compétiteurs au trône engagèrent de furieuses luttes civiles ; les hordes tartares reprirent la route de l'Asie.

**10. Prise de Rome par Genséric ; — fin de l'Empire d'Occident (476).** — Rome, qui avait échappé à Attila, n'échappa pas à Genséric. — En 455, une flotte, partie de Carthage, vint aborder au port d'Ostie (1). Le vénérable Léon s'avança au-devant des Barbares ; mais, moins heureux qu'à Milan, il obtint seulement de vagues promesses qui ne furent point tenues. **Le pillage de Rome** dura quatorze jours et quatorze nuits. Genséric fit transporter sur ses vaisseaux tout ce qui resta des richesses publiques et de celles des particuliers, puis il regagna l'Afrique.

Les dernières années du Vandale furent signalées par de nouvelles dévastations sur les côtes d'Italie et de Grèce. On raconte que son pilote lui demandant un jour vers quelles contrées il devait se diriger : « *Suis les vents*, répondit le barbare, *ils te conduiront vers les peuples que Dieu veut châtier.* »

Après le grand désastre de 455, l'Empire d'Occident ne vécut plus ; il acheva de mourir. En 475, un ancien secrétaire d'Attila, *Oreste*, fit proclamer empereur son fils **Romulus Augustule** ; en 476, **Odoacre**, chef des bandes germaniques à la solde de l'Empire, dépouilla du pouvoir l'enfant qui, « par une singulière dérision de la fortune, portait les noms du fondateur de Rome et du fondateur de l'Empire, » et renvoya à Constantinople les insignes de la dignité impériale.

---

(1) Ostie, port de Rome, à l'embouchure du Tibre.

L'Empire d'Occident, si puissant encore à la fin du quatrième siècle, avait disparu sans bruit, « semblable au fleuve du Rhin qui, après un cours impétueux, va se perdre dans les sables de la mer. »

**11. Résultats des invasions.** — Les invasions ne sont pas terminées ; au siècle suivant de nouveaux Barbares formeront de nouveaux États : les *Francs* en Gaule ; les *Ostrogoths* et les *Lombards* en Italie ; les *Angles* et les *Saxons* dans la Grande-Bretagne. (*Voir, pour les Francs, chap. IV ; — pour les Lombards et les Wisigoths, chap. VI ; — pour les Angles et les Saxons, chap. XVI.*)

**Les invasions ont détruit l'unité** que les Romains avaient imposée aux peuples de l'Europe, et **donné naissance à de nouveaux États.**

**Elles doivent faire disparaître**, en grande partie, **la civilisation romaine** et replonger l'Europe dans la barbarie. Ce n'est que lentement et au milieu de longues souffrances qu'une **civilisation nouvelle se formera sous la triple influence de Rome, du christianisme et des mœurs germaniques.**

**Devoirs oraux.** — 1. Portrait des Huns. — 2. Mœurs des Germains. — 3. Prise de Rome par Alaric. — 4. Mort et funérailles d'Alaric. — 5. Les Vandales en Afrique ; leurs dévastations. — 6. Portrait d'Attila. — 7. Bataille des Champs Catalauniques. — 8. Mort d'Attila.

**Devoirs écrits.** — 1. Le monde romain et le monde barbare à la fin du quatrième siècle. — 2. Histoire des Wisigoths. — 3. Genséric en Afrique et à Rome. — 4. Les Huns et Attila. — 5. Les invasions en Italie. — 6. Les invasions en Gaule. — 7. Résultats des invasions.

**Carte à tracer.** — Carte générale des invasions d'après la carte insérée dans ce chapitre.

### TABLEAU III.

#### La grande invasion.

| A Rome et les Barbares. | 1° Rome. | 1. 395, mort de Théodose le Grand. |
| --- | --- | --- |
| | | 2. L'Empire affaibli par une longue décadence : ni finances, ni armée. |
| | | 3. Divisé en { Empire d'Occident (*Honorius*). Empire d'Orient (*Arcadius*). |

# LA GRANDE INVASION

**A — Rome et les Barbares.** *(Suite.)*

2° *les Barbares*
1. *Tartares* (Huns, etc.). — Barbarie obstinée.
2. *Slaves*
3. *Germains* — Goths { Wisig. / Ostrog }, Francs, Vandales, Suèves, Burgondes, Lombards, Angles, Saxons, etc. } *capables de progrès.*

3° L'invasion déterminée par la marche en avant des Huns.

**B — Les Wisigoths.**

1° *Alaric* :
- ravage la Grèce ;
- maître des milices d'Orient ;
- attaque l'Italie, mais est vaincu par Stilicon ;
- après la mort de Stilicon, prend Rome, 410 ;
- sa mort.

2° *Successeurs d'Alaric.* — Alliés de l'empire s'établissent en Gaule et en Espagne.

**C — Vandales et autres Germains.**

1° *Invasion de 406.*
1. Radagaise en Italie défait par Stilicon, 406.
2. Invasion de la Gaule (déc. 406), puis de l'Espagne.
3. Etablissement des Burgondes en Gaule ; — des Suèves et des Vandales en Afrique.

2° *Genséric.*
1. Trahison du comte Boniface.
2. Genséric en Afrique.
3. Prise d'Hippone (saint Augustin), 430 ; — de Carthage, 439.
4. L'Afrique dévastée. — Le *vandalisme*.

**D — Les Huns.**

1. Leur chef : Attila, le fléau de Dieu.
2. *Attila en Gaule.*
- Sainte Geneviève à Paris.
- Défense d'Orléans (Saint Aignan).
- Aétius, soutenu par les Francs et les Wisigoths.
- Bataille des Champs Catalauniques, 451.
- Retraite d'Attila.

## RÉSUMÉ

**D**
**Les Huns.**
*(Suite.)*
- 3. *Attila en Italie.*
  - Origine de Venise.
  - Intervention du pape St Léon.
- 4. Mort d'Attila, 453; — ruine de son empire.

**E**
**Fin de l'Empire d'Occident.**
- 1. 455, sac de Rome par Genséric.
- 2. 475, Romulus Augustule, dernier empereur.
- 3. 476, Odoacre s'empare du pouvoir : fin de l'empire.
- 4. *Résultats des invasions.*
  - Destruction de l'unité romaine.
  - Nouveaux États.
  - Ruine de la civilisation romaine.

## IV

## Les Francs. — Clovis et ses fils.

### RÉSUMÉ.

1. — Les Francs sont une confédération de tribus germaniques; leurs armes sont la *francisque* et le *hang*; ils adorent Odin.

2. — Les chefs Francs sont choisis dans la famille des Mérovingiens. Clodion, Mérovée, Childéric occupent la Gaule septentrionale.

3. — En 481 la Gaule est partagée entre les Francs, les Burgondes, les Wisigoths, les Alamans, les cités armoricaines et les dernières légions romaines. — Clovis, fils de Childéric, chef des Francs de Tournai, règne de 481 à 511 : c'est lui qui fonde l'Empire franc.

4. — Il bat d'abord, près de Soissons, le chef romain Syagrius. Il recherche dès lors l'appui des évêques. C'est grâce à leur appui qu'il doit triompher.

5-7. — Il épouse Clotilde, la seule princesse orthodoxe de la Gaule, et repousse une invasion des Alamans par la victoire de Tolbiac, en 496. — Cette victoire décide sa conversion; il reçoit le baptême des mains de saint Rémi.

8. — Poursuivant ses succès, Clovis soumet les Bur-

gondes au tribut ; puis, après la victoire de Vouillé, en 507, il détruit l'empire des Wisigoths.

9-10. — Il reçoit la dignité de consul qui légitime son pouvoir et achève son œuvre de conquête en faisant périr les chefs francs restés indépendants.

11-13. — Les quatre fils de Clovis, Thierry, Childebert, Clodomir et Clotaire (511-561) détruisent le royaume des Burgondes et achèvent l'établissement en Gaule des Francs, devenus chrétiens, mais restés barbares comme le prouve l'expédition d'Auvergne et le meurtre des enfants de Clodomir.

Récit.

**1. Les Francs : leur aspect; leurs armes.** — De tous les royaumes fondés par les Barbares le plus remarquable par la durée et par la puissance fut celui des Francs.

Les **Francs**, c'est-à-dire les *vaillants*, étaient une **confédération de tribus germaniques** (*Sicambres, Chérusques, Bructères*, etc.). Etablis sur la rive droite du Rhin, entre ce fleuve et l'Ems (1), ils avaient, depuis le troisième siècle de notre ère, soutenu de nombreuses guerres contre les Romains, et ils s'étaient rendus célèbres par leur courage.

Leur aspect était bien fait pour inspirer de l'effroi. « Ils relevaient et rattachaient sur le sommet du front leurs cheveux d'un blond roux, qui formaient une espèce d'aigrette et retombaient par derrière en queue de cheval. Leur visage était entièrement rasé à l'exception de deux longues moustaches qui leur tombaient de chaque côté de la bouche.

« Ils portaient des habits de toile serrés au corps et sur les membres, avec un large ceinturon auquel pendait l'épée. Leur arme favorite était une hache à deux tranchants, dont le fer était épais et acéré et le manche très court. Ils commençaient le combat en lançant de loin cette hache, soit au visage, soit

---

(1) Ems, fleuve de l'Allemagne du Nord, finit dans le Dollard (Mer du Nord).

contre le bouclier de l'ennemi. Rarement ils manquaient d'atteindre l'endroit précis où ils voulaient frapper.

» Outre la hache, qui de leur nom s'appelait *francisque* (quelquefois *framée*), ils avaient une arme de trait qui leur était particulière, et que, dans leur langue, ils nommaient *hang*, c'est-à-dire hameçon. C'était une pique de médiocre longueur et capable de servir également de près et de loin. La pointe, longue et forte, était armée de plusieurs barbes ou crochets tranchants et recourbés comme des hameçons. Le bois était recouvert de lames de fer dans presque toute sa longueur, de manière à ne pouvoir être brisé ni entamé à coups d'épée. Lorsque le *hang* s'était fiché au travers d'un bouclier, les crocs dont il était garni en rendant l'extraction impossible, il restait suspendu, balayant la terre par son extrémité. Alors, le Franc qui l'avait jeté s'élançait, et, portant un pied sur le javelot, appuyait de tout le poids de son corps et forçait l'adversaire à baisser le bras et à se dégarnir ainsi la tête et la poitrine. Quelquefois le *hang*, attaché au bout d'une corde, servait, en guise de harpon, à amener tout ce qu'il atteignait. Pendant qu'un des Francs lançait le trait, son compagnon tenait la corde, puis tous deux joignaient leurs efforts, soit pour désarmer leur ennemi, soit pour l'attirer lui-même par son vêtement ou son armure (1). »

**2. Les Mérovingiens. — Incursions des Francs.** — Les Francs avaient des rois ou plutôt des chefs de guerre. Ils les choisissaient dans une famille renommée par sa bravoure et son antiquité, la **famille des Mérovingiens.** Le chef élu était élevé sur un bouclier, ou *pavois*, et promené autour du camp, au milieu des acclamations guerrières. Dès lors il laissait croître sa chevelure : c'était le signe de la dignité royale. — Les chefs francs n'avaient de pouvoir réel qu'en temps de guerre ; pendant la paix toutes les décisions importantes étaient prises par l'assemblée des guerriers (**mall**).

« Chaque année les Francs lançaient de l'autre côté du Rhin des bandes de jeunes fanatiques, dont l'imagination s'était enflammée au récit des exploits d'*Odin* et des plaisirs qui

---

(1) AUGUSTIN THIERRY, *Lettres sur l'Histoire de France* (6ᵉ lettre).

attendaient les braves dans les salles du palais des morts (Cf. Ill. 3). Peu de ces enfants perdus repassaient le fleuve. Souvent leurs incursions étaient cruellement punies et les légions romaines venaient mettre à feu et à sang la rive germanique du Rhin, mais, dès que le fleuve était gelé, les passages et l'agression recommençaient. S'il arrivait que les postes mili-

GAULE MÉROVINGIENNE

taires fussent dégarnis par les mouvements de troupes qui avaient lieu d'une frontière de l'Empire à l'autre, toute la confédération, chefs, hommes faits, jeunes gens, se levait en armes pour faire une armée et détruire les forteresses qui protégeaient la rive romaine.

« C'est à l'aide de pareilles tentatives bien des fois réitérées que s'accomplit enfin, dans la dernière moitié du Vᵉ siècle, la conquête de la Gaule par une portion de la ligue des Francs. » (*Aug. Thierry.*)

Vers 447, un chef des Francs Saliens, nommé **Clodion**, occupa *Cambrai* (1) et s'avança jusqu'à la Somme.

Son successeur, **Mérovée** (*Merowig*), aida les Romains, les Burgondes et les Wisigoths à repousser la terrible invasion des Huns (*bataille des Champs Catalauniques*, 451. Cf. III, 8).

Après Mérovée, **Childéric** (*Hilderik*), banni puis rappelé par sa tribu, mourut en 481, et les guerriers choisirent son fils, Clovis (*Chlodowig*).

**3. Clovis (481-511).** — Lorsqu'il fut élevé sur le pavois, **Clovis** commandait seulement à la petite tribu des Francs Saliens de *Tournai* (2), c'est-à-dire à cinq ou six mille guerriers. C'est cependant avec des forces aussi faibles qu'il doit en vingt ans renverser les **cinq grandes dominations** qui se partageaient la Gaule : — 1° les **Alamans**, sur les rives de la Meuse et du Rhin ; — 2° les **Burgondes**, dans les vallées de la Saône et du Rhône ; — 3° les **Wisigoths**, au sud de la Loire : — 4° les **Romains**, encore maîtres, malgré la chute de l'Empire d'Occident, des vallées de l'Oise, de la Meuse et de la Seine ; — 5° sur le littoral de la Manche et de l'océan Atlantique, la confédération des **cités armoricaines** qui avaient chassé les officiers romains et proclamé leur indépendance.

Il dut ses succès à son habileté et à son courage, à ses perfidies et à ses violences, mais aussi et surtout à l'appui que les évêques catholiques, véritables chefs des populations gallo-romaines, ne cessèrent de lui donner, par haine des Burgondes et des Wisigoths, chrétiens sans doute, mais hérétiques (3).

**4. Le vase de Soissons.** — Clovis attaqua d'abord et vainquit, près de **Soissons** (4), en 486, les troupes romaines que commandait **Syagrius**. Il se montrait dès lors plein de déférence pour l'Église orthodoxe dont il avait reconnu la puissance.

---

(1) CAMBRAI, s.-préf. du dép. du Nord. — (2) TOURNAI, ville de la Belgique. — (3) Ils avaient embrassé l'hérésie d'*Arius*, qui niait la divinité du lChrist. — (4) SOISSONS, s.-préf. de l'Aisne.

3.

Dans une de leurs expéditions, les Francs avaient pris dans l'église de Reims (1) un vase d'une grandeur et d'une beauté merveilleuses. L'évêque (**saint**) **Rémi** en demanda la restitution. — « *Suis-nous jusqu'à Soissons*, dit le roi au messager de l'évêque, *c'est là que le partage du butin doit se faire. Quand ce vase sera entré dans ma part, je ferai ce que l'évêque désire.* »

A Soissons, tout le butin fut apporté au milieu de la troupe : « *Mes braves*, dit Clovis, *je vous prie de ne pas me refuser, en sus de ma part, le vase que voici.* » — Tous accédaient avec empressement à la demande du jeune chef; mais un Franc envieux et brutal frappa le vase d'un coup de sa francisque et le mit en pièces : « *Tu n'auras de tout cela*, dit-il, *que ce que le sort t'aura donné.* »

Clovis ne dit rien, car alors les rois n'étaient guère puissants et les simples guerriers étaient presque leurs égaux, mais il garda au fond du cœur le souvenir de l'affront.

Un an se passa et une revue des guerriers francs se fit. Arrivé devant celui qui avait brisé le vase : « *Personne ici*, s'écria Clovis, *n'a des armes aussi mal tenues que les tiennes. Ni ta lance, ni ton épée, ni ta hache ne sont en état de servir.* » Et, lui arrachant sa hache, il la jeta à terre. L'homme se baissa pour la ramasser; alors le roi, levant sa francisque de ses deux mains, la lui enfonça dans le crâne : « *Ainsi*, dit-il, *as-tu fait au vase de Soissons.* »

« Cet acte le fit grandement redouter », dit, en terminant son récit, le vieil historien des Francs, *Grégoire de Tours* (2).

**5. Clovis épouse Clotilde.** — Rémi avait conçu l'espoir de convertir Clovis à la foi chrétienne. Pour atteindre plus facilement le but qu'il se proposait, il décida le chef franc à demander comme épouse **Clotilde**, nièce du roi des Burgondes, *Gondebaud*, la seule princesse catholique de la Gaule. — Jadis Gondebaud avait fait périr le père, la mère, les frères de Clotilde. Se doutant bien que tous ces meurtres seraient un jour un prétexte de guerre, il ne se résigna qu'à contre-cœur à laisser partir Clotilde.

---

(1) REIMS, s.-préf. de la Marne. — (2) GRÉGOIRE (de Tours), évêque de Tours, auteur d'une *Histoire des Francs*. Il a vécu de 537 à 595.

Celle-ci s'éloigna avec les guerriers Francs dans un chariot traîné par des bœufs. Bientôt, craignant quelque ruse ou quelque violence de son oncle, elle sauta à cheval et se dirigea à grandes journées vers le pays franc. Avant de franchir la frontière, elle ordonna à son escorte de brûler et de piller deux lieues de pays bourguignon de chaque côté de la route. En voyant la fumée de l'incendie, elle s'écriait avec joie : — « *Dieu tout-puissant, je te rends grâce ; je vois enfin commencer la vengeance de mes parents et de mes frères.* » — On comprend que cette femme, aux passions violentes, n'aura que peu d'influence pour adoucir le barbare Clovis.

**6. Bataille de Tolbiac (496).** — Clotilde essaya inutilement d'amener Clovis à la foi chrétienne. Il fallut une circonstance extraordinaire pour décider le chef franc à abandonner le culte d'Odin, auquel il restait attaché de peur de mécontenter ses guerriers.

Les **Alamans** avaient franchi le Rhin pour prendre leur part des dépouilles de la Gaule. Clovis accourut au secours des tribus franques qui occupaient la rive gauche du Rhin. Le choc eut lieu à **Tolbiac** (1), en 496. Les Francs pliaient ; Clovis avait en vain invoqué le secours de ses dieux. Tout à coup, il se souvient du Dieu de Clotilde et s'écrie : « *Dieu de Clotilde, si tu me donnes la victoire, je croirai en toi.* » — Les Francs tentèrent un nouvel effort et les Alamans furent défaits.

**7. Baptême de Clovis.** — Clovis tint sa promesse.
— Le jour de Noël, il reçut le baptême des mains de saint Remi. Lorsque l'évêque répandit sur la tête du Franc l'eau du baptême, il lui dit ces paroles qui sont restées célèbres : « *Baisse la tête, Sicambre* (2) *adouci, adore ce que tu as brûlé, brûle ce que tu as adoré.* » — Les guerriers francs ne devaient pas tarder à suivre l'exemple de leur chef.

La conversion de Clovis eut d'heureuses conséquences. Les **Francs** se trouvèrent le **seul peuple catholique de la**

---

(1) Il est probable que cette bataille fut livrée, non pas, comme on l'a cru longtemps à Zülpich, près de Cologne, mais dans le bassin moyen du Rhin. — (2) Les *Sicambres* étaient une des tribus de la confédération franque.

Gaule; les populations gallo-romaines, soumises aux Burgondes et aux Wisigoths, ariens, les appelèrent comme des libérateurs et favorisèrent leurs succès. — « *Poursuis tes victoires*, écrivait à Clovis l'évêque Avitus, *partout où tu combats, c'est nous qui triomphons.* »

**8. Défaite des Burgondes. — Soumission des Wisigoths.** — Les Burgondes, attaqués les premiers, durent reconnaître la suprématie des Francs et leur payer tribut (500).

La guerre contre les Wisigoths suivit de près. — « *Je ne puis souffrir*, dit Clovis à ses guerriers, *que ces Ariens possèdent la meilleure partie de la Gaule. Allons donc, et, avec l'aide de Dieu, nous les vaincrons.* » — Le roi des Wisigoths, *Alaric III*, fut attaqué, près de Poitiers (1), dans la plaine de **Vouillé** ; il périt dans le combat de la main même de Clovis (507).

Toulouse (2) et l'Aquitaine (3) restèrent entre les mains des Francs ; mais ceux-ci avaient ravagé le pays conquis avec tant de barbarie, que les habitants regrettèrent d'avoir appelé de tels maîtres. **Ainsi commence la longue haine du Midi contre le Nord.**

**9. Clovis consul.** — La plus grande partie de la Gaule était soumise aux Francs. L'empereur d'Orient, Anastase, consacra les conquêtes de Clovis en lui envoyant les insignes de la dignité romaine de **consul**. Dès lors le pouvoir du chef franc parut légitime aux populations gallo-romaines, qui regardaient encore l'empereur d'Orient comme le souverain de toutes les provinces qui avaient fait partie de l'Empire romain.

**10. Meurtre des chefs francs.** — Malgré ces succès, l'ambition de Clovis n'était pas satisfaite. Il voulut régner seul sur toutes les tribus franques, et il fit périr les chefs qui commandaient à Cambrai, à Thérouanne (4), à Cologne et au Mans (5). Grégoire de Tours nous a laissé le récit

---

(1) POITIERS, chef-lieu de la Vienne. — (2) TOULOUSE, chef-lieu de la Haute-Garonne. — (3) AQUITAINE, ancienne division de la Gaule, pays entre la Loire et les Pyrénées. — (4) THÉROUANNE, village du Pas-de-Calais. — (5) LE MANS, ch.-l. du dép. de la Sarthe.

de ces meurtres ; la perfidie et la cruauté du chef franc s'y montrent au grand jour. En voici un exemple :

Aux bords du Rhin habitaient les *Francs Ripuaires*, dont le roi s'appelait *Sigebert*. Clovis envoya à *Cloderic*, fils de Sigebert, un message secret et lui fit dire : « *Voici que ton père est vieux et boiteux ; s'il venait à mourir son royaume t'appartiendrait de droit ainsi que notre amitié.* »

Clodoric fit tuer son père et il envoya dire à Clovis : « *Mon père est mort, et j'ai en mon pouvoir ses biens et son royaume. Envoie-moi quelques-uns des tiens, et je leur remettrai volontiers ce qui te plaira dans ses trésors.* »

Clovis envoya des hommes à lui. Cloderic ouvrit devant eux les trésors de son père et leur dit : « *Voici le coffre où mon père avait coutume d'entasser ses pièces d'or. — Plonge la main jusqu'au fond*, lui répondirent les envoyés, *afin de t'assurer s'il n'y reste rien.* » — Pendant qu'il se baissait, l'un d'eux leva sa francisque et lui brisa le crâne.

Clovis se hâta d'accourir. Il convoqua les Francs Ripuaires et leur raconta que Cloderic avait tué son père, puis qu'il avait été tué lui-même, on ne savait par qui. « *Puisqu'ils sont morts*, ajouta-t-il, *je vous donne le conseil de vous mettre sous ma protection.* »

Ces paroles furent accueillies avec des cris de joie par les Ripuaires. Ils élevèrent Clovis sur un bouclier et le proclamèrent roi.

Après tous ces meurtres, Clovis rassembla un jour ses guerriers et feignit de se plaindre de son sort : « *Malheur à moi*, leur dit-il, *qui suis resté comme un voyageur parmi des étrangers, n'ayant plus de parents qui pussent me secourir si l'adversité venait fondre sur moi.* »

« Il ne parlait pas ainsi, continue Grégoire de Tours, parce qu'il était affligé de la mort de ses proches, mais par ruse, et pour découvrir s'il avait encore quelque parent, afin de le faire tuer. »

Tels furent les moyens par lesquels **Clovis** établit en Gaule l'unité de domination. — Il mourut en 511 ; il **avait fondé l'Empire franc.**

**11. Les fils de Clovis (511-561).** — Les fils de

Clovis, **Thierry**, **Clodomir**, **Childebert**, et **Clotaire**, se partagèrent son héritage; mais il n'y eut pas démembrement de la monarchie; *les quatre royaumes furent considérés comme ne formant qu'un seul État.*

La conquête ne fut pas interrompue. Les *Arvernes* sont soumis en 532; les *Burgondes* en 534. Les Francs poursuivent les Goths en Italie, en Espagne, et ces expéditions rendent célèbres leur courage, mais aussi leur barbarie.

Après la mort de ses frères, **Clotaire Ier** fut **seul roi** (558-561).

**12. Expédition de Thierry en Auvergne.** — L'expédition d'Auvergne nous fait bien voir quelles étaient les mœurs de ces temps malheureux, quelle était la misère de la Gaule sous la domination des Barbares.

Thierry, roi de Metz, avait soumis au tribut une partie de la Germanie; mais ses guerriers étaient las de combattre sous un ciel brumeux, dans un pays pauvre et froid; ils jetaient des regards de convoitise sur ces contrées de la Gaule méridionale où il y avait encore tant de butin à gagner. Aussi ils se soulevèrent contre leur roi et lui dirent : « *Si tu ne veux pas aller avec tes frères dans le pays des Burgondes, nous te quitterons et nous les suivrons au lieu de toi.* » Telle était l'indépendance des guerriers! tel était le ton insolent qu'ils avaient à l'égard de leur roi ! — Thierry leur répondit : « *Suivez-moi, je vous conduirai où vous prendrez de l'or et de l'argent autant que vous en pouvez désirer et d'où vous enlèverez des troupeaux, des esclaves, des vêtements en abondance. Seulement ne suivez pas ceux-là.* » — Il les conduisit au ravage de l'Auvergne, pays que sa situation avait jusqu'alors mis à l'abri des invasions.

Rien ne fut épargné : « arbres, moissons, chaumières, tout disparut sur les pas des envahisseurs »; les châteaux, les villages, les villes, les églises même et les monastères, tout fut détruit. Ceux des habitants que leur âge ou leur force rendait propres à être vendus comme esclaves étaient attachés deux à deux par le cou et traînés à pied, à la suite des chariots de bagages où leurs meubles étaient amoncelés. « Tout ce qu'il y avait d'hommes illustres par leur rang et leurs richesses se trouvaient réduits au pain de l'aumône, obligés d'aller hors du pays mendier ou vivre de salaire. Rien ne fut laissé aux habitants, si ce n'est la terre, que les Barbares ne pouvaient emporter. » — Parmi les prisonniers, on remarquait un grand nombre d'enfants et de jeunes gens des deux sexes que les Francs mettaient à l'enchère dans tous les lieux où ils passaient et surtout dans les pays voisins du Rhin.

**13. Meurtre des enfants de Clodomir.** — L'histoire des fils de Clovis nous présente bien d'autres exemples de la barbarie franque. Le plus connu est le meurtre des enfants de Clodomir.

*Clodomir* ayant été tué dans un combat, *Childebert* et *Clotaire* voulurent s'emparer de ses domaines au détriment de leurs jeunes neveux. Ils se firent remettre les enfants par Clotilde, qui les élevait, sous prétexte de les faire reconnaître comme rois, puis ils envoyèrent à la reine un messager chargé de lui présenter une épée et des ciseaux.

C'était la mort ou le cloître (1). — « *Plutôt morts que tondus !* » s'écria Clotilde dans l'aveuglement de sa douleur. — Sur cette réponse, « Clotaire prit le plus âgé par le bras, le jeta contre terre, et, lui enfonçant son couteau dans l'aisselle, le tua impitoyablement. Aux cris qu'il poussait, le second se jeta aux pieds de Childebert, et, prenant ses genoux, il lui dit en pleurant : « *Secours-moi, mon bon père, que je ne périsse pas comme mon frère.* » Childebert dit à Clotaire, le visage couvert de larmes : « *Mon cher frère, je te demande grâce pour sa vie. Si tu veux ne pas le tuer, je te donnerai, pour le racheter, ce que tu voudras.* » Alors Clotaire, d'un air furieux et menaçant : « *Ou repousse-le,* s'écria-t-il, *ou tu vas mourir à sa place ; c'est toi qui as machiné toute cette affaire, et tu es bien prompt maintenant à manquer de foi !* » A ces mots, Childebert repoussa l'enfant vers Clotaire, qui le prit, lui enfonça, comme à son frère, son couteau dans le côté et le tua. » (*Grégoire de Tours.*)

Un troisième fils de Clodomir, *Clodoald*, fut arraché à ses oncles par quelques serviteurs fidèles. Il se fit moine et

---

(1) Cloître, couvent de religieux. Les rois détrônés étaient tondus et renfermés dans un cloître.

donna son nom au monastère de *Saint-Cloud*, près de Paris. Plus tard, Clotaire fit brûler dans une chaumière, avec sa femme et ses enfants, son fils *Chramne*, qui s'était révolté contre lui. — Ce roi sanguinaire, meurtrier de son fils et de ses neveux, mourut l'année suivante (561). Comme il était cruellement tourmenté de la fièvre, il disait : « *Wah! que pensez-vous que soit le Roi du ciel, qui tue ainsi de si grands rois?* » — Et il rendit l'esprit.

**En 561, l'époque héroïque de la conquête est terminée ; une longue période de guerres civiles va lui succéder.**

**Devoirs oraux.** — 1. Aspect des guerriers francs. — 2. La framée et le hang. — 3. Le vase de Soissons. — 4. Tolbiac et le baptême de Clovis. — 5. Dire comment Clovis devint le chef des Francs Ripuaires. — 6. Raconter le meurtre des enfants de Clodomir.

**Devoirs écrits.** — 1. Les Francs : leur aspect, leurs armes, leur religion, leurs chefs. — 2. Les Francs avant Clovis. — 3. État de la Gaule à l'avènement de Clovis. — 4. Résumer le règne de Clovis. — 5. Le vase de Soissons. — 6. Le mariage de Clovis avec Clotilde, ses conséquences. — 7. Raconter le meurtre des enfants de Clodomir. — 8. Donner, par quelques faits, une idée de la barbarie des Francs au temps de Clovis et de ses fils. — 9. Tableau des faits historiques rappelés dans ce chapitre.

**Carte.** — Carte de la Gaule avec les noms cités dans ce chapitre.

### TABLEAU IV.

*A.* **Les Francs.**
Confédération des tribus germaniques : leur haute stature ; leurs armes : épée, francisque, hang ;
leur religion : culte d'Odin ;
leurs chefs : de la famille des Mérovingiens.

*B.* **Avant Clovis.**
Clodion à Cambrai ;
Mérovée à la bataille de Méry (451) ;
Childéric, père de Clovis ;
*La Gaule en 481* :
1. Francs au Nord.
2. Burgondes (Saône et Rhône) (*Ariens*).
3. Wisigoths (Aquitaine) (*Ariens*).
4. Alamans.
5. Confédération armoricaine.
6. Légions romaines : Syagrius.

| | |
|---|---|
| C. Clovis, 481-511, fonde l'Empire franc. | 1. — Sa faiblesse en 481 : simple chef des Francs de Tournai. — Causes de ses succès : habileté politique ; appui donné par les évêques.<br>2. — Défaite de Syagrius près de Soissons, 486. — Le vase de Soissons.<br>3. — Clovis épouse la catholique Clotilde.<br>4. — Victoire de Tolbiac sur les Alamans, 496. — Baptême de Clovis. — Saint-Remi.<br>5. — Défaite des Burgondes, 500. — Victoire de Vouillé sur les Wisigoths, 507. — Le chefs francs indépendants mis à mort. — Clovis consul. |
| D. Les fils de Clovis, 511-561. | 1. — Thierry, Clodomir, Childebert, Clotaire. { La conquête de la Gaule achevée.<br>2. — Clotaire I<sup>er</sup>, seul roi, 558-561.<br>3. — Barbarie des Francs : meurtre des fils de Clodomir. — Expédition de Thierry en Auvergne. |

# V

## Neustrie et Austrasie.

*Frédégonde et Brunehaut. — Les maires du palais et les rois fainéants.*

### RÉSUMÉ

1-2. — Après la mort de Clotaire I$^{er}$, en 561, il y eut un nouveau partage de la monarchie. C'est alors que commence une longue période de guerres civiles. L'Austrasie, ou pays des Francs de l'Est, lutte contre la Neustrie, ou pays des Francs de l'Ouest. — Une première guerre éclate à la suite du meurtre de Galeswinthe, femme de Chilpéric, roi de Neustrie.

3. — Les rois Sigebert et Chilpéric sont assassinés. — En Austrasie, Brunehaut règne longtemps, au nom de ses petits-fils, mais elle est livrée par les leudes au fils de sa rivale Frédégonde, à Clotaire II, roi de Neustrie, qui la fait périr, en 613.

4-5. — Clotaire II règne seul sur la monarchie franque, de 613 à 628. — Sous son fils Dagobert, de 628 à 638, la royauté mérovingienne jette un dernier éclat. Ce prince règne avec éclat et s'entoure de ministres gallo-romains, tels que saint Ouen et saint Éloi.

**6-8.** — Après Dagobert, commence la période des *rois fainéants*. Tout le pouvoir appartient aux *maires du palais*. — Pépin d'Héristal, maire d'Austrasie, triomphe de la Neustrie à la bataille de Testry, en 687, et fonde la puissance de sa famille, qui sera la dynastie carolingienne.

**9-12.** — L'anarchie a détruit peu à peu la civilisation romaine. — L'Église conserve seule quelques traditions de la culture ancienne. — Les légendes de l'époque mérovingienne sont curieuses à étudier.

RÉCIT.

**1. Neustrie et Austrasie.** — Après la mort de Clotaire I$^{er}$ (561), **la monarchie fut de nouveau divisée en quatre royaumes** : ceux de *Paris*, de *Soissons* (1), de *Metz* (2) et de *Bourgogne*. La mort du roi de Paris les réduisit bientôt à trois. **Gontran** commanda aux Burgondes ; **Sigebert** aux Austrasiens ou Francs orientaux ; **Chilpéric** à cette population mêlée de Francs et de Gallo-Romains qui occupait la Neustrie, c'est-à-dire le nord-ouest de la Gaule.

Dans l'**Austrasie**, c'est-à-dire dans les vallées du Rhin et de la Meuse, les Francs étaient nombreux et en contact perpétuel avec les Barbares d'outre-Rhin ; l'esprit et les coutumes germaniques y dominaient ; les chefs ou *leudes* y formaient une aristocratie puissante unie pour résister à ses rois. — La **Neustrie**, plus romaine, conservait quelques souvenirs et quelques restes de l'administration impériale. Là, les Francs, peu nombreux au milieu de la population gallo-romaine, avaient pris peu à peu l'esprit et les usages des vaincus ; ils étaient devenus moins belliqueux, plus disposés à respecter l'autorité royale et les représentants de cette autorité.

Cette différence amena entre les *Francs-Neustriens* et les *Francs-Austrasiens* de longues luttes dont la première fut provoquée par le meurtre de Galeswinthe.

**2. Histoire de Galeswinthe.** — Sigebert avait épousé **Brunehaut**, fille d'Athanagilde, roi des Wisigoths

---

(1) Soissons, sous-préfecture de l'Aisne. — (2) Metz, ancien chef-lieu de la Moselle, aujourd'hui à l'Allemagne.

d'Espagne. Chilpéric voulut suivre l'exemple de son frère et il envoya demander en mariage la sœur aînée de Brunehaut, **Galeswinthe**.

Sa demande ne fut pas accueillie sans difficulté. La mauvaise réputation du roi de Neustrie avait franchi les Pyrénées. Galeswinthe, d'un caractère doux et timide, ne voyait cette alliance qu'avec effroi, et sa mère, qui l'aimait tendrement, partageait ses répugnances et ses craintes.

Mais la raison d'État l'emporta et la jeune fille fut sacrifiée. Dès qu'elle connut cette triste nouvelle, elle alla se jeter dans les bras de sa mère comme dans un asile d'où l'on ne saurait l'arracher, et les deux femmes pleurèrent longtemps ensemble sans pouvoir parler.

Cependant la résolution du roi était irrévocable. Il fallut partir. La reine voulut accompagner sa fille pendant quelques heures. Mais, se laissant entraîner par son amour, elle alla, de journée en journée, à plus de cent milles de distance.

La séparation fut déchirante. « *Sois heureuse, ma fille,* dit la pauvre mère, *mais j'ai bien peur pour toi; prends garde, prends bien garde.* » — « *Dieu le veut,* répondit la jeune fille, *il faut que je me soumette. O ma mère, tu perds ta fille, adieu.* » — Alors la reine quitta le char de Galeswinthe et, s'arrêtant au bord de la route, triste, immobile, elle suivit des yeux aussi longtemps qu'elle le put, le cortège qui emmenait l'exilée.

Les noces de Galeswinthe furent célébrées avec une grande pompe et la jeune reine charma les Francs par sa bonté gracieuse et la bienveillance de ses paroles.

Chilpéric lui témoigna d'abord beaucoup d'amour, parce qu'elle lui avait apporté en dot de grands trésors. Mais l'esprit grossier de ce prince était incapable d'apprécier les vertus et les qualités de son épouse. Il oublia bientôt les serments qu'il avait faits et accabla Galeswinthe de mauvais traitements.

Celle-ci demanda comme une grâce de retourner librement dans son pays. Elle offrait d'abandonner les trésors qu'elle avait apportés avec elle. Mais Chilpéric craignit qu'on ne les lui réclamât un jour. Il fit étrangler la malheureuse femme par un esclave. Un matin on la trouva morte dans son lit. Chilpéric feignit de pleurer sa mort; mais bientôt après il prit comme épouse une femme attachée au service du palais, l'ambitieuse et perfide **Frédégonde**, sa complice dans le meurtre de la reine.

**3. Frédégonde et Brunehaut.** — Brunehaut voulut venger sa sœur. Sigebert, excité par elle, attaqua Chilpéric et le vainquit. Il allait le dépouiller de ses États; mais, dit Grégoire de Tours, « Frédégonde se souvint de ses sciences; deux jeunes hommes de Thérouanne qui lui étaient dévoués et qu'elle avait enivrés de boissons inconnues, armés de forts couteaux vulgairement appelés *scrama-saxes*, à la lame empoisonnée, s'approchèrent du roi sous quelque prétexte et le frappèrent aux deux flancs à la fois. Sigebert poussa un cri et tomba; quelques instants après, il expirait (575). »

Soldat de l'époque mérovingienne (d'après un dessin du moyen âge).

Frédégonde se rendit coupable de beaucoup d'autres crimes. Elle finit par faire tuer Chilpéric lui-même, dont elle avait mérité la colère.

En Austrasie, Brunehaut régna longtemps au nom de son fils et de ses petits-fils; elle s'efforça d'introduire quelque civilisation dans un pays redevenu barbare; mais elle excita les ressentiments des *leudes* en voulant les soumettre à l'autorité royale. Ceux-ci la livrèrent à *Clotaire II*, fils de Frédégonde.

La malheureuse reine fut livrée pendant trois jours à d'affreuses tortures. On la promena dans le camp attachée sur un chameau; puis on la lia par les cheveux, les pieds et les bras à la queue d'un cheval furieux, et ses membres furent mis en lambeaux (613).

**4. Clotaire II, seul roi. — Faiblesse de la royauté.** — *Clotaire II* devint *seul roi* (613-628), mais il dut accorder aux leudes vainqueurs de nombreux privilèges au détriment de l'autorité royale, par un acte qui fut appelé la *Constitution perpétuelle* (615).

L'autorité royale est bien faible; elle est sans cesse insultée, menacée par l'indiscipline brutale des leudes. Brunehaut veut s'interposer entre les leudes austrasiens et le duc de Champagne; les leudes lui disent : « *Retire-toi, femme, de peur que tu ne sois foulée et écrasée sous les pieds de nos chevaux.* » — Leur langage n'est pas moins hautain avec le roi Gontran; en prenant congé de lui, les leudes austrasiens lui disent : « *La hache qui a frappé la tête de tes frères est encore aiguisée; elle atteindra bientôt la tienne.* »

Voici un autre exemple bien remarquable. — Les Saxons ayant refusé de payer le tribut accoutumé d'un certain nombre de têtes de bétail, Clotaire I<sup>er</sup> marcha contre eux. Les Saxons offrirent la paix. Clotaire voulait accepter leurs propositions, mais les leudes d'Austrasie insistèrent pour qu'il les rejetât. « *Les Saxons sont menteurs*, disaient-ils, *et ne rempliront aucunement leurs promesses, marchons contre eux.* » Les Saxons offrirent de nouveau la paix; Clotaire dit aux siens : « *Cessez, je vous prie, d'en vouloir à ces hommes, de peur d'attirer sur nous la colère de Dieu.* » Alors les leudes se jetèrent sur lui, brisèrent sa tente, l'en arrachèrent de force en l'accablant de menaces et d'injures, bien décidés à le tuer s'il tardait à marcher avec eux. Les Francs furent battus, et « *Clotaire, confus, demanda la*

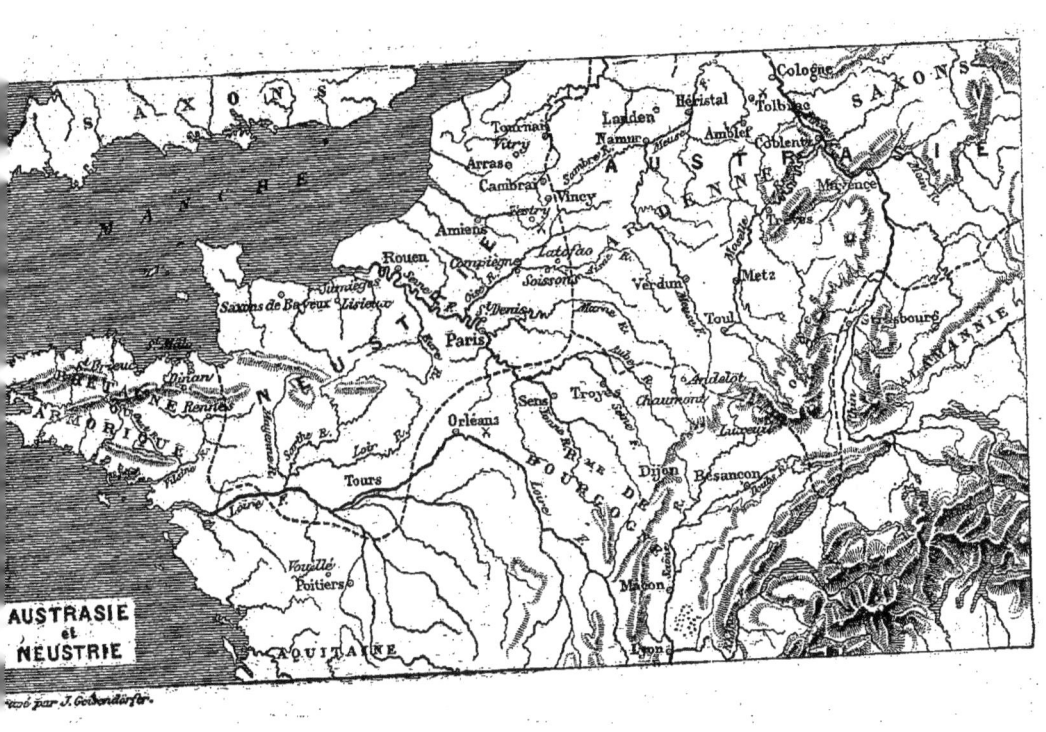

paix, disant que ce n'était pas de sa propre volonté qu'il les avait attaqués. »

La royauté mérovingienne ne tardera pas à devenir impuissante.

**5. Dagobert (628-638).** — Elle jette cependant un dernier éclat pendant le règne de **Dagobert**, fils de Clotaire II, **le plus puissant** et le plus populaire **des successeurs de Clovis**. « Prince terrible, dit son biographe, envers les rebelles et les perfides, tenant fortement le sceptre royal et s'élevant comme un lion contre les factieux. »

Au dehors, il sut faire respecter sa puissance : les Wisigoths reçurent un roi de sa main ; les Lombards d'Italie reconnurent son autorité ; enfin, les peuplades germaniques situées entre le Rhin et le Weser furent soumises au tribut.

A l'intérieur de son royaume, il s'efforça de réprimer le désordre et de faire partout bonne et sévère justice. « Sa venue frappait les grands de terreur, mais elle comblait les pauvres de joie. » Il gouvernait avec des ministres d'origine gallo-romaine, comme **saint Ouen**, évêque du diocèse de Rouen ; comme Saint Éloi, dont le nom est resté populaire en France*.

\* **Histoire de Saint Éloi.** — Éloi était né de parents qui vivaient du travail de leurs mains. De bonne heure il devint un habile orfèvre et entra au service du trésorier de Clotaire. Un trait de probité fut l'occasion de sa fortune.

« Il arriva, dit son biographe, que Clotaire eut le désir de posséder un siège élégamment fabriqué d'or et de pierres précieuses. Mais il ne se trouvait personne dans son palais qui fût capable d'exécuter un pareil ouvrage de la manière que le roi voulait. Le trésorier, connaissant l'habileté d'Éloi, le recommanda au prince, qui lui fit remettre entre les mains une quantité d'or considérable. Au lieu d'un siège l'habile orfèvre en fit deux, et Clotaire, émerveillé de la probité non moins que du talent de l'artiste, s'écria : « *S'il en est ainsi, tu mérites ma confiance même dans les grandes choses !* »

De ce jour, Éloi fut admis à la cour de Clotaire et chargé d'ambassades, de missions politiques importantes. Sous Dagobert, la faveur politique dont il jouissait devint encore plus grande, et il reçut le titre de trésorier de la couronne.

Ce qui recommande surtout Éloi à notre souvenir, c'est sa charité inépuisable. On l'appelait « le pied des boiteux, l'œil des aveugles. » Quand un étranger demandait sa demeure, on répondait : « *Là où vous trouverez un grand concours de pauvres, vous trouverez Éloi.* » — « Il se rendait aux bords de la mer, dit son biographe, au moment où les vaisseaux débarquaient les infortunés des deux sexes que les pirates avaient arrachés de leurs demeures, et qu'ils transportaient comme des troupeaux de bêtes, dans tous les pays. Éloi en rachetait une vingtaine, une cinquantaine, une centaine même à la fois. »

Il protégeait le peu d'arts qui restaient encore et imitait le luxe de la cour de Constantinople. C'est lui qui fit élever l'**abbaye de Saint-Denis**, où la plupart des rois de France ont été ensevelis.

**6. Les rois fainéants.** — Après la mort de Dagobert, la décadence de la royauté fut rapide ; de l'an 638 à l'an 752, douze princes de la race mérovingienne portèrent en Neustrie, en Austrasie, en Bourgogne, ou dans les trois royaumes réunis, le nom de rois, « *sans mériter dans l'histoire aucune autre place que celle de leur nom.* »

Les **rois fainéants**, comme on les appelle, meurent presque tous adolescents ; bien peu atteignent à leur trentième année. Ils règnent de nom et vivent misérablement dans quelque métairie royale (1), d'où ils sortent, aux occasions solennelles, dans leur chariot attelé de quatre bœufs, pour se montrer au peuple. « Le roi, dit **Éginhard** (2), devait se contenter de sa chevelure flottante, de sa longue barbe, du trône où il s'asseyait pour donner audience et faire des réponses qu'on lui avait apprises et souvent même imposées. »

**7. Les maires du palais: — Ébroïn.** — **Tout le pouvoir est entre les mains des maires du palais.** Le maire du palais avait été, à l'origine, un simple juge des querelles qui éclataient dans la demeure royale ; peu à peu il devint une sorte de premier ministre.

En Austrasie, la mairie fut bientôt héréditaire dans la puissante **famille des Héristal** (3), chefs de l'aristocratie des leudes et ancêtres des *Carolingiens* (4). Les Héristal se propo-

Après la mort de Dagobert, Éloi quitta la cour et devint prêtre. Le peuple, qui l'aimait, l'élut évêque de Noyon (1). — La France a conservé le souvenir du « *bon saint Éloi* ».

1. Noyon, chef-lieu de canton (Oise).

---

(1) Les Germains ne connaissant guère que la chasse et la pêche, avaient délaissé les villes ; ils vivaient pour la plupart dans de grandes métairies entourées de bois, presque indépendants des lois impuissantes. — (2) Éginhard, secrétaire de Charlemagne, a écrit une *Vie de Charlemagne* et des *Annales* (récit des événements année par année). — (3) Héristal (famille d'), ainsi appelée parce que sa résidence habituelle était le château d'Héristal, sur la Meuse (Belgique actuelle). — (4) Dynastie carolingienne, du nom de Charlemagne (*Charles le Grand*), en latin *Carolus Magnus*.

sèrent d'assurer le triomphe de l'Austrasie sur la Neustrie et de remplacer la dynastie mérovingienne.

Les maires du palais de Neustrie suivirent une politique opposée. Ils s'efforcèrent de relever l'autorité royale dont ils étaient les dépositaires et de mettre obstacle aux projets de la maison d'Héristal.

Le plus célèbre des maires de Neustrie fut **Ébroïn**. Il fit respecter son autorité par les grands et lutta contre l'évêque d'Autun (1), **Léger**, qu'il fit mettre à mort. Il vainquit les Austrasiens, mais il fut assassiné en 684.

**8. Bataille de Testry (687).** — L'Austrasie reprit l'avantage et le successeur d'Ébroïn, *Berthaire*, fut, en 687, vaincu à **Testry** (2) par Pépin d'Héristal. « Pépin, dit le vieux chroniqueur (3), conserva respectueusement au mérovingien Thierry III le nom de roi et prit, comme son propre bien, le gouvernement de tout le royaume, les trésors royaux et le commandement de toute l'armée des Francs. »

**La bataille de Testry assurait le triomphe de l'aristocratie des leudes sur la royauté dégénérée, et celui de l'Austrasie sur la Neustrie. La famille nouvelle des Héristal** (*famille carolingienne*) **allait diriger les destinées du peuple des Francs.**

**9. Ruine de la civilisation romaine.** — A la suite des invasions, la Gaule était redevenue barbare. Mais il ne faut pas croire que les invasions aient fait disparaître tout d'un coup la civilisation romaine. Les Barbares qui envahirent la Gaule étaient peu nombreux, et l'on peut dire que l'élément germanique a fort peu modifié la population gallo-romaine, si ce n'est toutefois au Nord et à l'Est où les Barbares s'établirent en plus grand nombre. Les vaincus ne perdirent qu'une partie de leurs terres ; ils restèrent libres, et bientôt ils eurent les mêmes droits que leurs vainqueurs. Ils ne cessèrent pas de jouer un rôle important, et les rois francs

---

(1) Autun, s.-préf. de Saône-et-Loire. — (2) Testry, à 13 kil. S. de Péronne (Somme). — (3) Chroniqueur, nom donné aux auteurs des récits ou *chroniques* du moyen âge.

choisirent souvent leurs ministres et leurs conseillers dans la population gallo-romaine (1).

Mais l'indiscipline, les brutales violences des Barbares, l'absence de tout ordre, la perpétuité des guerres civiles, arrêtèrent bientôt le commerce et l'industrie ; et, comme il n'y avait pas au centre un pouvoir fort et obéi, les antiques rivalités de canton à canton et de ville à ville se réveillèrent et l'anarchie fut partout. Tout entière aux souffrances du présent, la société ne pensa pas à l'avenir ; elle tomba en ruines, parce que la sécurité lui manquait.

C'est ainsi que **la civilisation romaine disparut peu à peu.** Pour donner naissance à une nouvelle civilisation, il faudra des siècles de douleur et de barbarie.

**10. L'Église; les Monastères.** — **Le clergé seul conserve quelques faibles traditions de la culture ancienne.** Grâce à sa supériorité intellectuelle, il acquiert de jour en jour une influence plus grande. Les évêques sont les chefs véritables des villes et les rois trouvent en eux leurs plus habiles conseillers. Les **Monastères** se multiplient. Dotés de privilèges précieux, ils forment des espèces d'oasis agricoles et industrielles, où les populations sont moins exposées aux violences des hommes puissants. Les marchands sont attirés vers ces asiles respectés ; *la foire de Saint-Denis*, ou du *Lendit*, instituée par Dagobert, voit les marchands de Constantinople et des pays septentrionaux. Les monastères possèdent à peu près seuls des établissements charitables, des hospices sous le nom d'*Hôtel-Dieu* ou *Maison de Dieu*; enfin, c'est là qu'on retrouve les dernières écoles de la Gaule, les derniers signes d'un mouvement intellectuel.

La littérature de cette époque est toute sacrée. Son œuvre la

---

(1) Grégoire de Tours et les autres chroniqueurs abondent en détails qui prouvent la férocité des Francs, rois et guerriers. Nous connaissons le meurtre des enfants de Clodomir et la mort de Chramne. Voici un autre exemple : — Parmi les leudes les plus puissants de la fin du vi<sup>e</sup> siècle, Rauchinge s'amusait à torturer les esclaves ; c'est ainsi qu'il contraignait celui qui tenait une torche allumée pendant ses festins à l'éteindre sur ses jambes nues ; il riait des douleurs du malheureux, le menaçant de son épée pour le forcer à étouffer ses cris et à dévorer ses larmes.

plus remarquable est l'*Histoire ecclésiastique des Francs* par **Grégoire de Tours**. C'est là qu'il faut chercher l'histoire des Mérovingiens, mais aussi dans les *Vies des Saints* et dans les **Légendes**. Les légendes sont curieuses à étudier, car, malgré leur forme fabuleuse, elles nous aident à comprendre les événements d'alors. Les deux légendes suivantes nous présentent un tableau de la décadence des successeurs de Clovis et de l'abaissement des rois fainéants.

**11. Les légendes : — le songe de Basine.** — « Un jour la reine **Basine**, femme de Childéric qui fut le père de Clovis, dit à son époux : « *Descends sous le portique du palais et rapporte-moi ce que tu auras vu.* » Childéric descendit et aperçut des lions et des léopards, et la fierté de ces nobles animaux le frappa d'admiration. Il remonta vers la reine qui lui dit : « *Descends encore ; tu n'as pas tout vu.* »

« Il redescendit et vit des ours et des loups qui se combattaient, et il fut saisi d'horreur. Quand il eut raconté cette seconde vision à la reine : « *Va*, dit-elle, *tu n'as pas tout vu.* »

« Il distingua cette fois, à travers une ombre épaisse, des chiens et d'autres animaux inférieurs qui se déchiraient les uns les autres.

« Alors Basine dit à Childéric : « *Ce que tu as vu de tes yeux arrivera en vérité : il nous naîtra un fils qui sera un lion par son courage ; les fils de notre fils ressembleront aux léopards ; mais ils engendreront à leur tour des enfants semblables aux ours et aux loups par leur voracité. Ceux que tu as vus pour la dernière fois viendront pour la fin et la ruine de ton royaume.* »

**12. Légende des Énervés.** — L'autre légende, celle des *Énervés de Jumièges*, convient aux petits-fils de Dagobert, aux rois fainéants.

Leur père, Clovis II, irrité contre eux, les énerva en leur faisant brûler les jarrets. Dès lors, étiolés et sans force, ils languirent sous les yeux de leur père, que les remords saisirent. Il les fit placer sur un bateau et les abandonna au courant de la Seine. Le courant les porta jusqu'à la presqu'île où saint Philibert venait de fonder *le monastère de Jumièges* (1). Les moines recueillirent **les Énervés**.

---

(1) JUMIÈGES, près de Rouen (Seine-Inférieure).

NEUSTRIE ET AUSTRASIE. — TABLEAU

« *C'est l'image de cette race mérovingienne, étiolée et caduque avant l'âge, que l'Église va recevoir et garder.* »

**Devoirs oraux.** — Histoire de Galeswinthe. — 2. Dites ce que vous savez sur Frédégonde. — 3. ... sur Brunehaut. — 4. Saint Éloi. — 5. Faites le portrait des rois fainéants. — 6. Songe de Basine. — 7. Légende des Énervés.

**Devoirs écrits.** — 1. Causes de la rivalité entre l'Austrasie et la Neustrie. — 2. Rivalité de l'Austrasie et de la Neustrie jusqu'à la bataille de Testry. — 3. Rappelez ce que vous savez sur Frédégonde et Brunehaut. — 4. Dagobert et saint Éloi. — 5. Les rois fainéants et les maires du palais. — 6. Conséquences de la bataille de Testry. — 7. Ruine de la civilisation romaine et rôle de l'Église. — 8. Tableau de l'histoire des Mérovingiens depuis Clodion jusqu'à la bataille de Testry.

**Carte.** — La Neustrie et l'Austrasie.

## TABLEAU V.

| | | |
|---|---|---|
| **A. Neustrie et Austrasie** | *En 561, 2ᵉ partage* | Gontran : Bourgogne.<br>Sigebert : Austrasie.<br>Chilpéric : Neustrie. |
| | *Austrasie :* | Population germanique.<br>Coutumes germaniques.<br>Puissance des leudes. } d'où rivalité. |
| | *Neustrie :* | Plus romaine,<br>Plus civilisée,<br>Plus docile à la royauté. |
| **B. Frédégonde et Brunehaut.** | | 1. Meurtre de Galeswinthe, femme de Chilpéric, sœur de Brunehaut. — Chilpéric épouse Frédégonde. — Première guerre.<br>2. Frédégonde fait tuer Sigebert, roi d'Austrasie ; puis Chilpéric. |
| | 3. *Brunehaut* | Reine d'Austrasie, au nom de son fils et de ses petits-fils.<br>Elle est amie de la civilisation romaine.<br>Elle lutte contre les leudes.<br>Livrée à Clotaire II, roi de Neustrie ; sa mort, 613. |
| **C. Clotaire II et Dagobert seuls rois.** | 1. *Clotaire II 613-628.* | Affaiblissement de l'autorité royale par la Constitution perpétuelle, 615. |
| | 2. *Dagobert 628-638.* | Au dehors ; — rétablissement de l'empire franc.<br>Au dedans : — retour de l'ordre. { saint Ouen.<br>{ saint Éloi. |

|  |  |  |
|---|---|---|
| *D.* Rois fainéants et Maires du palais. | 1. De 638 à 752, 12 rois fainéants. | |
| | 2. *Maires du palais.* | En Neustrie : Ebroïn, — l'autorité royale soutenue. |
| | | En Austrasie : la royauté annulée par les leudes ; — Pépin d'Héristal, ancêtre des Carolingiens ; — vainqueur de la Neustrie, à Testry, 687. |
| *E.* La Société. | 1. Ruine lente, mais complète, de la civilisation romaine. | |
| | 2. Causes de la barbarie : — absence d'ordre et de sécurité ; — les guerres civiles. | |
| | 3. *L'Église* | 1. Son rôle protecteur ; — les monastères. |
| | | 2 Légendes. { Songe de Basine. Les Énervés. |

## VI

## L'Empire d'Orient. — Justinien.

### Résumé.

1. — L'Empire d'Orient doit subsister jusqu'en 1453, malgré ses vices, grâce à sa civilisation supérieure, grâce aussi à l'admirable situation de sa capitale.

2-3. — Justinien, le plus illustre des Césars de Byzance, le mari de Théodora, règne de 527 à 565. En 532, la sédition *Nika* nous montre bien le caractère de l'histoire du *Bas-Empire*.

4. — Au dehors, Justinien entreprend de faciles conquêtes. Bélisaire enlève l'Afrique à Gélimer, roi des Vandales.

5. — Bélisaire et, après lui, Narsès, enlèvent l'Italie aux Ostrogoths qui s'étaient établis dans la péninsule avec Théodoric le Grand.

6-7. — Les guerres défensives contre les Perses et les Bulgares sont longues, difficiles, souvent même désastreuses. Après Justinien, l'œuvre de conquête doit disparaître : dès le sixième siècle, les Lombards occupent l'Italie septentrionale, avec Alboïn.

8-9. — Justinien a codifié la législation romaine dans le

4.

*Digeste*, les *Institutes*, etc. Cette œuvre durable doit rendre de grands services à la civilisation. — C'est alors que Sainte-Sophie a été construite.

Récit.

**1. L'Empire d'Orient.** — L'Empire d'Occident n'a survécu à Théodose que quatre-vingts ans (395-476); **l'Empire d'Orient doit vivre encore pendant plus de dix siècles (395-1453)**. Quelles sont les causes de cette longue durée ?

1º L'Empire d'Orient est protégé contre les attaques incessantes des Barbares par **l'admirable situation** de sa capitale que défendent la mer et la chaîne des Balkans.

2º L'Empire d'Orient a sur les États nouveaux, nés des invasions, une supériorité manifeste. Il s'étend de l'Adriatique à l'Euphrate; il renferme une **population nombreuse** et de **grandes richesses**. *Alexandrie* est l'entrepôt d'un immense commerce; *Antioche* mérite toujours d'être appelée « la reine de l'Orient »; Rome abaissée, *Constantinople* est devenue la première ville du monde.

3º L'Empire d'Orient possède seul une **administration régulière**, une **armée organisée**. Il a la force que donne la **civilisation** au milieu de la barbarie; il a encore pour lui le **prestige** qui s'attache toujours au nom de l'Empire romain et, plus d'une fois, les Barbares se mettront au service d'un État qu'ils pourraient détruire.

Mais quelle misère et quelle **impuissance réelle** chez ces héritiers des Romains ! Les **révolutions de palais** et les séditions de casernes élèvent et renversent les empereurs ; les **querelles théologiques** et les **tumultes de l'Hippodrome** (1) ensanglantent la capitale et parfois tout l'Empire; une débauche sans nom flétrit les maîtres et épuise les sujets ; chez les uns c'est un despotisme sans grandeur, chez les autres une servilité sans excuses ; pas un seul caractère qui soit véritablement grand : partout les vices de la corruption et

---

(1) Hippodrome, cirque, terrain disposé pour les courses de chevaux et de chars.

# SÉDITION NIKA

de la décadence. Aussi l'Empire d'Orient a-t-il un mauvais renom ; et l'histoire a flétri à juste titre les Césars et le peuple de *Byzance* (1).

Nous devons cependant beaucoup à l'Empire d'Orient : — **les Grecs ont conservé le dépôt précieux de la civilisation antique** ; Constantinople a été longtemps comme une digue opposée aux flots de la barbarie et de l'ignorance qui menaçaient de tout submerger.

**2. Justinien (527-565).** — De tous les Césars de Byzance, le plus remarquable fut **Justinien**, qui régna de 527 à 565. Cet empereur est célèbre par ses conquêtes et par sa législation. Parvenu au trône à plus de quarante ans, montra une grande activité. Il dormait peu ; souvent il se levait au milieu de la nuit et parcourait, d'un pas agité, les galeries de son palais en songeant aux affaires de l'État et à celles de l'Église. Il avait épousé une comédienne, célèbre par sa vie désordonnée, la trop fameuse **Théodora**, fille du gardien des ours de l'amphithéâtre. Devenue impératrice, Théodora montra quelques-unes des qualités d'une souveraine ; une fois même Justinien lui dut le trône et la vie. Ce fut lorsqu'éclata la sédition de 532. C'est une page bien instructive de l'histoire byzantine.

**3. Sédition Nika, 532.** — Le peuple de Constantinople avait deux passions : les courses de chars et les discussions théologiques. La ville entière était partagée en deux camps. Les uns tenaient pour les cochers à casaque verte et pour les théories de l'hérétique *Eutychès* ; les autres pour les cochers à casaque bleue et pour les doctrines catholiques. L'Empereur et l'Impératrice favorisaient les **Bleus** qui, forts de cet appui, se livraient impunément à toutes les violences.

Un jour, en 532, les **Verts** se rassemblent au Cirque et entourent en suppliants la tribune impériale. Justinien les traite d'*ivrognes* et d'*hérétiques*. Les Verts, furieux, répondent par d'autres injures, appelant l'Empereur *parricide, âne, tyran,*

---

(1) Byzance, ancien nom de Constantinople. La ville, reconstruite et développée par Constantin, vers 330, avait pris le nom de son second fondateur.

*parjure* ; puis, chassés de l'enceinte, ils se répandent en tumulte dans la ville et prennent les armes. Le préfet en fait pendre quelques-uns. Aussitôt une brusque réconciliation se fait entre les deux partis ; Verts et Bleus se réunissent contre la police et le gouvernement ; on massacre les soldats ; on brûle les maisons ; des églises, des palais, des hôpitaux, des bibliothèques sont la proie des flammes ; une partie de la population s'enfuit de l'autre côté du Bosphore ; et, pendant plusieurs jours, les factieux vainqueurs parcourent la ville aux cris de **Nika** (victoire !) mot qui devait être le nom de la sédition ; ils proclament empereur un certain *Hypatius*, qu'ils couronnent au cirque d'un collier de perles emprunté au matériel du théâtre.

Justinien, enfermé dans son palais, avait transporté ses trésors dans un bateau ; il s'apprêtait à passer le Bosphore, quand les rebelles auraient forcé les portes ; il était sans courage et sans voix. Alors la comédienne impératrice se lève : « *Fuyez*, dit-elle ; *pour moi, je reste ; je suis pour cette parole d'un ancien que le trône est un glorieux tombeau.* » Justinien resta ; son général, Bélisaire, cerna les révoltés, ramena les Bleus dans le devoir et écrasa les Verts : il y eut un épouvantable massacre.

**4. Guerre contre les Vandales.** — Au dehors, les généraux de Justinien donnèrent à l'empire la gloire militaire en reprenant aux Barbares l'Afrique et l'Italie. Mais les Barbares, venus de la froide Germanie, étaient énervés par les climats chauds du Midi ; ils étaient épuisés par l'abus de tous les plaisirs, de toutes les délicatesses de la vie romaine, ils étaient détestés par les populations catholiques parce qu'ils avaient embrassé l'hérésie d'Arius : leur défaite ne pouvait être difficile.

Les **Vandales**, maîtres de l'Afrique, furent attaqués les premiers. En 533, une grande expédition partit de Constantinople sous les ordres de l'habile **Bélisaire**. Le roi vandale, **Gélimer**, fut battu ; il se réfugia avec quelques compagnons sur le *mont Pappua* (1), où il était difficile de le forcer ; cerné

---

(1) Aujourd'hui mont Edough, massif de l'Atlas à l'ouest de Bone (Algérie).

dans sa retraite, il résista longtemps aux plus dures extrémités. Un jour il fit demander au chef ennemi du *pain* dont il n'avait pas goûté depuis trois mois; une *éponge* pour essuyer ses larmes, et une *harpe* pour chanter ses malheurs. Réduit enfin à se rendre, il éclata de rire en paraissant devant Bélisaire, sans doute pour montrer le dédain que lui inspirait la vanité des grandeurs humaines.

« Le vainqueur et le vaincu partirent ensemble pour Constantinople, comme jadis étaient partis Marius et Jugurtha (1). Bélisaire reçut les honneurs du triomphe à l'Hippodrome et Gélimer obtint un domaine en Galatie (2). Quelle différence entre la République et le Bas-Empire (3)! Les vieux Romains sont impitoyables pour le vaincu et lui font subir une mort atroce; mais, s'ils triomphent, c'est au Capitole, en face des dieux de la patrie; ce n'est pas à l'Hippodrome, entre deux courses de chars et au milieu des Verts et des Bleus. »

**5. Guerre contre les Ostrogoths.** — Après l'Afrique, l'Italie. — Les **Ostrogoths** y avaient fondé un empire qui fut un instant puissant sous le glorieux **Théodoric** vainqueur d'*Odoacre* (Cf. III, § 10). Mais après le grand homme la décadence avait commencé. En 536, *Bélisaire* entra dans Rome, vainquit *Vitigès* et amena pour la seconde fois un roi captif aux pieds de Justinien. C'était trop de services: le défiant empereur paya son général par la disgrâce. Bélisaire fut privé de son commandement. Mais ses successeurs se montrèrent incapables, et bientôt *Totila*, le nouveau roi des Ostrogoths, étendit sa domination sur l'Italie entière.

La conquête était à recommencer. **Narsès** partit de Constantinople avec une nouvelle armée. « Singulier chef et singuliers soldats! Narsès était un eunuque du palais, jadis esclave vieilli dans la domesticité impériale; son corps grêle,

---

(1) Sous la république romaine, au premier siècle avant notre ère, le général romain Marius avait vaincu et pris le célèbre Jugurtha, roi des Numides (Algérie actuelle). Jugurtha, jeté dans un obscur cachot, y était mort de faim. —(2) En Asie Mineure — (3) BAS-EMPIRE. On appelle *Bas-Empire* la période de l'histoire de Rome qui commence à Constantin (IVe siècle), par opposition au *Haut-Empire*. On a donné à cette expression chronologique un sens moral, et aujourd'hui le *Bas-Empire* est pour tout le monde l'*Empire abaissé*.

sa figure ridée, ses mains tremblantes, tout en lui portait les signes de la décrépitude. Et cependant cette vieille femme, vêtue d'une casaque militaire, était un héros. Quant à l'armée romaine, elle comptait des hommes de toutes les nations, des Huns, des Gépides, des Perses, des Lombards et même quelques Romains. » Les victoires de Narsès rendirent l'Italie à Justinien ; en 554, la péninsule tout entière était soumise : la nouvelle Rome pouvait se vanter d'avoir délivré l'ancienne.

**6. Guerres contre les Perses et les Bulgares.** — Les guerres d'Afrique et d'Italie étaient plus brillantes qu'utiles. Elles occupaient au loin les forces de l'empire ; *les provinces qui entouraient la capitale restaient exposées sans défense aux attaques d'un ennemi toujours prêt.* Était-il d'une bonne politique d'entreprendre des conquêtes lorsqu'on n'avait pas la force de garder son propre bien, d'attaquer au lieu de se défendre ?

A l'Est, les *Sassanides* (1) avaient fondé le puissant **royaume des Perses** dans la vallée de l'Euphrate. Justinien dut soutenir contre eux de longues guerres, heureuses avec Bélisaire, désastreuses après la disgrâce de ce général. Plusieurs armées furent détruites, plusieurs provinces ravagées. Pour avoir la paix, on dut l'acheter, s'engager à payer un tribut de 3,000 pièces d'or !

Au nord, les **Slaves**, les **Bulgares**, les **Avares**, tous ces Barbares qui s'agitaient sur les rives du Danube et du Dniéper, étaient bien autrement redoutables. Chaque année, ils franchissaient la frontière pour aller chercher dans l'Empire de l'or et des prisonniers. « Rien n'échappait aux rapides escadrons des Bulgares, plus légers et plus destructeurs que les sauterelles de leurs steppes. Sur leur passage, les moissons étaient brûlées, les vergers détruits, les maisons rasées, et dans les ruines mêmes il ne restait pas pierre sur pierre. Longtemps après, quand l'herbe et les broussailles avaient recouvert de grands espaces, jadis cultivés et habités, le Mésien (2) disait en soupirant : Voilà la forêt des Bulgares (3). » Une fois

---

(1) Dynastie de rois perses. — (2) Habitant de la *Mésie* (Serbie et Bulgarie actuelles). — (3) Am. Thierry, *Histoire d'Attila et de ses successeurs.*

## FAIBLESSE DE L'EMPIRE

même, ils s'avancèrent jusque sur le territoire de Constantinople et campèrent en vue des murailles. Bélisaire (1) réussit à les repousser; mais le danger était toujours menaçant.

**7. Faiblesse de l'Empire.** — Pour rendre impossibles ces dévastations périodiques, Justinien voulut couvrir la frontière par un **vaste système de fortifications**. Quatre-vingts places furent disposées le long du Danube. Ce n'était pas assez : l'Empire tout entier fut hérissé de forteresses et prit l'aspect d'une immense place de guerre. « Mais les pierres ne se défendent pas seules, et, derrière les bastions et les tours, il n'y avait pas d'hommes. »

**L'œuvre de conquête ne durera pas.** En 568, trois ans seulement après la mort de Justinien, les **Lombards** franchissent les Alpes; leur chef **Alboïn** s'empare de toute l'Italie septentrionale et fait de *Pavie* la capitale d'un nouveau royaume (2).

Au siècle suivant, les **Arabes** enlèvent à l'Empire la *Palestine*, la *Syrie*, l'*Égypte*, l'*Afrique* ! (Cf. chap. suivant.)

**8. Législation de Justinien.** — Cependant parmi les œuvres de Justinien, il en est une qui devait lui survivre : sa législation.

Dans l'espace de dix siècles, le nombre infini des lois romaines avait rempli des milliers de volumes, que l'homme le plus riche ne pouvait acheter et que la tête la plus vaste ne pouvait contenir. Justinien résolut de mettre de l'ordre dans ce chaos. Une commission de jurisconsultes, dont le plus célèbre est *Tribonien*, se mit à l'œuvre, et promulgua, en 533, les **Pandectes** ou **Digeste**, immense compilation de deux mille traités, dont la substance était réduite en *cinquante livres*

---

(1) Après ce triomphe, Bélisaire fut encore une fois disgracié. Il fut impliqué injustement dans une absurde conspiration; on confisqua ses biens; on le retint plusieurs mois prisonnier. On fut forcé de reconnaître son innocence; on lui rendit sa liberté et ses honneurs; mais le chagrin hâta la fin de sa vie. Plus tard, les traditions populaires adoptèrent le récit d'un moine du XIIe siècle, qui le représentait les yeux crevés, forcé de mendier son pain. Cette fiction n'a pas peu contribué à rendre populaire le nom du dernier général que puissent citer les annales de l'Empire romain. — (2) Alboïn périt en 573, assassiné par ordre de sa femme *Rosamonde*, fille de *Cunimond*, roi des Gépides, qu'il avait forcée de boire dans le crâne de son père vaincu et tué.

divisés en sept parties. Ce grand recueil fut résumé lui-même en un précis, appelé **Institutes**, et destiné à l'enseignement. D'autres travaux complétèrent l'œuvre législative.

Dans ces ouvrages furent consacrés les principes que la philosophie et le christianisme avaient apportés au monde : la propriété est inviolable ; les enfants ont droit à une part égale de l'héritage paternel ; la femme est protégée ; l'esclavage est déclaré contraire au droit naturel, etc.

Adoptées par les Barbares, les lois de Justinien doivent se substituer peu à peu aux coutumes germaniques ; à la fin du moyen âge, elles fourniront des armes aux légistes contre le *droit haineux* de la féodalité ; plus tard, elles inspireront les rédacteurs de nos codes.

Il faut bien cependant leur adresser un grave reproche : faites pour un État gouverné despotiquement, elles portent la marque de leur origine et ont donné aux monarchies absolues de l'Europe moderne leurs arguments et leur théorie.

**9. Sainte-Sophie.** — Sous le règne de Justinien, l'architecte *Anthemius* éleva à Constantinople la magnifique cathédrale de **Sainte-Sophie**, qui, transformée maintenant en mosquée, excite encore l'admiration.

**Devoirs oraux.** — 1. La sédition Nika. — 2. La guerre contre les Vandales : Gélimer. — 3. Les Bulgares.

**Devoirs écrits.** — 1. Causes de la durée de l'empire d'Orient. — 2. Quels services l'empire d'Orient a-t-il rendus ? Quels reproches doit-on lui adresser ? — 3. Résumer les guerres de Justinien. — 4. La sédition Nika. — 5. Les Vandales en Afrique : Genséric (*Voy. chap. III*) ; Gélimer. — 6. Bélisaire. — 7. Les guerres défensives et faiblesse réelle de l'empire. — 8 La législation de Justinien. — 9. Résumer le règne de Justinien.

## TABLEAU VI.
### L'Empire d'Orient. — Justinien.

A. L'Empire d'Orient, 395-1453.

1. *Causes de sa durée.*
 - Situation de Constantinople.
 - Civilisation supérieure.
 - Prestige de l'empire.

2. *Décadence.*
 - Despotisme et servilité.
 - Révolutions de palais.
 - Querelles théologiques.
 - Tumultes de l'Hippodrome.
 - Attaques des Barbares.
 - Le Bas-Empire.

3. *Services rendus.*
 - Le dépôt de la civilisation antique conservé.

## RÉSUMÉ

**B Justinien, 527-565.**
- Activité de l'Empereur.
- Théodora, comédienne, impératrice.
- Sédition *Nika* (532) ; — Les Verts et les Bleus.

**1º Guerres offensives.**
- Leur facilité : épuisement des conquérants barbares.
  1. L'Afrique enlevée aux Vandales ; — Bélisaire ; — Gélimer sur le mont Pappua.
  2. L'Italie enlevée aux Ostrogoths (Théodoric le Grand). — Bélisaire vainqueur de Vitigès ; — disgrâce de Bélisaire ; — Totila recouvre l'Italie ; — Narsès refait la conquête.

**2º Guerres défensives.**
1. Difficiles, longues, désastreuses.
2. Tribut payé aux Perses ; les Bulgares devan Constantinople.
3. Faiblesse réelle de l'Empire ; système de fortifications.
4. L'œuvre de conquête détruite après Justinien : Les Lombards en Italie (Alboïn). Les Arabes en Syrie et en Afrique.

**3º Législation**
1. Lois romaines codifiées : *Digeste, Institutes,* etc. — Tribonien.
2. Services rendus : principes de la philosophie et du christianisme consacrés.
3. Mais théorie du despotisme.
*Construction de Sainte-Sophie.*

## VII

## Les Arabes. — Mahomet.

### Résumé

1. — Avant Mahomet, les Arabes, de race sémitique, sont en proie à l'anarchie religieuse et à l'anarchie politique. Le Prophète doit leur donner l'unité, en faire une nation puissante.

2-3. — Mahomet, né en 570, commence la prédication de l'*Islam* en 611 ; — il échappe à ses ennemis par sa fuite à Médine, en 622 : c'est l'an 1ᵉʳ de l'*hégyre*, ère des Musulmans.

4-5. — Le Prophète triomphe de ses adversaires. En 630, il rentre vainqueur à la Mecque, détruit l'idolâtrie et assure l'unité religieuse et politique de l'Arabie. Il meurt en 632.

6-8. — Le Coran enseigne l'unité de Dieu et l'immortalité de l'âme; il ordonne aux Musulmans la prière, le jeûne, l'aumône, et recommande le pèlerinage de la Mecque. Sa morale est pure : il relève la condition de la femme, malgré la polygamie. — Malheureusement le Coran n'est pas seulement un livre religieux : c'est aussi un code civil et social, et, par là, il doit empêcher le progrès des nations musulmanes.

9. — Sous les quatre Khalifes *électifs* (632-660), la guerre sainte commence : la Syrie, la Perse, l'Égypte sont conquises.

10. — Sous les Ommiades de Damas (660-750), les Musulmans soumettent l'Asie jusqu'à l'Iaxarte; l'Afrique du Nord; l'Espagne, après la victoire de Jérès (711); mais ils sont arrêtés par la défaite de Poitiers, en 732.

11. — Les Abbassides règnent à Bagdad; ils brillent d'abord, surtout à l'époque d'Hâroun-al-Raschid, le comtemporain de Charlemagne; mais bientôt la décadence commence.

12. — L'Empire, trop étendu, est démembré : — les Ommiades ont fondé le khalifat de Cordoue; — l'Afrique échappe aux Abbassides; — enfin, en 1055, les Turcs Seldjoucides sont maîtres à Bagdad.

13. — La civilisation arabe est plus brillante que solide; elle a jeté un vif éclat dans les arts surtout et dans l'industrie.

### Récit.

**1. L'Arabie avant Mahomet.** — Protégée par les flots et par les déserts qui l'entourent, l'**Arabie** avait échappé à la domination romaine. Les Arabes, de *race sémi-*

*tique* comme les Hébreux et se disant fils d'Abraham (1), étaient divisés en un grand nombre de tribus. Les uns, nomades ou *Bédouins*, vivaient sous la tente, comme au temps

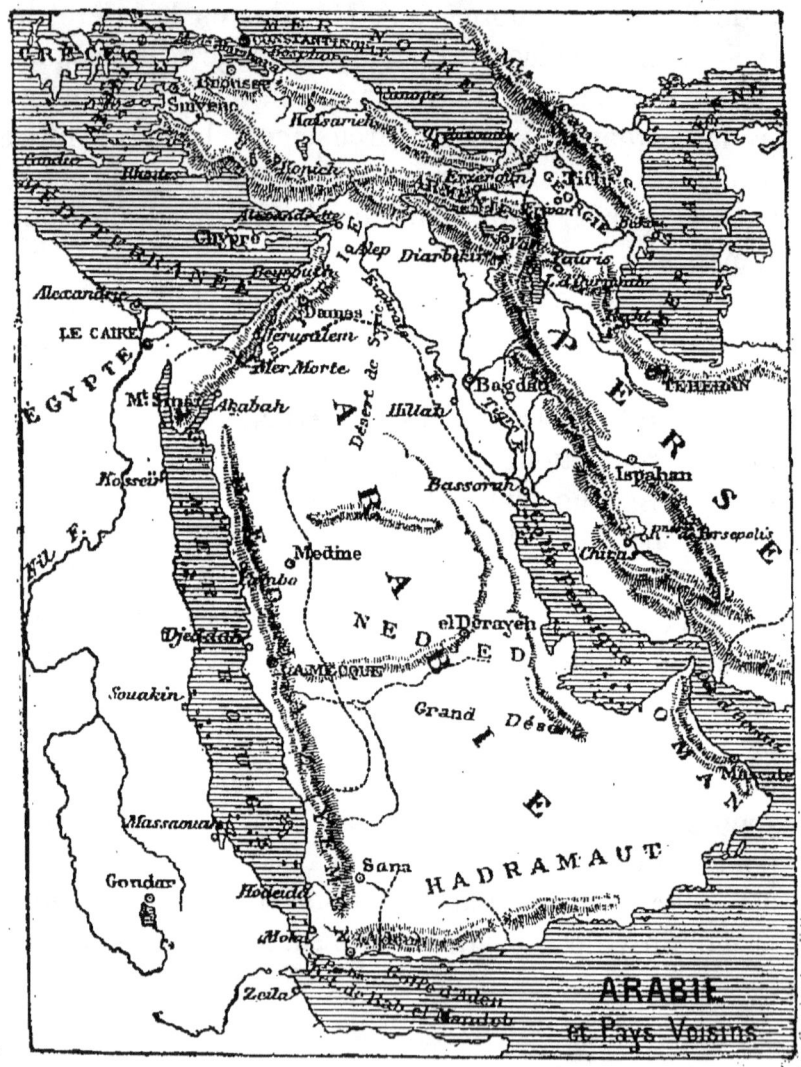

des patriarches; les autres, devenus sédentaires, s'étaient éta-

---

(1). D'après le récit biblique, *Ismaël*, le père des Arabes, était fils d'Abraham et de sa servante Agar; après la naissance d'Isaac, Sarah le fit chasser avec sa mère. Les deux fugitifs errèrent longtemps dans le désert; Ismaël finit par s'y établir.

blis sur les collines ou dans les plaines de l'**Hedjaz**, à *la Mecque*, à *Yatreb* (Médine), ou, plus au Sud, dans l'**Yémen** ou **Arabie heureuse**, à *Moka, Hodeida, Saba*. Au centre s'étendait le **Nedjed**, enveloppé de déserts sablonneux, mais lui-même rempli de fertiles oasis dont les pâturages nourrissaient de belles races de chevaux et de chameaux.

Les tribus arabes n'étaient unies entre elles par aucun lien politique; la guerre ne cessait de les opposer les unes aux autres. Elles étaient également séparées par la religion, car elles avaient oublié le dieu d'Abraham et adoraient chacune ses idoles particulières. — Il y avait donc **anarchie religieuse et anarchie politique**.

L'union cependant pouvait se faire et une société commune s'établir. Les Arabes se rapprochaient par des traits caractéristiques. C'était chez toutes les tribus le même esprit belliqueux, la même imagination vive, mobile, enthousiaste, éprise de poésie et d'éloquence. Les vers des poètes, partout récités, préparaient la fusion en une seule langue des nombreux dialectes. Il y avait des marchés annuels communs où l'on se rendait de toutes les parties de la Péninsule. Le temple de la Mecque, la *Caaba*, était comme le centre d'une sorte « d'idolâtrie fédérative »; là, autour de la *pierre noire*, apportée des cieux par l'ange Gabriel, étaient venues se ranger les trois cent soixante idoles des tribus; c'était un lieu de pèlerinage vénéré, et les *Koréischites*, gardiens du temple, avaient une autorité religieuse reconnue de tous.

L'œuvre de **Mahomet** sera de grouper en un seul faisceau ces éléments épars d'unité; il **donnera aux Arabes l'unité politique et l'unité religieuse**; grâce à son génie, une grande nation va sortir des sables de l'Arabie.

**2. Premières années de Mahomet**. — Mohammed-ben-Abdallah ou **Mahomet** naquit à la Mecque, en 570. Il appartenait à la famille des *Haschémites*, la plus noble de la tribu des Koréischites. Mais, orphelin dès le berceau, n'ayant pour tout héritage qu'une esclave et cinq chameaux, il dut pour vivre faire le métier de conducteur de caravanes. C'est ainsi qu'il visita la Syrie, où il s'initia aux croyances des juifs et des chrétiens. Plus tard, il épousa une riche veuve, sa cousine

*Khadîdja*, qui l'avait chargé de gérer sa fortune. Il put dès lors se livrer tout entier à son penchant pour la méditation. Chaque année, il se retirait dans les grottes du *mont Hira*; il y passait ses jours et ses nuits dans la prière. Le jeûne et la solitude exaltèrent son imagination. En 611, disent les écrivains arabes, il vit paraître *l'ange Gabriel* qui lui présenta un livre et lui dit : « *Lis, au nom de ton Seigneur qui a tout créé. Lis, car ton Seigneur est digne de tout honneur et de tout respect; c'est lui qui a enseigné à l'homme ce qu'il ne savait pas.* » Et le Prophète entendit une voix d'en haut qui lui disait : « *Tu es l'apôtre de Dieu* ». — Dès lors Mahomet se donna la mission de prêcher la foi nouvelle, l'**Islam**, c'est-à-dire la soumission à la volonté d'**Allah** (Dieu).

Les premiers progrès de Mahomet furent lents : il lui fallut trois années pour convertir sa femme Khadîdja, son cousin *Ali*, son esclave *Zéid* et quelques habitants de la Mecque. En 614, il réunit ses sectateurs et leur dit : « *Qui de vous veut être mon frère, mon lieutenant, mon vizir !* » Tous se taisaient. Le jeune Ali se leva impétueusement et s'écria : « *C'est moi qui serai cet homme ; apôtre de Dieu, je te seconderai, et si quelqu'un te résiste, je lui briserai les dents, je lui arracherai les yeux, je lui fendrai le ventre et je lui casserai les jambes.* » — Ainsi se révélaient le fanatique dévouement inspiré par le Prophète et la passion guerrière de ses fidèles.

**3. L'Hégyre (622).** — Bientôt les persécutions commencèrent. Menacé de mort par les Koréischites, défenseurs intéressés de l'idolâtrie, Mahomet put s'enfuir grâce au dévouement d'Ali qui se revêtit de sa robe verte. Il resta trois jours caché dans une caverne. Comme son compagnon, Abou-Bekre, murmurait en disant : « *Nous ne sommes que deux.* » — « *Il y en a un troisième*, reprit le Prophète, *qui veille sur nous, et celui-là qui est Dieu saura bien nous défendre.* »

L'époque de cette retraite où **Hégyre** est restée **l'ère des Musulmans (16 juillet 622).**

**4. Guerres et triomphe de Mahomet.** — L'exilé trouva à Yatreb, qu'il appela la ville du Prophète (*Medinet-al-Nabi, Médine*), un refuge et des prosélytes. Il bat les Koréischites dans la vallée de *Beder*, et, malgré une défaite subie près du *mont Ohud*, il vainquit les Juifs du canton de Médine dans la *guerre du Fossé*.

En 630, suivi de dix mille combattants, il rentra en maître à la Mecque. Quand on amena devant lui les chefs des Koréischites vaincus : « *Que pouvez-vous attendre*, leur dit-il, *de celui que vous avez offensé ? — Aucune miséricorde, s'il n'oublie le passé*, répondirent-ils ; *mais nous nous confions en la magnanimité de notre parent. — Et ce ne sera pas en vain*, reprit Mahomet, *car avant tout l'apôtre du Dieu miséricordieux doit savoir pardonner. Allez en paix et en liberté et que la bénédiction d'Allah soit avec vous.* »

L'idolâtrie fut abattue. Mahomet fit le tour de la Caaba, levant son bâton devant chacune des trois cent soixante idoles, il s'écria : « *La vérité est venue ; que le mensonge disparaisse.* » Et chaque idole fut renversée, mise en pièces par ceux qui suivaient le Prophète.

La prise de la Mecque entraîna la soumission de l'Arabie. La force, la conviction, l'admiration qu'inspirait le génie de Mahomet décidèrent toutes les tribus à embrasser l'*Islam*. L'unité religieuse de l'Arabie était faite.

Maître de l'Arabie, Mahomet allait commencer la *guerre sainte* contre les infidèles de la Perse et de l'empire d'Orient ; déjà ses armées envahissaient la Syrie ; la maladie le força à revenir sur ses pas ; il fit une dernière fois le pèlerinage de la Mecque, suivi de cent mille Musulmans, et retourna à Médine pour y mourir (632).

**5. Mort de Mahomet (632).** — Il fut simple et grand à ses derniers moments : « *Musulmans*, dit-il au peuple rassemblé, *si j'ai frappé quelqu'un d'entre vous, me voici ; qu'il me frappe à son tour. Si je l'ai blessé dans son honneur, qu'il me rende à cette heure injure pour injure. Si j'ai enlevé à quelqu'un ce qui lui appartenait, qu'il reprenne son bien sur tout ce que je possède, et qu'il ne craigne pas d'irriter ainsi ma haine, car la haine n'a jamais été dans mon cœur.* » Chacun gardant le silence, Mahomet répéta ce qu'il venait de dire, et, comme un homme lui réclamait une légère somme d'argent jadis prêtée, Mahomet la lui fit restituer aussitôt, en ajoutant : « *Il vaut mieux avoir à rougir dans ce monde-ci que dans l'autre.* »

Puis il chargea son ami *Abou-Bekre*, dont il avait épousé la fille, de réciter les prières publiques à sa place, et il expira en prononçant ces mots entrecoupés : « *Que le Seigneur me pardonne ; qu'il me rejoigne à mes compagnons d'en haut... Éternité dans le paradis... Pardon... Oui.., avec le compagnon d'en haut.* » (8 juin 632.)

**6. Le Coran.** — Mahomet a laissé un livre qui contient sa religion, le **Coran**, c'est-à-dire *le livre*. — Le Coran a été pour les nations musulmanes l'unique source de la vie religieuse, civile et politique ; c'est à la fois un livre de dogmes, une constitution, un code. Aussi la société musulmane ne s'est-elle point transformée ; comment en effet modifier des lois données par la religion elle-même ?

Mahomet prétendait que les différentes parties du Coran lui avaient été inspirées par *l'ange Gabriel* ; il en a dicté les *versets* au jour le jour, selon les circonstances. Le Coran n'est donc pas un récit comme la Bible ou l'Évangile ; c'est tout à la fois un hymne, une prière, un code, un sermon, une polémique, un bulletin de guerre. Sans essayer d'exposer tout ce qu'il renferme, on peut en faire connaître les dogmes et les préceptes principaux.

**7. Dogmes de l'islamisme.** — Le premier dogme de la religion musulmane est **l'unité de Dieu** ; il se résume en ces mots : **Dieu est Dieu et Mahomet est son prophète.** Les Juifs et les Chrétiens sont déjà dans le chemin de la vérité ; Abraham, Moïse, Jésus-Christ sont des prophètes ; Mahomet est le dernier et le plus grand de tous. Et cependant il avoue qu'il n'a pas reçu le don de faire des miracles : « *Louanges à Dieu*, s'écrie-t-il ; *suis-je donc autre chose qu'un homme, qu'un apôtre ?* »

**L'âme est immortelle.** Au jour du jugement dernier, les hommes seront interrogés. Les coupables, conduits vers le pont *Al-Sirat*, plus étroit qu'un cheveu, plus effilé que le tranchant d'une épée, tomberont dans l'enfer ; mais les supplices des Musulmans ne seront pas éternels. Les *vrais croyants* iront habiter les jardins délicieux du *septième ciel*. Mais au-dessus des plaisirs sensuels le Prophète place les jouissances spirituelles : « *Le plus favorisé de Dieu*, dit-il, sera celui qui verra sa face soir et matin, félicité qui surpassera tous les plaisirs des sens, comme l'Océan l'emporte sur une perle de rosée. »

**8. Les Préceptes; — la morale.** — Les préceptes principaux de l'islamisme sont la **prière, l'aumône, le jeûne.** « *La prière,* dira le khalife Omar, *nous conduit à moitié chemin vers Dieu ; le jeûne nous mène à la porte de son palais ; les aumônes nous y font entrer.* »

1º La prière a lieu cinq fois par jour ; elle sera annoncée à haute voix par le *muezzin*, et l'on tournera le visage du côté de la Mecque. *L'ablution*, signe de pureté, est une préparation à la prière ; à défaut d'eau, dans le désert, on peut se servir de sable.

2º On jeûne pendant le mois du *rhamadan*, depuis le lever jusqu'au coucher du soleil, pour se préparer aux fêtes du *Baïram*. En tout temps, on doit s'abstenir de certaines viandes malsaines dans les pays chauds, du vin, des liqueurs fermentées.

3º On doit donner aux pauvres le sixième de ses biens, le cinquième même, si l'on a à expier quelque grande faute. Mais « *ceux dont les largesses sont faites par ostentation ne tireront aucun profit de leurs œuvres ; ils ressemblent à une colline rocailleuse couverte de poussière; qu'une averse fonde sur cette colline, elle n'y laissera qu'un rocher.* »

S'il le peut, le Musulman doit faire le *pèlerinage de la Mecque* au temple révéré de la Caaba.

La **morale** du Coran est **pure**. Cependant Mahomet, faisant une concession aux habitudes vindicatives de ses compatriotes, permet de rendre le mal pour le mal. — La condition de la femme, jusqu'alors traitée comme un animal, est relevée. S'il permet la *polygamie*, Mahomet veut que la femme soit traitée comme la compagne et non comme l'esclave de l'homme. « *Hommes,* dit-il, *vous avez des droits sur vos femmes, et vos femmes ont des droits sur vous. Traitez-les avec bonté et affection. C'est un dépôt que Dieu vous a confié.* » Et ailleurs : « *O Musulmans, respectez les entrailles qui vous ont portés. Le baiser donné par un enfant à sa mère égale en douceur celui que nous imprimerons sur le seuil du paradis. Un fils gagne le paradis aux pieds de sa mère.* »

A chaque page du Coran domine un remarquable sentiment d'égalité et de fraternité. « *Il n'y a ni princes ni mendiants dans l'islamisme*, disait Abou-Bekre ; *il n'y a que des Musulmans*. »

Si l'on considère l'état social et religieux de l'Arabie avant Mahomet, on peut affirmer que **le Coran était un immense progrès**.

**9. Les Khalifes électifs (632-660). — Premières conquêtes.** — « *Le paradis est à l'ombre des épées*, avait dit Mahomet ; *combattez le combat de Dieu*. » Et la guerre commença dès le lendemain de la mort du Prophète. Discordes civiles et conquêtes extérieures, les Arabes menèrent tout de front : des quatre premiers **Khalifes** (1), *Abou-Bekre, Omar, Othman, Ali* (632-660), trois périssent de mort violente ; mais, en même temps, les Fidèles envahissent les pays voisins. Damas ouvre ses portes ; Jérusalem, la ville sainte, Antioche, Alep, se rendent aux Musulmans ; l'intrépide *Saïd* franchit l'Euphrate, écrase les Perses et s'avance jusqu'à l'Oxus (2) ; *Amrou* attaque l'Égypte et s'empare d'Alexandrie ; l'île de Chypre est soumise ; Carthage est menacée.

Les Arabes, pour la première fois réunis, entraînés par leur ardeur guerrière et leur fanatisme religieux, avides de richesses et de conquêtes, s'élancent au combat avec une sorte d'exaltation. « *Le paradis est devant vous ; l'enfer est derrière* ; » s'écrient leurs chefs et tous courent à la mort ou à la victoire. Pas de négociations, pas de traités. « Devenez Musulmans ou soyez tributaires » ; et les populations acceptent, sans trop de murmures, la domination de maîtres qui respectent les croyances et ne sont pas oppresseurs.

En 660, *Moaviah* fait mettre à mort *Ali*, le dernier des *Khalifes électifs*, et commence la **dynastie des Ommiades**. Il abandonne la Mecque et établit son gouvernement à **Damas** (3), d'où les Musulmans peuvent menacer à la fois Constantinople, la Méditerranée et l'Asie centrale.

---

(1) KHALIFE, c'est-à-dire vicaire du Prophète. — (2) OXUS, aujourd'hui *Amou-Daria* ou *Djihoun*, se jette dans la mer d'Aral. — (3) DAMAS, capitale de la Syrie, dans une belle plaine, à l'est du Liban.

## 10. Les Ommiades (660-750).

— Avec les Ommiades l'ardeur des guerriers Musulmans ne s'est pas ralentie. Elle se manifeste dans une seconde période de conquêtes.

En Asie, les Arabes s'avancent jusqu'aux rives de l'Iaxarte (1) et de l'Indus ; ils atteignent le Bosphore ; Constantinople, deux fois assiégée, n'est sauvée que par le *feu grégeois* et la force de ses remparts (2).

A l'ouest, *Akbar*, dans une course rapide, traverse l'Afrique septentrionale ; arrivé aux bords de l'Atlantique il pousse son cheval dans les flots et s'écrie dans son enthousiasme : « *Dieu de Mahomet, si je n'étais retenu par les flots, j'irais porter la gloire de ton nom jusqu'aux confins de l'univers.* » Carthage succombe en 698 ; les *Berbères* de l'Atlas sont soumis ; ils adoptent la religion du vainqueur et bientôt ils contribuent à ses conquêtes. Quelques tribus cependant ont refusé de se mêler à la population arabe, et leurs descendants, sous le nom de *Kabyles*, vivent encore aujourd'hui, distincts et reconnaissables, dans les montagnes de notre Algérie.

Le détroit de Gadès séparait seul les conquérants du Midi et les conquérants du Nord, les Arabes et les Wisigoths. La trahison du *comte Julien* ouvre l'Espagne aux Musulmans, et *Tarik* débarque au pied du rocher qui portera son nom (*Djebel-al-Tarik*, montagne de Tarik, *Gibraltar*).

Les Wisigoths sont écrasés à la sanglante bataille de *Jérès* (3), sur les bords du Guadalète, en 711 ; Cordoue, Tolède, Lisbonne ouvrent leurs portes aux conquérants, tandis que quelques milliers de chrétiens, conduits par l'intrépide *Pélage*, cherchent un asile dans les cavernes des Asturies (4), et y commencent cette longue croisade de huit siècles qui doit rendre si péniblement à l'Espagne sa religion et sa nationalité.

D'ailleurs, les Arabes traitent l'Espagne avec modération :

---

(1) IAXARTE, aujourd'hui *Sir-Daria ou Sihoun*, se jette dans la mer d'Aral. — (2) FEU GRÉGEOIS, c'est-à-dire grec, composition qui avait la propriété de brûler, même dans l'eau. — (3) JÉRÈS, en Andalousie, au nord de Cadix. — (4) ASTURIES, pays montueux au nord de l'Espagne, entre les monts des Asturies et le golfe de Biscaye.

les chrétiens conservent leurs biens et leur religion, leurs lois et leurs magistrats; les nouveaux maîtres du pays défrichent les campagnes stériles et introduisent d'excellents procédés de culture (système nouveau d'irrigation, culture du palmier, du cotonnier, du mûrier, etc.); l'industrie et le commerce se développent dans les villes repeuplées et bientôt ornées de monuments magnifiques. — *Au VIII<sup>e</sup> siècle l'Espagne est la plus riche des contrées européennes.*

Cependant les Musulmans touchent aux Pyrénées ; ils les franchissent; les Aquitains sont vaincus ; mais, en 732, Charles-Martel arrête à la **bataille de Poitiers** la conquête musulmane (Cf. chap. VIII, §§ 4, 5). — Il y avait un siècle que Mahomet mourant avait donné le signal de la guerre sainte (632-732).

L'Empire arabe est alors arrivé à son apogée. L'Espagne, l'Afrique septentrionale, l'Asie jusqu'à l'Indus et jusqu'à l'Iaxarte obéissent aux Ommiades. Mais la **décadence** va commencer : la **conquête** a été **trop rapide** pour être durable; l'**Empire** est **trop vaste** et composé d'éléments trop divers pour que l'union puisse subsister.

**11. Les Abbassides (750).** — En 750, la famille des Ommiades perd le khalifat de Damas. Le cruel *Aboul-Abbas*, un descendant de la famille du Prophète, s'est révolté; puis il a invité à Damas même quatre-vingt-dix princes ommiades à un festin solennel de réconciliation ; au milieu de la fête, des soldats se sont placés derrière eux, et, à un signal donné, les ont assommés de leurs massues ; puis, sur les morts et les mourants, on a placé des planches et de riches tapis : un nouveau festin a célébré le triomphe du meurtrier.

La **dynastie des Abbassides** abandonne la Syrie pour les bords du Tigre, où s'élève bientôt la grande ville de **Bagdad**.

Les Abbassides brillent d'abord d'un vif éclat. **Hâroun-al-Raschid**, le contemporain de Charlemagne, est le plus illustre des khalifes de Bagdad ; il donne à son empire la gloire des armes, il protège les lettres et les arts, il développe le commerce et l'industrie. Quelle différence entre les Abbassides et les premiers successeurs du Prophète ! Omar traversait le désert sur un chameau, se nourrissait de pain et de dattes, et ne buvait que de l'eau. Ali se rendait à la mosquée de Médine, revêtu d'une légère étoffe de coton, portant sa chaussure d'une main et, de l'autre, s'appuyant sur son arc, qui lui tenait lieu de bâton. Khaled, le fougueux général, ne laissait à sa mort que son cheval, ses armes et une seule esclave. Le temps des Abbassides est le temps des profusions sans règle, des dons prodigieux, où l'on voit l'or et les perles répandues à pleines mains dans les palais, dans les jardins, dans les mosquées; Almahadi, dans un seul pèlerinage à la Mecque, dépense plus de soixante millions; il y a dans le palais de Bagdad trente-huit mille pièces de tapisseries; on y élève un arbre d'or massif avec des perles en guise de fruits, et la magnificence des khalifes frappe d'admiration jusqu'aux peuples de l'Occident barbare.

**12. La décadence.** — Mais cette grandeur est plus brillante que solide. Les Arabes ont perdu l'énergie et l'enthousiasme, cause première de leurs conquêtes; le despotisme a produit ses fruits habituels et énervé le peuple; le progrès des lettres et des sciences, l'étude des philosophes grecs ont affaibli la foi religieuse; de nombreuses sectes s'élèvent. Le **démembrement de l'Empire** se fait rapidement. Un ommiade, *Abdérame I<sup>er</sup>*, échappé au massacre des siens et réfugié en Espagne, fonde le **Khalifat d'Occident à Cordoue**; son exemple est suivi : des dynasties indépendantes s'élèvent à *Fez*, à *Kaïroan*, au *Caire* (1).

En 833, le khalife de Bagdad, se défiant de ses sujets, a créé la *garde turque*, recrutée parmi les populations sauvages des steppes de la Caspienne; bientôt les chefs de cette milice turbulente deviennent les maîtres des destinées de l'Empire. Enfin, en 1055, le khalife abdique solennellement en faveur du petit-fils du turcoman *Seldjouk*, et ne conserve qu'une autorité purement spirituelle. La ruine de l'Empire des khalifes est consommée; l'Orient retombera bientôt dans l'anarchie.

**13. Civilisation des Arabes.** — Si l'empire des

---

(1) Fez, capitale du Maroc; — Kaïroan, ville de Tunisie, au S.-O. de Tunis, dans l'intérieur des terres; — Le Caire, capitale de l'Égypte.

Arabes fut éphémère, leur religion resta et elle est encore pratiquée par plus de cent millions d'hommes. Leurs sciences et leurs arts restèrent aussi et augmentèrent le patrimoine commun de l'humanité : « *Aimez la science*, disait le Prophète, *celui qui la recherche craint Dieu.* »

Une porte de l'Alhambra.

Sous les Ommiades et les Abbassides, les Arabes se mirent à l'école des Grecs, traduisirent Euclide, Ptolémée, Galien, Aristote, et fondèrent d'illustres écoles à Bagdad, à Cordoue, au Caire, à Samarcande (1). Dans les sciences exactes, ils cal-

---

(1) SAMARCANDE, ville du Turkestan.

culèrent la durée précise de l'année lunaire, inventèrent l'*algèbre*, simplifièrent la trigonométrie, firent en optique d'ingénieuses découvertes et mesurèrent la circonférence de la terre. Ils eurent des physiciens et des chimistes distingués, mais surtout deux médecins qui furent les maîtres du moyen âge, *Avicenne* et *Averroès*.

Leurs connaissances géographiques dépassèrent celles de tous les autres peuples, parce que leur empire était plus vaste qu'aucun autre. Les livres des géographes *Masoudi*, *Edrisi* et *Aboulféda* sont restés célèbres.

La littérature fut plus ingénieuse que virile et plus brillante que solide. Les poésies, les contes sont des œuvres de pure imagination, telles que les *Mille et une Nuits*, faites pour amuser, non pour instruire. Les traités de philosophie sont des commentaires d'Aristote ; les histoires sont des récits où manquent la précision et la méthode.

C'est dans les arts et l'industrie que les Arabes, surtout ceux d'Espagne, donnèrent le mieux la mesure de leur génie. Comme la peinture leur était défendue par le Coran, comme ils ne pouvaient reproduire par la sculpture la forme humaine, ils multiplièrent les broderies capricieuses, les *arabesques*, les mosaïques en faïence, les arcades, les colonnettes, les mille fantaisies que créait leur imagination. On admire encore la grande *Mosquée* de Cordoue, l'*Alcazar* de Séville, l'*Alhambra* de Grenade, monuments magnifiques qui offrent les détails les plus riches dans un ensemble simple et harmonieux.

Les *cuirs de Cordoue*, les *lames de Tolède* et de Damas, les cottes de mailles, légères et impénétrables, les tapis, les tissus de soie et de laine occupaient des milliers d'ouvriers et étaient recherchés du monde entier. On doit enfin aux Arabes trois découvertes d'une haute importance : le *papier-linge*, qui a permis la découverte de l'imprimerie ; — la *boussole* qui a ouvert la mer aux navigateurs ; — la *poudre à canon* (1), qui a changé tout le système militaire de l'Europe.

**14. Conclusion.** — A la fin du $XI^e$ siècle, l'Empire des

---

(1) Elle a été probablement inventée par les Chinois, mais c'est par les Arabes que l'Europe l'a connue.

Arabes, quoique divisé, était encore immense ; la chrétienté était toujours menacée : — 1º en Orient, par les *Turcs Seldjoucides*, maîtres de Bagdad ; — 2º en Espagne, par les farouches *Almoravides*, venus d'Afrique et héritiers du Khalifat de Cordoue. — C'est alors que commencent les grandes luttes entre les deux religions et les deux races ennemies : c'est l'époque des *croisades*.

**Devoirs oraux.** — 1. Les premières années de Mahomet. — 2. Mort de Mahomet. — 3. Résumer la vie de Mahomet. — 4. Dogmes du Coran. — 5. Les préceptes du Coran. — 6. La chute des Ommiades. — 7. La simplicité des premiers khalifes et la magnificence des Abbassides. — 8. Causes de la décadence des Arabes.

**Devoirs écrits.** — 1. Après avoir exposé l'état de l'Arabie avant Mahomet, dire quelle a été l'œuvre du Prophète. — 2. Vie de Mahomet. — 3. Le Coran : sa composition ; les dogmes ; les préceptes ; la morale ; jugement. — 4. Conquêtes des Arabes sous les khalifes électifs et sous les Ommiades ; leurs causes ; leurs caractères ; pourquoi l'Empire ne devait-il pas durer ? — 5. Les Abbassides : leur avènement ; leur grandeur ; leur décadence. — 6. La civilisation des Arabes.

**Carte.** — L'Arabie et les pays voisins.

## TABLEAU VII.

### Les Arabes.

**Les Arabes.**
- **A Les Arabes.**
  - 1. *L'Arabie.*
    - Hedjaz : La Mecque. Médine.
    - Yémen.
    - Nedjed.
  - 2. *Les Arabes.*
    - 1. Race sémitique.
    - 2. Anarchie religieuse : idolâtrie.
    - 3. Anarchie politique.
    - 4. Mœurs communes ; — la Caaba.
- **B Mahomet, 570-632.**
  - 1. Sa pauvreté, ses voyages, son séjour en Syrie ; il épouse Khadidja.
  - 2. Premières prédications en 611 : — Ali.
  - 3. La fuite à Médine (l'*hégyre*) en 622.
  - 4. Combats.
    - Beder.
    - Mont Ohud.
    - Guerre du Fossé.
  - 5. Rentrée à la Mecque, 630.
  - 6. Mort de Mahomet, 632.
  - 7. Son œuvre : unité religieuse et politique des Arabes.

**C**
**Le Coran.**
- 1. *Caractères.*
  - Livre religieux ;
  - Constitution politique ;
  - Code civil et social.
- 2. *Dogmes.*
  - Unité de Dieu (*Allah*).
  - Immortalité de l'âme.
- 3. *Préceptes.*
  - Prière.
  - Jeûne.
  - Aumône.
  - Pèlerinage de la Mecque.
- 4. *Morale.*
  - Sa pureté.
  - La femme relevée, malgré la polygamie.

**D**
**Khalifat électif, 632-660.**
1. Abou-Bekre, Omar, Othman, Ali.
2. A l'intérieur, guerres civiles.
3. Au dehors, 1re période de conquêtes. { Syrie. Perse. Égypte.

**E**
**Dynastie des Ommiades 660-750.**
1. Fondée par Moaviah : Damas capitale.
2. 2e pér. de conquêtes
   - A l'est, jusqu'à l'Indus.
   - Au nord, jusqu'au Bosphore.
   - A l'ouest { Afrique. Espagne, (Jérès, 711). Mais Poitiers, 732.

**F**
**Morcellement**
1. Av. des Abbassides, 750 ; khalifat de Bagdad.
2. Grandeur des premiers Abbassides : Hâroun-al-Raschid.
3. Bientôt décadence. — Morcellement de l'Empire. — Les Abbassides perdent : — l'Espagne (khalifat ommiade de Cordoue) ; — l'Afrique. — La garde turque. — Les Turcs Seldjoucides au pouvoir, 1055.
4. Civilisation arabe éclatante, mais peu solide.
   Chefs-d'œuvre des arts. { Alhambra. Alcazar. Mosquée de Cordoue, etc.

## VIII

## La famille d'Héristal.

### Résumé.

1. — L'œuvre de la famille d'Héristal fut : — 1° à l'intérieur, de mettre un peu d'ordre dans la société ; — 2° au dehors, de rétablir la domination franque.

2-6. — Pépin d'Héristal, le vainqueur de Testry, a refait

l'unité franque ; — son fils Charles-Martel triomphe à Vincy et à Soissons des Neustriens révoltés et se fait proclamer duc d'Austrasie ; — en 732, il sauve la chrétienté en repoussant, à la bataille de Poitiers, l'invasion des Arabes, conduits par Abd-el-Rhaman ; — il fait au-delà du Rhin plusieurs expéditions, protège les missionnaires et meurt en 741.

7-9. — Le fils de Charles-Martel, Pépin *le Bref*, relègue dans un monastère le dernier mérovingien, Childéric, et prend le titre de roi, en 752. — Il bat les Arabes ; — les Aquitains, malgré la résistance de Waïfre ; — les Lombards, au détriment desquels il constitue le pouvoir temporel de la papauté, son alliée. — Il meurt en 768.

RÉCIT.

**1. Œuvre de la famille d'Héristal.** — Lorsque, **en 687**, la victoire de Testry donna le pouvoir à la maison d'Héristal, l'**empire franc semblait être sur le point de se dissoudre.**

1° **A l'intérieur,** un siècle et demi de guerres civiles avait enlevé toute action à l'autorité royale, et l'absence d'un pouvoir énergique au centre avait permis à l'anarchie de se répandre partout. Les grands propriétaires vivaient sur leurs terres dans une indépendance sauvage ; les hommes de condition libre étaient isolés, sans force, exposés à toutes les violences des hommes puissants. Au contact prolongé de la barbarie, la société ecclésiastique elle-même était tombée dans le plus grand désordre ; des hommes d'armes s'étaient emparés des évêchés et avaient introduit dans l'Église leurs passions grossières ; les monastères étaient pillés et les quelques écoles qui subsistaient encore allaient se fermer. **La barbarie semblait sur le point de tout envahir.**

2° **Au dehors,** les peuples vaincus avaient profité des dissensions des Francs pour se soustraire à leur domination ; les populations de l'Aquitaine vivaient indépendantes sous des ducs nationaux ; les tribus germaniques du Nord et de l'Est devenaient de jour en jour plus menaçantes, et les *Saxons* lançaient leurs flèches sur la rive gauche du Rhin en s'écriant : « *Ce territoire est à nous.* »

**L'œuvre de la maison d'Héristal fut : — 1º à l'intérieur de reconstituer la société; — 2º au dehors, de rétablir la domination franque.** Elle atteignit ce résultat grâce à quatre hommes remarquables qui se succédèrent au pouvoir : **Pépin d'Héristal, Charles-Martel, Pépin le Bref** et **Charlemagne.**

**2. Pépin d'Héristal.** — Par sa victoire de Testry, qui soumettait la Neustrie et la Bourgogne à la suprématie austrasienne, **Pépin d'Héristal** avait refait la grande unité franque. Il songea dès lors à résister à l'invasion de la Germanie païenne; il fortifia l'esprit militaire par le rétablissement des assemblées militaires *(Champs de Mars)*, et vint s'établir sur le Rhin, à Cologne. Les Saxons, plusieurs fois battus, cessèrent d'être menaçants; les Frisons, les Alamans, les Bavarois furent de nouveau soumis au tribut.

Pépin mourut en 714. Ses dernières dispositions faillirent compromettre son œuvre : il laissait son autorité de maire à son petit-fils *Théodebald*, à peine âgé de six ans, au nom d'un roi également mineur. C'était, comme l'a dit Montesquieu, *mettre un fantôme sur un autre fantôme.*

**3. Charles-Martel.** — La Neustrie voulut profiter de l'occasion pour recouvrer son indépendance. Elle fut d'abord victorieuse. « Il y eut de grands troubles et de terribles persécutions dans le royaume des Francs. » Mais un fils que Pépin avait eu d'un premier mariage, **Charles-Martel** (1), s'échappa de la prison où il était retenu, se mit à la tête des Austrasiens découragés, écrasa les Neustriens et leurs alliés d'Aquitaine à *Amblef*, à *Vincy*, à *Soissons* (2) (719), et se fit proclamer **duc d'Austrasie.**

Il était heureux qu'une main énergique eût ressaisi le pouvoir : un danger terrible menaçait la chrétienté.

---

(1) MARTEL, ce nom était alors fréquent; c'était le même que celui de *Martin*. — (2) AMBLEF, dans les Ardennes. — VINCY, entre Arras et Cambrai. — SOISSONS, sous-préfecture de l'Aisne.

**4. Invasion musulmane.** — Les Arabes, poursuivant leurs conquêtes, marchaient à la conquête du monde (Cf. chap. VII); une des ailes de leur armée touchait au Bosphore et menaçait Constantinople; l'autre arrivait aux Pyrénées. « Le tour de la Gaule était venu : c'était elle qui se trouvait dès lors sur la voie de l'islamisme; c'était à elle qu'il appartenait désormais de défendre, au cœur même de l'Europe, le christianisme et le génie de la Grèce et de Rome persistant dans ses traditions, dans ses lois et dans ses monuments. La grande lutte, commencée sur les confins de l'Europe et de l'Afrique, allait se poursuivre aux bords de la Garonne et du Rhône.

« Si la Gaule était conquise, comme l'Espagne, quel obstacle pourrait désormais arrêter le flot de l'invasion musulmane? L'Italie était divisée et faible; la Germanie encore barbare et presque entièrement païenne; les deux ailes de la grande armée se seraient rejointes et la Méditerranée serait devenue un grand lac arabe, dont tous les rivages auraient été soumis à la loi et à la domination du Coran. »

En **732**, à la tête de forces considérables, le redoutable et populaire **Abd-el-Rhaman** passa les *ports* des Pyrénées. Le duc d'Aquitaine, *Eudes*, voulut sauver Bordeaux; mais il fut complètement battu. « Dieu seul, dit un chroniqueur, sait le nombre de ceux qui périrent dans cette journée. » Les bandes dévastatrices se précipitèrent jusqu'aux montagnes de l'Auvergne, jusqu'à Sens (1), jusqu'à Poitiers dont la basilique fut réduite en cendres. Puis Abd-el-Rhaman concentra ses troupes sur les bords de la Charente pour les diriger vers Tours, dont l'église de Saint-Martin était considérée par les Musulmans comme le sanctuaire de l'*idolâtrie* dans le *Frandjat* (terre des Francs).

« Le danger était pressant pour tous; pendant l'été, le cri de guerre retentit dans toute l'Austrasie et jusque dans les sombres forêts de la Germanie; au mois d'octobre, une masse énorme de Francs, de Teutons, de Gallo-Romains, se précipita vers le passage de la Loire à Orléans; des Aquitains, des Lom-

---

(1) SENS, sous-préfecture de l'Yonne.

bards, vinrent les rejoindre : c'était l'**armée de la chrétienté** qui allait combattre. Le moment était solennel ; cette armée détruite la terre était à Mahomet.

**5. Bataille de Poitiers, 732.** — « Les deux armées se trouvèrent en présence entre Tours et Poitiers, près de la Vienne et du Clain, suivant les uns ; suivant d'autres, plus près de Tours, à Miré, dans une plaine encore appelée les *Landes de Charlemagne.*

« Les Francs, couverts de fer, comme les anciens légionnaires romains, étonnaient l'ennemi par leur haute taille, leurs cheveux blonds, leurs énormes haches, leur fière ordonnance ; ils ne voyaient pas avec moins de surprise ces bruns cavaliers du Midi, aux burnous blancs, armés de légères zagaies, caracolant parmi des tourbillons de poussière.

» Après sept jours d'escarmouches insignifiantes, la bataille s'engagea terrible, épouvantable ; vingt fois les Musulmans se précipitèrent, de toute la vitesse de leurs ardents coursiers, sur la longue ligne des Francs ; vingt fois leur charge impétueuse se brisa contre « ce mur de fer, contre ce rempart de glace » ; au coucher du soleil, ils quittèrent le champ du carnage, laissant leur chef parmi les morts ; la nuit protégea leur fuite, et le lendemain les vainqueurs, entrant dans les tentes abandonnées, s'emparèrent des dépouilles de l'Aquitaine.

» La **bataille de Poitiers** avait été décisive ; trois cent soixante-quinze mille Infidèles avaient succombé, disaient les traditions populaires ; l'imagination des chrétiens mesurait les pertes de l'ennemi à l'importance du résultat obtenu. Ce résultat était complet : **la France et la civilisation chrétienne étaient sauvées ; les Arabes, jusqu'alors invincibles, reculaient découragés** ; et, sur le champ funèbre, on devait entendre pendant plusieurs années, suivant leurs douloureuses traditions, les cris des morts qui invoquaient pour leurs âmes les prières des croyants. »

**6. Lutte contre les Germains.** — Charles-Martel consacra les dernières années de sa vie à lutter contre les Germains d'outre-Rhin. Ses armées étaient toujours précédées ou suivies de hardis missionnaires, dont le plus illustre est l'Anglo-Saxon *Winfrid*, plus connu sous le nom de *saint Boniface*.

Mais les progrès des Francs étaient bien lents. Il fallait chaque année de nouvelles expéditions. La guerre était devenue la vie habituelle des Austrasiens, et les chroniqueurs citent avec surprise l'année 740, comme une année de paix, « *une année sans guerre.* »

**7. Pépin le Bref couronné roi, 752.** — Charles-Martel mourut en 741, laissant deux fils qui se partagèrent le pouvoir : **Pépin** dit *le Bref*, à cause de sa petite taille, et *Carloman*; mais celui-ci s'étant retiré dans un monastère, Pépin resta seul maître de l'empire des Francs.

Charles-Martel n'avait porté que le titre de *duc d'Austrasie*. Pépin, fort de la gloire et des services de ses ancêtres, se décida à prendre celui de roi. Il n'osait cependant proclamer la déchéance de la dynastie mérovingienne ; c'est alors qu'il s'adressa à la papauté, la première puissance morale de l'époque. « Burchard, évêque, et Folrad, prêtre, furent envoyés à Rome vers le pape Zacharie pour le consulter au sujet des rois qui existaient alors chez les Francs, et qui ne l'étaient que de nom, sans jouir en rien de l'autorité royale. Le pape chargea les envoyés de répondre qu'il valait mieux donner le titre de roi à celui qui exerçait l'autorité souveraine. **Pépin** fut donc appelé **roi des Francs** et, pour être rendu plus digne de cet honneur, il reçut l'onction sacrée des mains de Boniface ; *quant à Childéric qui portait faussement le titre de roi, on lui coupa les cheveux et on le relégua dans un monastère.* » (Éginhard.)

**L'alliance de la papauté et de la famille d'Héristal était naturelle et nécessaire.** *Les papes avaient besoin des Francs pour les défendre contre les Lombards ; les chefs de l'Austrasie avaient besoin des papes pour légitimer leur royauté. Il y avait, d'ailleurs, de nombreux intérêts communs, comme la lutte contre les Arabes et la conversion de la Germanie.*

**8. Expéditions de Pépin.** — Pépin affermit sa couronne par de nombreuses victoires. — Les *Arabes* furent rejetés en Espagne. — Les *Lombards*, vaincus dans deux expéditions, durent céder aux Francs plusieurs provinces que

Pépin abandonna au Saint-Siège. C'est là l'**origine du pouvoir temporel** (1) **des papes,** pouvoir qui devait subsister jusqu'en 1870. — Les *Aquitains* furent soumis, malgré la résistance héroïque de leur duc *Waïfre*. Tout leur pays avait été horriblement ravagé; l'Aquitaine devait pendant tout le moyen âge conserver le souvenir et le regret de son ancienne indépendance; plus d'une fois elle s'efforcera de secouer le joug.

**9. Mort de Pépin le Bref, 768.** — Pépin mourut en 768. Pour rehausser sa gloire, quelques vieux chroniqueurs racontent qu'assistant un jour avec ses leudes à un combat d'un lion contre un taureau, il demanda à ceux qui l'entouraient qui d'entre eux oserait séparer ces animaux furieux, et, comme tous gardaient le silence, il sauta dans l'arène et fit tomber sous ses coups le lion et le taureau.

Sa femme **Berthe** (Berthe aux grands pieds), plus connue par la poésie que par l'histoire, est associée à son souvenir, comme un modèle des vertus privées. La tradition dit encore pour parler d'une époque d'une honnête simplicité : « *Du temps que la reine Berthe filait.* » L'influence que cette reine conserva toujours sur son fils Charlemagne fait penser qu'elle dut avoir une grande part dans son éducation ; aussi mit-on sur sa tombe ces seuls mots : « **Berthe, mère de Charlemagne.** »

**Devoirs oraux.** — 1. Décrivez l'armée chrétienne et l'armée musulmane avant la bataille de Poitiers. — 2. Racontez la bataille de Poitiers.

**Devoirs écrits.** — 1. État de la Gaule au moment de la bataille de Testry et œuvre de la maison d'Héristal. — 2. Pépin d'Héristal. — — 3. Charles-Martel. — 4. Pépin le Bref. — 5. Résumez l'histoire de Pépin d'Héristal, de Charles-Martel, de Pépin le Bref. — 6. L'invasion musulmane ; la bataille de Poitiers ; ses conséquences.

**Carte.** — Carte de la Gaule avec les noms cités dans ce chapitre.

---

(1) POUVOIR TEMPOREL, par distinction d'avec le pouvoir spirituel, se dit du pouvoir des papes sur les Etats de l'Eglise. Le pouvoir *temporel* de la papauté a disparu lorsque les Etats de l'Eglise ont été réunis au royaume d'Italie, en 1870.

# TABLEAU

## PREMIÈRE RACE.

### Les Mérovingiens (448-752)

CLODION (448)
MÉROVÉE
CHILDÉRIC I<sup>er</sup>
CLOVIS I<sup>er</sup> (481-511)

---

| THIERRY | CLODOMIR | CHILDEBERT | CLOTAIRE I<sup>er</sup> |
|---|---|---|---|
|  |  |  | *(seul roi de 558 à 561)* |

| GONTRAN | SIGEBERT | CHILPÉRIC I<sup>er</sup> |
|---|---|---|
| *roi de Bourgogne* | *roi d'Austrasie* | *roi de Neustrie* |

CLOTAIRE II
*(seul roi des Francs de 613 à 628)*

DAGOBERT
*(628 - 638)*

ROIS FAINÉANTS
*(638 - 752)*

## TABLEAU VIII.

**A — La Maison d'Héristal** { Son œuvre : { *Intérieur :* rétablir l'ordre. *Extérieur :* rétablir la puissance des Francs.

**B — Pépin d'Héristal** { Maire d'Austrasie. Vainqueur à Testry, 687. Sa mort, 714.

**C — Charles-Martel (714-741)**
1. Victorieux des Neustriens : Amblef, Vincy, Soissons.
2. Duc d'Austrasie et maire de Neustrie.
3. Bataille de Poitiers (732) { La Gaule est envahie par Abd-el-Rhaman. La bataille de Poitiers. La chrétienté sauvée.
4. Expéditions contre les Germains ; les missionnaires : saint Boniface.

**D — Pépin le Bref (741-768)**
1. Roi des Francs, 752.
2. Alliance naturelle avec la Papauté.
3. *Expéditions :* { Germains. Arabes. Aquitains. Lombards ; pouvoir temporel des papes.
4. La reine Berthe, mère de Charlemagne.

## IX

## Les guerres de Charlemagne.

### Résumé.

1-2. — Charlemagne, le grand roi de moyen âge, règne de 768 à 814. Il a mérité son nom de *Grand* par ses conquêtes et par son gouvernement.

Conquérant il n'a pas fait moins de cinquante-cinq expéditions.

3-4. — Protecteur de la papauté, il bat Didier et met fin au royaume que les Lombards avaient fondé dans l'Italie septentrionale.

5-6. — Protecteur de la chrétienté, il lutte contre les Musulmans et s'empare de l'Espagne jusqu'à l'Èbre, malgré le désastre de Ronceveaux où périt Roland, le héros de nombreuses légendes.

7. — La guerre la plus longue et la plus difficile est la guerre contre les Saxons; elle dure trente-trois ans. Les Saxons sont soumis, malgré la résistance de leur chef Witikind; la Germanie est introduite dans la société chrétienne.

8. — Ces guerres sont complétées par la destruction des Avars et la soumission des Slaves de l'Oder. — L'Empire de Charlemagne s'étend sur toute l'Europe occidentale jusqu'à l'Oder et jusqu'à la Theiss.

### Récit.

**1. Charlemagne (768-814).** — Charles, fils et successeur de Pépin, se trouve bientôt seul maître de la couronne par la mort de son frère, *Carloman* (771). Ses contemporains et la postérité l'ont appelé **Charlemagne**, c'est-à-dire Charles *le Grand*. Il a mérité ce titre par ses conquêtes et par son gouvernement.

**2. Guerres de Charlemagne.** — Les guerres de Charlemagne ont un double but : **1º la soumission des peuples qui menacent le territoire franc ; — 2º leur conversion au christianisme.**

Charlemagne n'a pas fait moins de **cinquante-cinq expéditions.** — Nous devons admirer le génie avec lequel, dans une époque si barbare, il a su organiser de puissantes armées et s'en faire obéir\*. Nous devons admirer la prodigieuse activité avec laquelle il courait d'un bout à l'autre de son immense empire, allant combattre sans relâche des plaines de l'Elbe à celles du Pô, des rives de Danube à celles de l'Èbre.

Parmi les guerres qu'il entreprit, trois surtout méritent de fixer notre attention :

**1º La guerre contre les Lombards ;**
**2º La guerre contre les Arabes d'Espagne ;**
**3º La guerre contre les Saxons.**

**3. Guerre contre les Lombards.** — Le roi des Lombards, **Didier**, voulait s'emparer des États de l'Église ; blessé de la répudiation de sa fille, il avait eu l'imprudence d'irriter Charles en recueillant tous les ennemis du puissant chef franc : *Hunald*, l'indomptable duc d'Aquitaine, la veuve et les enfants de Carloman, privés de leur héritage par leur oncle.

Charlemagne, répondant à l'appel de pape *Adrien Iᵉʳ*, franchit les Alpes : les villes de *Vérone* et de *Pavie* furent prises ; Didier fut renfermé dans un monastère et le **royaume des Lombards détruit (774).**

A cette guerre se rattache une légende qui nous fait bien comprendre l'idée que les populations se firent de la puissance de Charlemagne.

---

\* **Organisation militaire.** — Charlemagne a été sans contredit un remarquable organisateur militaire. Il réunissait autour de lui tous les hommes libres par un appel nommé *hériban*. Il avait établi un véritable système de recrutement. Chaque comte doit amener au moins douze hommes libres. Tout propriétaire de trois *manses* (manoir, ménil, douze arpents) est obligé au service ; au-dessous de trois manses ou s'unit pour fournir un homme ; les pauvres mêmes qui n'ont qu'une valeur mobilière de 5 sols d'argent (environ 160 fr.) doivent s'adjoindre à cinq autres de même condition pour équiper l'un d'entre eux.

**4. Le comte Ogger.** — Charlemagne arrive par-delà les Alpes pour combattre le roi des Lombards. Didier est sur les murs de Pavie avec un Franc, le comte *Ogger*, qui a fui pour éviter le châtiment de quelque faute, et il contemple avec effroi l'armée de Charlemagne qui s'approche.

D'abord il ne voit qu'un épais nuage de poussière ; ce sont les machines de guerre qui vont battre les murs de la cité royale. « *Voilà Charles*, s'écrie Didier, *avec cette grande armée.* — *Non*, » dit Ogger. Alors apparaît la troupe immense des simples soldats, « *Assurément, Charles s'avance triomphant au milieu de cette foule.* — *Pas encore*, » répond Ogger.

Cependant on découvre le corps des gardes, vieux guerriers qui ne connaissent pas le repos. « *Pour le coup, c'est Charles*, » s'écrie Didier plein d'effroi. — *Non*, reprend Ogger, *pas encore.* » A la suite viennent les évêques, les abbés, les clercs (1) de la chapelle et les comtes. Alors Didier crie en sanglotant : « *Descendons et cachons-nous dans les entrailles de la terre, loin de la face d'un si terrible ennemi.* — *Quand vous verrez la moisson s'agiter d'horreur dans les champs*, dit Ogger, *alors vous pourrez croire à l'arrivée de Charles.* »

Il n'avait pas fini ces paroles, qu'on aperçut au couchant comme un nuage ténébreux soulevé par le vent. Mais l'Empereur approchant de plus en plus, l'éclat des armes fit luire sur Pavie un jour terrible. Alors parut Charles lui-même, tout couvert d'une armure de fer, la main gauche armée d'une lance, la droite étendue sur son invincible épée.

Ogger le reconnaît et, frappé d'épouvante, il chancelle et tombe en disant : « *Le voici.* »

**5. Guerre contre les Arabes.** — Charles-Martel avait vaincu les Arabes ; Charlemagne alla les attaquer au-delà des Pyrénées.

Comme il revenait d'une première expédition, il éprouva un cruel revers. L'arrière-garde de son armée, commandée par le célèbre **Roland**, fut surprise par les montagnards au **défilé de Roncevaux** (2), et écrasée par les rochers que l'ennemi précipitait des hauteurs. Tous périrent.

---

(1) Clercs, hommes qui remplissent les fonctions ecclésiastiques. —
(2) Roncevaux, défilé dans les Pyrénées occidentales.

**6. La chanson de Roland.** — Le désastre de Roncevaux a été embelli par les fictions de la poésie; il a donné naissance à un poème remarquable, écrit malheureusement dans une langue barbare : c'est la **Chanson de Roland**.

La troupe des montagnards pyrénéens est devenue une immense armée de *Sarrasins* (1) que commande le roi *Marsile*.

Pendant que l'arrière-garde pénètre dans les gorges des Pyrénées, douze chefs païens s'engagent devant Marsile à tuer Roland et les barons qui l'accompagnent; une multitude immense de guerriers se met en marche.

**Olivier** entend un bruit sourd; il monte sur un pic et revient annoncer aux barons l'approche des ennemis. Il conseille à **Roland** de sonner du cor pour appeler Charlemagne.

Roland refuse : « *A Dieu ne plaise*, dit-il, *qu'homme vivant puisse dire jamais que j'ai été corner pour des païens !* »

Il faut se préparer à la bataille. **L'archevêque Turpin** monte sur un tertre. Les guerriers francs se prosternent devant lui; le prélat les absout de leurs fautes; pour pénitence il leur enjoint de *bien frapper*.

La bataille s'engage. Les douze chefs qui avaient juré de tuer Roland s'élancent à l'attaque; ils sont tous renversés et tués par les barons français. Roland frappe des coups merveilleux. D'un coup de son épée, la célèbre *Durandal* (2), il fend le casque, le crâne, le cou, la poitrine, tout le corps d'un Sarrasin, la selle du cheval et la croupe. Les barons ne restent pas en arrière. Tant ils frappent et si bien que des cent mille Sarrasins il n'en reste plus que deux.

Mais Marsile paraît avec une nouvelle armée, encore plus nombreuse que la première. Cette fois les Francs sont écrasés par le nombre. Bientôt il n'en reste plus que soixante et parmi eux Roland, Turpin, Olivier.

Alors Roland se dispose à sonner du cor. Olivier lui reproche de ne l'avoir pas fait plus tôt. Les *preux* (3) se querellent.

---

(2) Sarrasins, nom donné aux Musulmans dans les écrits du moyen âge. — (2) Durandal. — Au moyen âge beaucoup de guerriers donnaient un nom à leur épée. L'épée de Charlemagne s'appelait *Joyeuse*. — (3) Preux, braves, vaillants.

Turpin leur fait entendre des paroles de paix. Roland saisit son cor et sonne avec tant de force, que le sang lui jaillit par la bouche.

Charlemagne l'entend : « *C'est le cor de Roland*, dit-il ; *il ne corne jamais qu'en combattant.* » Il veut voler à son secours ; par deux fois, un traître, **Ganelon**, l'en détourne par ses paroles perfides.

Mais bientôt Charlemagne ne doute plus ; il fait saisir Ganelon et vole au secours de l'arrière-garde.

Cependant la bataille continue. Olivier, blessé à mort, aveuglé par le sang, frappe devant lui, atteint son ami Roland ; ils se reconnaissent, se pardonnent ; puis Olivier à voix haute fait sa confession et rend l'âme.

Turpin et Roland restent seuls. Cependant les païens entendent dans le lointain le son des cors de Charlemagne ; la peur les prend, ils fuient ; ils laissent le champ aux deux barons.

Turpin rend l'âme. Roland, sentant les forces lui manquer, gravit un tertre d'où il aperçoit la terre d'Espagne ; là, il tombe sur l'herbe, mais les yeux tournés vers l'ennemi en déroute. Pour empêcher Durandal de tomber aux mains des Infidèles, il veut la briser ; il en frappe dix coups sur une roche, mais le pur acier ne rompt ni ne s'ébrèche. Roland le place sous lui avec son cor. Il adresse à Dieu la confession de ses fautes. Les anges descendent du ciel et emportent l'âme du comte au paradis.

Roland fut vengé. De nouvelles expéditions au-delà des Pyrénées soumirent aux Francs toute l'*Espagne jusqu'au cours de l'Èbre*.

### 7. Guerre contre les Saxons — Witikind.

— La guerre contre les Saxons dura **trente-trois ans**.

Les **Saxons**, barbares et païens, occupaient la Germanie septentrionale entre le Rhin et l'Elbe, pays couvert de forêts et de marécages. Depuis longtemps les Francs et les Saxons étaient en lutte. Une haine violente séparait les deux peuples, et cette haine s'était accrue de jour en jour à mesure que les Francs devenaient plus attachés à la civilisation romaine et chrétienne.

## GUERRE CONTRE LES SAXONS

Charlemagne résolut de dompter la Germanie et de la convertir au christianisme. C'était véritablement une guerre défensive qu'il entreprenait, une guerre imposée par « **un triple intérêt de territoire, de race et de religion.** » (*Guizot.*)

L'occasion de la lutte nouvelle fut l'incendie de l'église de *Deventer* (1) et les menaces faites aux missionnaires qui, sans se décourager, poursuivaient l'œuvre entreprise par saint Boniface, martyr en 755.

Pendant longtemps les victoires des Francs sont inutiles. Vaincus, les Saxons remettent des otages et consentent à recevoir le baptême. Mais, dès que Charlemagne a repassé le Rhin pour aller combattre les Lombards ou les Arabes, ils relèvent leurs idoles (2) abattues, massacrent les prêtres et les garnisons. C'est l'opiniâtre **Witikind** qui dirige la résistance de cette « race au cœur de fer qui ne sait point se reposer dans la défaite », et, pendant longtemps, il rivalise avec Charlemagne d'audace et de constance.

La lutte devient une guerre d'extermination. Dix mille familles sont arrachées de leur pays et dispersées dans les diverses provinces de l'empire; en un seul jour 4,500 Saxons sont décapités sous les yeux de Charlemagne à *Verden* (3). La guerre, sans trêve ni merci, se poursuit même en plein hiver, lorsque, dit *Michelet*, il n'y a « plus de feuilles qui dérobent le proscrit; les marais durcis par la glace ne le défendent plus; le soldat l'atteint, isolé dans sa cabane, au foyer domestique, entre sa femme et ses enfants, comme la bête fauve tapie au gîte et couvrant ses petits. »

En 785, Witikind épuisé se soumet et reçoit le baptême. Dès lors la conquête devient plus facile; les Francs avancent peu à peu, construisant partout des forteresses, perçant des

---

(1) DEVENTER, ville de la province d'Over-Yssel (Pays-Bas), sur l'Yssel. — (2) La plus célèbre de ces idoles était l'idole d'*Irmensul*, ou colonne d'Arminius (Hermann), chef germain qui avait fait éprouver un grand désastre aux légions de l'empereur Auguste (an 9 de notre ère). Selon d'autres, c'était le symbole de la colonne qui, dans la religion d'Odin soutenait le monde. Elle fut détruite par Charlemagne.
(3) VERDEN, ville de Hanovre (Prusse).

routes à travers les forêts, jetant des chaussées à travers les marais, affermissant chacun de leurs pas, de manière à n'être plus forcés de reculer. La guerre ne se termine qu'en 803 ; les Saxons, domptés et convertis de force, sont soumis à des lois terribles qui prodiguent la peine de mort ; c'est ainsi que l'infraction au jeûne du carême est punie du dernier supplice.

La Saxe soumise fut partagée en huit évêchés ; elle se couvrit rapidement de cités et d'abbayes qui répandirent partout un commencement de civilisation (1).

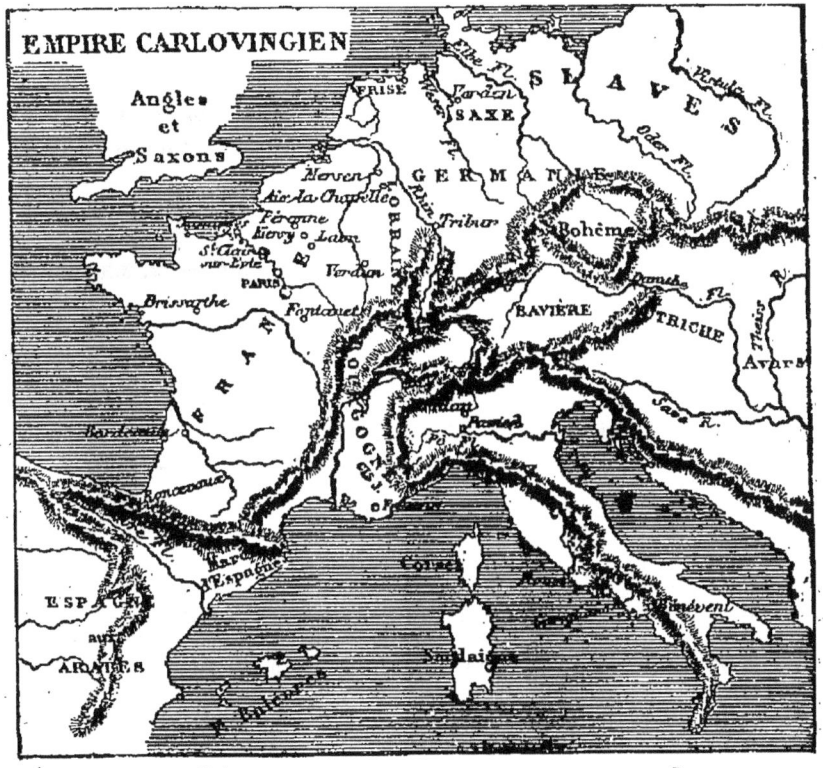

L'Allemagne devait à son tour **repousser les invasions** de nouveaux Barbares venus de l'Est, tels que les **Slaves** et les **Hongrois, et porter** à ces peuples **la foi chrétienne.**

---

(1) Les évêchés de Brême, Osnabrück, Paderborn, Münster (*le monastère*), Magdebourg, Hambourg, etc., ont donné naissance aux premières villes de l'Allemagne.

**8. Guerre contre les Avars, les Slaves, l'Empire grec, etc.** — A ces grandes guerres se mêlaient d'innombrables expéditions contre les *Slaves* de l'Oder, contre les *Danois*, contre les *Bretons*, contre la *Bavière*, enlevée à son duc *Tassillon*, contre l'*Empire grec* inquiet de voir les Francs sur le Danube et sur le Tibre, enfin et surtout contre les **Avars**. Ces derniers, de race tartare comme les Huns, avaient fondé un puissant empire sur les bords du Danube et de la Theiss. Trois fois les Francs les attaquèrent sans succès ; ils réussirent enfin à enlever l'immense camp retranché où ces Barbares avaient entassé le fruit d'un siècle de pillage.

C'est ainsi que Charlemagne étendit sa domination sur la plus grande partie de l'Europe occidentale. *Son empire comprenait la Gaule ; le nord de l'Espagne jusqu'à l'Èbre ; l'Italie jusqu'au Garigliano* (1) ; *l'Allemagne du Nord jusqu'à l'Oder ; l'Allemagne du Sud jusqu'à la Theiss.* \*

**Devoirs oraux.** — 1. Légende du comte Ogger. — 2. La chanson de Roland. — 3. La guerre de Saxe.

**Devoirs écrits.** — 1. Dire quel a été le but des guerres de Charlemagne et résumer ces guerres. — 2. Les Lombards : leur établissement en Italie ; — guerres soutenues contre eux par les Francs ; destruction de leur royaume. — 3. Guerres des Francs contre les Arabes. — 4. Le désastre de Roncevaux et la chanson de Roland. — 5. Guerres des Francs contre les Saxons depuis Pépin d'Héristal : causes, caractères, résultats.

**Carte.** — L'empire de Charlemagne.

---

\* Tandis que Charles étendait ainsi jusqu'à l'Èbre les frontières de son empire et de sa foi, le successeur des Césars, celui qui s'arrogeait sur toute l'Europe une autorité chimérique, l'empereur de Constantinople, vivait plongé dans une honteuse ignorance des choses de ce monde. « Comme Charles avait envoyé des députés au roi de Constantinople, dit le moine de Saint-Gall, pour l'entretenir de la guerre de Saxe, le prince lui demanda si le royaume de son fils Charles était en paix. Le principal des envoyés ayant répondu que tout était pacifié, hormis les frontières, toujours inquiétées par les invasions des Saxons, cet homme, endormi dans la mollesse, s'écria : « Fi ! pourquoi mon fils s'épuise-t-il contre des ennemis sans nom et sans force ? Tiens, je te fais présent de cette nation, avec tout ce qu'elle possède. » Ce que l'envoyé ayant rapporté au très belliqueux Charles, celui-ci repartit en riant : « Il t'aurait rendu plus riche, s'il t'eût fait présent d'un caleçon pour le voyage. »

---

(1) GARIGLIANO, petit fleuve de l'Italie méridionale, se jette dans la mer Tyrrhénienne.

## TABLEAU IX

### Guerres de Charlemagne.

**1° Charlemagne.** (768-814.)
- Grand par ses guerres et son gouvernement.
- *But de ses guerres.*
  1. Protection du territoire franc;
  2. Conversion des païens au christianisme.
- 55 expéditions.
- *3 guerres principales.*
  1. Lombards;
  2. Arabes;
  3. Saxons.

**2° G. contre les Lombards.**
- Les États de l'Église menacés par Didier;
- Appel du pape Adrien Ier;
- Didier vaincu; destruction de son royaume;
- Légende du comte Ogger.

**3° G. contre les Arabes.**
- Expéditions au-delà des Pyrénées.
- *Désastre de Roncevaux.*
  - La chanson de Roland;
  - Roland et Olivier;
  - L'archevêque Turpin;
  - Le traître Ganelon;
  - Mort de Roland.
- Conquête de l'Espagne jusqu'à l'Ebre.

**4° G. contre les Saxons.**
- Sa durée : 33 ans;
- *Ses causes.*
  - intérêt de race;
  - — territoire;
  - — religion;
- Son caractère : lutte d'extermination.
- Witikind.
- *Résultats.*
  - la Saxe convertie;
  - la Germanie fixée et civilisée;
  - barrière opposée aux invasions.
- Guerres contre les Slaves de l'Oder et les Avars du Danube.

**5° Empire de Charlemagne.**
- *Ses limites.*
  - Èbre;
  - Garigliano;
  - Theiss;
  - Oder.

## X

## Gouvernement de Charlemagne.

### Résumé.

1. — En l'an 800, Charlemagne est proclamé empereur d'Occident, à Rome, par le pape Léon III.

2. — L'Empereur s'efforce de mettre dans ses États autant d'ordre que le permet la barbarie de l'époque. — Les provinces sont gouvernées par des *ducs* et des *comtes*, que surveillent les *envoyés impériaux*.

3-4. — Les *assemblées nationales* préparent, sous la direction de l'Empereur, des lois, dites *capitulaires*, communes à tout l'Empire.

5. — Charlemagne, le protecteur d'Alcuin et d'Éginhard, veut réveiller l'étude des lettres et des sciences ; mais, malgré tous ses efforts, l'ignorance et la barbarie doivent l'emporter longtemps encore.

6-8. — Charlemagne, resté germain dans ses habitudes, meurt dans son palais d'Aix-la-Chapelle en 814, après avoir constitué la chrétienté, créé l'Allemagne et l'Italie, fondé l'Europe moderne.

### Récit.

**1. Charlemagne empereur d'Occident, 800.**
— Charlemagne avait conquis à l'Église de vastes territoires ; partout il s'était efforcé de répandre la civilisation ; il avait presque refait l'Empire d'Occident. La Papauté lui donna ce titre **d'Empereur** qui n'avait pas été porté en Occident depuis la chute de l'Empire romain.

En l'an 800, le chef franc s'était rendu à Rome et avait été accueilli avec enthousiasme par la population. Il assistait aux fêtes de Noël dans l'église de Saint-Pierre ; le pape *Léon III* posa sur sa tête une couronne d'or ; pendant que les assistants s'écriaient : « *A Charles, Auguste, couronné de Dieu, grand et pacifique empereur des Romains, vie et victoire !* »

**L'Empire carolingien était fondé.**

Ce n'était ni une vaine cérémonie, ni un simple change-

Statue équestre de Charlemagne.

ment de titre. Empereur d'Occident, **Charlemagne** devenait pour une grande partie de ses sujets, Gallo-Romains et Italiens, le **souverain légitime**, l'héritier respecté d'une tradition séculaire. L'imagination de ses autres sujets, d'origine germanique, devait être également frappée par l'éclat d'une dignité dont le **prestige** n'était pas encore détruit après trois siècles. Enfin le chef franc devenait par là supérieur à tous les autres princes de l'Occident.

Le rétablissement du trône impérial était la **consécration de l'alliance contractée** depuis longtemps **entre le Saint-Siège et la dynastie carolingienne**; mais il contenait en germe, comme nous le verrons plus tard, la rupture des deux puissances unies pour le moment: la longue guerre du sacerdoce et de l'Empire en sera la conséquence (Cf. XIII, § 5).

**2. Gouvernement de Charlemagne.** — La dernière partie du règne de Charlemagne (800-814) fut surtout consacrée à organiser l'empire qu'il avait fondé et à le soumettre à une sage législation.

« Charlemagne donna au pouvoir monarchique autant de réalité et d'unité qu'il en pouvait avoir sur un terrain immense, couvert de forêts et de plaines incultes, au milieu de la barbarie des mœurs, de la diversité des lois et des peuples, en l'absence de toute communication régulière et fréquente, en présence enfin de tous ces chefs locaux qui prenaient leur point d'appui dans leurs propriétés, ne cessaient d'aspirer à une indépendance absolue, et, s'ils ne pouvaient se l'assurer par la force, l'obtenaient souvent du seul fait de leur isolement. » *(Guizot.)*

Dans les provinces, le pouvoir de l'Empereur était exercé par des *ducs* et des *comtes*, nommés par l'Empereur lui-même ou par ses délégués, et chargés de lever les troupes, de rendre la justice, de maintenir l'ordre, de percevoir les tributs *.

Au-dessus des comtes et des ducs étaient les **missi dominici** ou *envoyés de l'Empereur*. Ils inspectaient l'état des provinces, réformaient les abus, punissaient les coupables et, à

---

*En instituant les comtes dans leur office, l'Empereur disait : « Ayant éprouvé votre foi et vos services, nous vous donnons les pouvoirs de comte dans ce territoire. Gardez-nous la foi jurée, et que tous les peuples habitant ce pays soient traités avec modération. Régissez-les avec droiture, selon leur loi et leur coutume. Soyez le défenseur des veuves et des orphelins. Réprimez sévèrement les voleurs et les malfaiteurs, afin que les peuples, vivant en prospérité sous votre gouvernement, restent en joie et en paix. Veillez à ce que tout ce qui appartient légitimement à notre fisc soit chaque année versé à notre trésor. »

leur retour, rendaient compte de tout à leur maître. Les *missi* furent pour Charlemagne le principal moyen d'ordre et d'administration.

**3. Les Assemblées nationales.** — Le gouvernement central de l'empire appartenait à l'Empereur et aux assemblées qui se tenaient périodiquement au printemps et à l'automne.

L'assemblée d'automne était une sorte de conseil d'État, composé d'évêques, d'officiers du palais et de leudes choisis. Elle délibérait sur les projets de loi, donnait des conseils et décidait, sous la présidence de l'Empereur ou du comte du palais, toutes les affaires urgentes.

L'assemblée du printemps, **champ de mai**, était une grande revue des hommes qui devaient le service militaire. On lui présentait les articles de loi préparés par Charlemagne et par son Conseil, et elle faisait elle-même ses propositions. Après avoir reçu les communications impériales, les Francs en délibéraient un ou plusieurs jours. Des messagers du palais, allant et venant, recevaient leurs questions et leur rapportaient les réponses. « Aucun étranger, dit *Hincmar*, archevêque de Reims, n'approchait du lieu de leur réunion, jusqu'à ce que le résultat de leurs débats pût être mis sous les yeux du grand prince, qui alors, avec la sagesse qu'il avait reçue de Dieu, adoptait une résolution à laquelle tous obéissaient. » Quelquefois l'assemblée réclamait la présence de l'Empereur lui-même; il venait, il écoutait les objections, il était témoin des discussions et donnait de sa bouche les éclaircissements nécessaires. Mais lorsque les affaires se traitaient hors de sa présence, il recevait la multitude venue à l'assemblée, acceptant les présents, saluant les hommes les plus considérables, s'entretenant avec ceux qu'il voyait rarement, témoignant aux plus âgés un intérêt affectueux, s'égayant avec les plus jeunes, passant ainsi d'un évêque à un comte, ou d'un prêtre à un simple homme libre.

Cette grande et tumultueuse réception n'était pourtant pas stérile. Un homme ingénieux comme Charlemagne savait faire de cette réunion annuelle un moyen de gouvernement. Il demandait à chacun des renseignements sur la partie de l'empire d'où il venait. Tous avaient ordre de s'enquérir soigneusement, dans l'intervalle des assemblées, de ce qui se passait au dehors comme au dedans des frontières. Charles voulait savoir, dit encore Hincmar, « si, dans quelque partie, dans quelque coin du royaume, le peuple murmurait ou était agité, et quelle était la cause de son agitation, et s'il était survenu quelque désordre dont il fût nécessaire d'occuper l'assemblée générale, et autres détails semblables. Il cherchait aussi à connaître si quelqu'une des nations soumises voulait se révolter, si quelqu'une de celles qui s'étaient révoltées semblait disposée à se soumettre, si celles qui étaient encore indépendantes menaçaient le royaume de quelque attaque. Sur toutes ces matières, partout où se manifestait un désordre ou un péril, il demandait principalement quels en étaient les motifs ou l'occasion. »

**4. Les Capitulaires ; l'Église.** — Les lois décidées dans les assemblées nationales portaient le nom de **capitulaires** (petits chapitres). Nous avons conservé 65 capitulaires de l'époque de Charlemagne. Ils se rapportent aux objets les plus divers, et nous montrent avec quelle sollicitude l'Empereur s'occupait de l'administration de ses États. Dans l'un de ces capitulaires, Charlemagne règle même la vente des œufs provenant de ses basses-cours et celle des herbes inutiles de ses jardins. On comprendra ce détail lorsqu'on saura que l'Empereur n'avait pas d'autre revenus que ceux de ses domaines.

Chaque année l'Empereur convoquait de grands **conciles** pour maintenir l'ordre dans l'Église, réformer la discipline ecclésiastique, organiser des missions dans les contrées encore païennes*.

---

\* **Charlemagne et les Évêques.** — Depuis longtemps envahie par les barbares, l'Église comptait des membres qui avaient perdu la gravité des mœurs aussi bien que la science. « Un prélat étant mort, dit le moine de *Saint-Gall*, Charles lui donna pour successeur un certain jeune homme. Celui-ci, tout content, se préparait à partir ; ses valets lui amenèrent, comme il convenait à la gravité épiscopale, un cheval qui n'avait rien de fringant, et lui préparèrent un escabeau pour se mettre en selle. Indigné qu'on le traitât comme un infirme, il s'élança de terre sur la bête si vivement, qu'il eut grand'peine à se tenir et à ne pas tomber de l'autre côté. Le roi, qui vit ce qui se passait de la balustrade du palais, fit appeler cet homme et lui dit : « Mon

Le commerce renaissait avec la sécurité ; les routes romaines étaient réparées ; des flottes gardaient les côtes et l'embouchure des grands fleuves ; les frontières étaient protégées par de nombreuses forteresses, par des *marches*, ou gouvernements militaires, tels que la *marche d'Espagne* au sud des Pyrénées, et la *marche orientale* (1) à l'est, sur le Danube.

**5. Réveil littéraire.** — Depuis l'invasion des Barbares, l'Europe avait perdu la brillante culture intellec-

---

brave, tu es vif, agile, prompt, et tu as bon pied ; la tranquillité de notre empire est, tu le sais, sans cesse troublée par une multitude de guerres ; nous avons, par conséquent, besoin dans notre suite d'un clerc tel que toi. Reste donc pour être le compagnon de nos fatigues, puisque tu peux monter si lestement à cheval. »

Charlemagne choisissait lui-même les évêques de son empire, et il y mettait la prudence d'un prince vraiment religieux. Un jour qu'on lui annonça la mort d'un de ses prélats, il demanda s'il avait envoyé devant lui, dans l'autre monde, quelque portion de ses biens. « Pas plus de deux livres d'argent, seigneur, » répondit le messager. Un jeune clerc qui était là s'écria : « Voilà un bien léger viatique pour un voyage si grand et de si longue durée. » Charles réfléchit quelque temps et dit au clerc : « Si je te donnais cet évêché, aurais-tu soin de faire de plus considérables provisions pour ce long voyage ? — Seigneur, c'est à la volonté de Dieu et à votre puissance à en décider. — Cache-toi, reprit le roi, sous le rideau tiré derrière moi, et tu apprendras combien tu as de rivaux pour ce poste honorable. » Dès que la mort de l'évêque fut connue, les officiers du palais firent agir, pour obtenir la place, les familiers de l'Empereur. Tous furent refusés. A la fin, la reine Hildegarde vint elle-même solliciter cet évêché pour son propre clerc. Le roi reçut sa demande de l'air le plus gracieux, mais ajouta qu'il ne se pardonnerait pas de tromper son jeune clerc. « Alors, ajoute le naïf chroniqueur de Saint-Gall, à la manière de toutes les femmes, quand elles prétendent faire prédominer leur désirs et leurs idées sur la volonté de leurs maris, la reine, dissimulant sa colère, adoucissant sa voix naturellement forte, et s'efforçant d'amollir par des manières caressantes l'âme inébranlable de Charles, lui dit : « Cher prince, mon seigneur, pourquoi perdre cet évêché en le donnant à un tel enfant. Je vous en conjure, mon cher maître, vous, ma gloire et mon appui, accordez-le à mon clerc, votre serviteur dévoué. » Le jeune homme qui était placé derrière le rideau, s'écria alors d'un ton lamentable : « Seigneur roi, tiens ferme ; ne souffre pas que personne arrache de tes mains la puissance que Dieu t'a donnée. » Charles lui ordonna de se montrer et lui dit : « Reçois cet évêché, mais apporte tes soins les plus empressés à envoyer devant moi et devant toi-même dans l'autre monde de grandes aumônes et un bon viatique pour le long voyage dont on ne revient pas. »

---

(1) C'était l'*Oster-Reich* ou empire de l'Est, origine de l'*Autriche*.

tuelle qu'elle devait aux Grecs et aux Romains ; depuis longtemps déjà, il n'y avait plus ni littérature, ni savants. Avec Charlemagne, la décadence s'arrêta ; il y eut comme une **sorte de renaissance.**

Les *capitulaires* déclarèrent la connaissance de la lecture et du latin obligatoires pour tout le clergé et recommandèrent l'étude de la grammaire et des arts libéraux. Chaque église cathédrale et chaque monastère durent avoir une école pour les clercs et même pour les laïques. L'un des principaux conseillers de Charlemagne, *Théodulfe*, évêque d'Orléans, établit une école élémentaire gratuite dans chaque paroisse de son diocèse.

La cour elle-même eut, sous le nom d'**École du palais**, une véritable académie où se réunissaient, au milieu des princes et des princesses de la famille impériale, les hommes instruits, fort rares à cette époque, que Charlemagne avait fait venir de toute l'Europe. Les discussions de cette école étaient dirigées par l'Anglo-Saxon **Alcuin**, qui fut alors pour ainsi dire le ministre de l'instruction publique, et par le Franc **Éginhard**, secrétaire de l'Empereur, qui a écrit les *Annales* de ce temps et surtout une intéressante biographie de Charlemagne. Le grand empereur ne dédaignait pas de visiter lui-même les écoles, où les fils des serviteurs du palais étaient élevés avec ceux des comtes et des nobles, et il surveillait attentivement le travail de ces jeunes gens destinés aux plus hautes fonctions de l'Église et de l'État.

Il ne faut pas exagérer l'importance de ce mouvement littéraire ; les œuvres qu'il produit n'offrent qu'un intérêt médiocre ; les ordres et les recommandations de l'Empereur restent presque toujours lettre morte ; après Charlemagne l'ignorance persiste, profonde, même dans l'Église. Mais, si l'on songe à la barbarie de l'âge précédent, à sa complète stérilité, on est forcé de reconnaître que **la décadence s'est arrêtée** ; le IX$^e$ siècle a eu ses poètes, ses historiens ; quelques écoles se sont ouvertes ; la nuit est bien sombre encore, mais elle a cessé de s'épaissir.

**6. Portrait de Charlemagne. — Ses habitudes.** — Charlemagne mourut en 814, ans la ville d'**Aix-**

la-Chapelle (1), dont il avait fait sa résidence habituelle.

Charlemagne, tel que les écrivains de son temps nous le dépeignent, nous apparaît comme étant avant tout un homme de guerre. Il avait le corps robuste, les épaules larges, les yeux grands et vifs « semblables à ceux du lion », le nez un peu long, les cheveux épais et bruns, la physionomie ouverte, noble et avenante. — « Il était de si grande force, qu'il coupait un cavalier armé. »

Ses passions étaient la chasse et les courses à cheval, et il n'avait pas de rivaux dans ces exercices où excellaient les Francs. Il portait habituellement le costume national des Francs, c'est-à-dire la courte tunique, les hauts-de-chausses (2) étroits, les bandelettes autour des jambes pour maintenir la chaussure, et l'ample manteau des hommes du Nord agrafé sur la poitrine. Il ne parut que deux fois dans le costume impérial romain.

Il était simple dans ses habitudes, affable avec tout le monde, accessible à toute heure, et se plaisait à rendre la justice lui-même.

**7. Gloire de Charlemagne.** — La réputation de Charlemagne se répandit au loin : les princes d'Occident (3) voyaient en lui un maître glorieux et se déclaraient ses vassaux ; il fut un instant question de le marier avec l'impératrice d'Orient *Irène*, pour réunir les deux empires et reconstituer l'ancien empire romain ; sa gloire s'étendit jusqu'en Asie. Le khalife de Bagdad, le célèbre *Hâroun-al-Raschid*, rechercha l'alliance de son puissant collègue d'Occident ; il lui envoya deux ambassades qui lui apportèrent de riches présents, entre autres un éléphant, un pavillon en étoffe de soie, des parfums, une horloge à eau, ou clepsydre, d'un mécanisme remarquable, et, ce qui valait mieux, des garanties pour les chrétiens qui faisaient déjà de fréquents pèlerinages à Jérusalem ; pour les

---

(1) AIX-LA-CHAPELLE (*Aachen*), dans la Prusse Rhénane. De là, Charlemagne pouvait surveiller la Saxe ; là aussi il trouvait des eaux thermales utiles à sa santé. —(2) Sorte de culotte allant de la cuisse aux genoux. — (3) Rois de Galice et des Asturies en Espagne, rois d'Écosse et rois anglo-saxons.

marchands francs qui se rendraient à Antioche, à Alexandrie, à Carthage.

Peu de temps après sa mort, Charlemagne était devenu le héros d'une sorte de légende poétique, d'une épopée merveilleuse et chevaleresque. Entouré de ses *douze pairs*, il fut regardé au moyen âge comme le prince par excellence, le maître des peuples et des rois, le grand chef de la Chrétienté dans sa lutte contre les Infidèles.

**8. Œuvre de Charlemagne.** — L'empire de Charlemagne ne devait pas longtemps lui survivre, mais son œuvre avait été grande : il laissait la **chrétienté constituée**, et, sur l'Elbe, sur le Weser, sur le Rhin, sur la Meuse, des nations toutes faites où il n'avait trouvé que des barbares ; **il avait créé l'Allemagne et l'Italie et préparé l'Europe d'aujourd'hui**, et non seulement l'Europe politique, mais l'Europe laborieuse, l'Europe civilisée. Aussi, dans l'histoire de toutes ces contrées, son souvenir brille dès la première page, et il y est national comme dans la nôtre.

**Devoirs oraux.** — 1. Couronnement de Charlemagne. — 2. Racontez une visite de l'Empereur à une de ses écoles. — 3. Portrait et habitudes de Charlemagne. — 4. La gloire de Charlemagne. — 5. Charlemagne et les évêques : anecdotes rapportées par le moine de Saint-Gall.

**Devoirs écrits.** — 1. Rapports de la maison d'Héristal avec la papauté ; couronnement de Charlemagne ; ses conséquences. — 2. Le gouvernement de Charlemagne : ducs et comtes, *missi*, assemblées nationales, capitulaires. — 3. Le réveil littéraire sous Charlemagne : son caractère. — 4. Œuvre de Charlemagne (l'œuvre fragile et l'œuvre durable).

## TABLEAU X.
### Charlemagne proclamé Empereur d'Occident, à Rome, 800.

1° Gouvernement de Charlemagne.
1. Difficulté d'un gouvernement régulier : trop grande barbarie de l'époque.
2. *Administration des provinces.*
   - ducs et comtes ;
   - missi dominici ;
   - marches ou comtés de la frontière.
3. Les champs de mai. — Les capitulaires.
4. *Protection des lettres.*
   - Alcuin et Éginhard ;
   - École du palais ;
   - Charlemagne et les écoliers ;
   - La décadence intellectuelle arrêtée ;
   - Mais progrès bien lent.

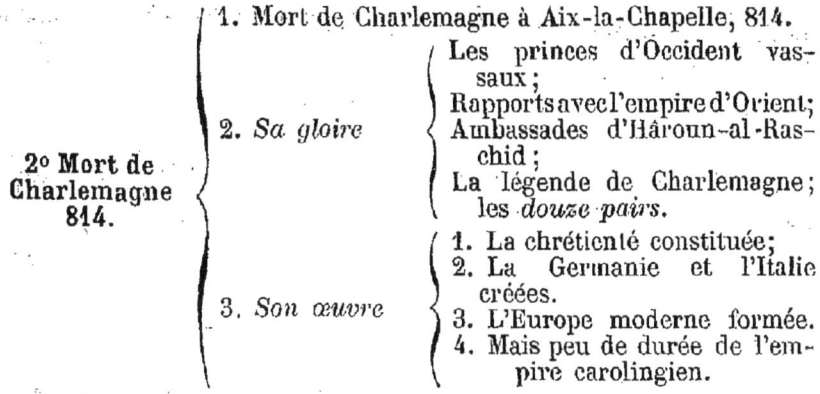

XI

## Les successeurs de Charlemagne.

*Démembrement de l'Empire. — Les Normands.*

Résumé.

1. — La diversité des peuples réunis par Charlemagne, la barbarie de l'époque, de nouvelles invasions, l'incapacité des princes, amènent la décadence rapide et le démembrement de l'empire carolingien.

2-4. — Le faible Louis le Débonnaire règne de 814 à 840, et lutte continuellement contre ses fils révoltés. — Après lui, la guerre civile continue. Lothaire, vaincu à Fontanet par Charles le Chauve et Louis le Germanique, consent, en 843, au traité de Verdun qui démembre l'empire en trois grands royaumes, ceux de France, d'Allemagne et d'Italie.

A cette époque remonte le premier monument des origines de notre langue : les serments de Strasbourg.

5-7. — Le démembrement de l'empire est hâté par les invasions des Normands, hardis pirates venus du Danemark et de la Norvège.

8. — Charles le Chauve ne sait contenir ni les Normands, ni les barons; il accorde à ces derniers une indé-

pendance presque absolue par le capitulaire de Kiersy-sur-Oise, 877. — Après les règnes de Louis II le Bègue, de Louis III et de Carloman, Charles le Gros réunit encore une fois tout l'empire carolingien, mais il reste faible et impuissant.

9-10. — Charles le Gros achète honteusement la retraite des Normands qui, en 886, ont échoué au siège de Paris, défendu par Eudes, duc de France ; il est déposé à Tribur ; son empire est démembré.

11-13. — Après la déposition de Charles le Gros, les Carolingiens, de jour en jour plus faibles, luttent pendant un siècle, de 887 à 987, contre les ducs de France, ancêtres des Capétiens. — En 911, Rollon fonde le duché de Normandie, à la suite du traité de Saint-Clair-sur-Epte. — En 987, Hugues Capet, proclamé roi, commence la troisième dynastie, la dynastie des Capétiens.

Récit.

**1. Décadence et démembrement de l'Empire carolingien.** — L'empire carolingien ne dura pas. Moins de trente ans après la mort de son fondateur, il était **divisé en trois royaumes**, ceux de **France**, d'**Allemagne** et d'**Italie**.

Quelques années plus tard ces royaumes étaient eux-mêmes morcelés en une foule d'États secondaires et de petites principautés.

Plusieurs causes expliquent ce démembrement :

1° Les **peuples** que Charlemagne a réunis sont bien **divers** ; ils ont des lois, des mœurs, des langues différentes. Chacun d'eux s'efforce de conquérir son indépendance nationale.

2° Malgré les efforts de Charlemagne, la **barbarie** est encore **trop grande pour qu'un gouvernement unique et étendu puisse subsister.** — Des terrains immenses sont couverts de forêts et de plaines incultes. Entre les villes il n'y a point de communications régulières et fréquentes. Les grands propriétaires sont de véritables chefs locaux ; ils aspirent à une indépendance absolue et ils l'obtiendront par la force ou par leur isolement même.

3° Des **invasions nouvelles** viennent jeter partout le trouble et le désordre.

4° Les **successeurs de Charlemagne** sont presque tous des **princes faibles et incapables**; ils n'ont pas assez de force pour empêcher les seigneurs de devenir indépendants, pour arrêter les nouveaux envahisseurs qui menacent l'Europe.

**2. Louis le Débonnaire (814-840).** — Louis le Débonnaire ou *le Pieux* ne manquait pas de qualités ; mais, par son caractère faible, il fut pendant tout son règne le jouet de sa femme, *Judith*, et de ses enfants. L'ambition de *Lothaire*, de *Pépin*, de *Louis le Germanique*, vint en aide aux désirs de séparation qu'avaient les diverses races de l'empire. Chacun d'eux voulut être indépendant dans les provinces qu'il avait à gouverner. Nés d'un premier mariage, ils se montrèrent jaloux d'un frère de second lit qui devait être *Charles le Chauve*.

De là une série de guerres civiles qui révélèrent toute la faiblesse de Louis le Débonnaire et diminuèrent singulièrement le prestige de l'empire. Abandonné par ses soldats, forcé par ses fils de faire une confession publique de fautes qu'il n'avait pas commises, deux fois déposé comme incapable, deux fois rétabli par les Austrasiens qui seuls voulaient maintenir l'empire que leur courage avait fondé, le malheureux empereur mourut au moment où il allait combattre une nouvelle révolte de son fils Louis le Germanique.

**3. Traité de Verdun (843).** — Après la mort de Louis le Débonnaire, la lutte continua entre les trois fils qui lui survivaient. Lothaire, empereur et roi d'Italie, voulut en vain soumettre à son autorité Louis le Germanique, roi de Bavière, et Charles le Chauve, roi des Francs. Il fut vaincu à la sanglante **bataille de Fontanet (841)** (1).

Deux ans plus tard, le **traité de Verdun** (2) démembra

---

(1) Fontanet, village du département de l'Yonne, près d'Auxerre. —
(2) Verdun, sous-préfecture de la Meuse.

l'empire en trois grands royaumes qui répondaient à trois nationalités distinctes. Lothaire eut l'Italie et le pays qui s'étend entre le Rhin et les Alpes, à l'est ; le Rhône, la Saône, la Meuse et l'Escaut à l'ouest. Le reste de l'empire appartint : l'Orient, c'est-à-dire l'**Allemagne**, à Louis le Germanique ; l'Occident, c'est-à-dire **la France**, à Charles le Chauve. — On donna à la part de Lothaire le nom de *Lotharingie* ou royaume de Lothaire. Ce nom, par suite d'altérations successives, devint *Lorringie*, puis *Lorraine*. Ce dernier nom est devenu celui d'une des provinces qui appartenaient à Lothaire.

**4. Serments de Strasbourg (842).** — A cette époque remonte le **premier monument des origines de notre langue**. Charles le Chauve et Louis le Germanique, s'étant alliés contre Lothaire, voulurent donner à cette alliance une consécration solennelle, et se jurèrent fidélité à Strasbourg, en présence de leurs soldats (842). Mais les deux armées ne parlaient pas la même langue. Les Neustriens de Charles le Chauve parlaient la *langue romane*; les soldats de Louis le Germanique parlaient le *tudesque* (ancien allemand). Louis, pour être compris des Neustriens, prononça le serment en langue romane ; Charles jura en tudesque.

Dans le texte roman, certains mots sont encore tout latins ; d'autres ont déjà une apparence moderne ; la plupart sont du latin profondément modifié et presque méconnaissable. C'est l'ancien français dans sa première formation.

Les Francs ne parlaient plus la langue germanique. Ils s'étaient peu à peu fondus avec la population gallo-romaine. La **séparation des langues** indique la **séparation des peuples**. La nationalité française se formait.

**5. Les Normands. — Charlemagne et les Normands.** — Le démembrement de l'Empire fut hâté par de nouvelles invasions venues par mer, celles des **Normands** ou *hommes du Nord*. On les appelait ainsi parce qu'ils venaient des froides régions de l'Europe septentrionale, du Danemark et de la Norvège.

Les Normands s'étaient montrés dès le règne de Charlemagne. Un jour ils entrèrent dans un port où l'Empereur se trouvait. On les chassa, mais l'Empereur, les voyant partir, versa des larmes abondantes et garda longtemps le silence ; puis il dit à ceux qui l'entouraient :

« *Savez-vous, mes fidèles, pourquoi je pleure amèrement? Certes je ne crains pas qu'ils me nuisent par ces misérables pirateries; mais je m'afflige de ce que, moi vivant, ils ont osé toucher ce rivage, et je suis tourmenté d'une vive douleur quand je prévois tout ce qu'ils feront de maux à mes fils et à leurs peuples.* »

Vaisseau normand.

**6. Chants des Normands.** — Ces hardis pirates, montés sur leurs longues et sveltes embarcations aux voiles blanches, à la proue aiguë, à la carène aplatie, sur leurs *dragons* (1) à la tête menaçante, étaient bien « *les rois de la mer, chemin de l'audace.* » Ils se riaient des vents et des orages et ils disaient : « *Le souffle de la tempête aide nos rameurs. Le mugissement du ciel, les coups de la foudre, ne nous nuisent pas; l'ouragan est à notre service et nous jette où nous voulions aller.* »

---

(1) DRAGON, monstre fabuleux qui avait des griffes de lion, des ailes d'aigle et une queue de serpent. A la proue, c'est-à-dire à l'avant des navires normands, se trouvait grossièrement sculptée l'image de ce monstre.

Leurs chants nous font bien connaître ces farouches guerriers qui se vantaient « de n'avoir jamais dormi sous les poutres enfumées d'un toit et de n'avoir jamais vidé la corne de bière auprès d'un foyer habité. » — Un de leurs chefs, *Ragnar-Lodbrog*, prisonnier du roi anglais *Ella*, est jeté dans une fosse remplie de vipères ; il se distrait de leurs morsures en chantant :

« Nous avons combattu avec l'épée ! Au sortir de l'enfance, je tenais déjà ma lance haute ; à peine comptais-je vingt hivers que l'épée frissonnait dans ma main.

» J'étais encore jeune quand, à l'orient, nous avons fait couler un fleuve de sang pour les loups et convié l'oiseau aux pieds jaunes à un large banquet de cadavres ; la mer était rouge comme une blessure qui vient de s'ouvrir et les corbeaux nageaient dans le sang.

» Nous avons combattu avec l'épée ! des torrents de sang pleuvaient de nos armes ; le vautour n'en trouva plus dans les cadavres ; l'arc résonnait et les flèches se plantaient dans les cottes de maille ; la sueur coulait sur la lame des épées ; elles moissonnaient les guerriers comme le marteau d'Odin. — Cinquante et une fois j'ai planté ma bannière sur le champ de bataille.

» La mort me saisit : la morsure des serpents a été profonde ; je sens leurs dents au fond de ma poitrine. Bientôt, j'espère, le glaive me vengera ; mes fils frémiront à la nouvelle de ma mort ; la colère leur rongera le visage ; d'aussi hardis guerriers ne prendront pas de repos avant de m'avoir vengé.

» Il faut finir. Joyeux, je m'en vais avec les dieux boire l'hydromel à la place d'honneur. Les heures de ma vie sont écoulées et mon sourire brave la mort. »

**7. Ravages des Normands.** — Les Normands opéraient leurs descentes avec une soudaineté qui frappait de terreur les populations surprises.

Dans les nuits orageuses, quand les marins des autres peuples se hâtent de chercher un abri, ils mettent toutes voiles au vent. Ils entrent dans l'embouchure des fleuves avec la marée écumante et ne s'arrêtent qu'avec elle.

Ils se saisissent d'un îlot, d'un fort, d'un poste de difficile accès, propre à servir de dépôt et de retraite ; puis ils remontent le fleuve et ses affluents jusqu'au cœur du continent.

Le jour, ils restent immobiles dans les anses les plus solitaires ou sous l'ombre des forêts du rivage. La nuit venue, ils escaladent les murs des couvents, les tours des châteaux, les remparts des cités. Ils improvisent une cavalerie avec les chevaux des vaincus et courent le pays en tous sens jusqu'à trente et quarante lieues de leur flottille.

Archer normand (d'après une tapisserie).

A la vue de ces guerriers couverts d'un tissu de lames de fer, disposées en écailles, armés d'une lourde hache, d'une épée à deux tranchants ou d'une longue lance, l'effroi des populations est indicible ; les *litanies* de l'époque l'attestent : « *De la fureur des Normands, délivrez-nous, Seigneur*, s'écriaient-elles dans leur terreur.

Conduits par leurs chefs *Ragnar-Lodbrog*, *Hastings* [*], *Rollon*, les Normands établirent des stations aux bouches des fleuves ; enfin, ils occupèrent des provinces.

[*] **Hastings**. — Cet audacieux chef des Normands s'était aventuré jusque dans la Méditerranée, vers les côtes de l'Italie. Il vint jeter l'ancre près du port de *Luna* en Toscane. La ville était fortifiée et les Normands n'avaient ni machines, ni forces suffisantes pour entreprendre un siège. Hastings feint une maladie, demande le baptême, et fait répandre le bruit de sa mort. Ses compagnons implorent la faveur de célébrer ses funérailles dans l'église de Luna. On les accueille sans défiance ; ils débarquent couverts de longs vêtements de deuil et portant le cercueil de leur chef ; mais à peine ont-ils pénétré dans le sanctuaire, qu'ils tirent leurs épées cachées sous leurs robes ; Hastings se lève tout armé ; la population surprise est égorgée ; la ville pillée et incendiée ; et bientôt les Normands disparaissent avec leurs navires chargés de butin. Las de sa vie aventureuse, Hastings finit par demander le baptême, en 863, et Charles le Chauve lui donna le *comté de Chartres*.

## SIÈGE DE PARIS

**8. Impuissance de Charles le Chauve et de ses successeurs.** — Les maux furent grands. Charles le Chauve ne sut pas y porter remède. Le pouvoir central était devenu si faible qu'il était incapable de faire un effort sérieux. Les hommes puissants, les **barons**, se chargèrent de défendre le pays, ils se firent construire des **châteaux forts**, des **fertés** (1), par le peuple qui y trouvait un refuge. *Dans ces temps de misères, il était juste et naturel que la puissance passât entre les mains de ceux qui pouvaient protéger.*

Tous les efforts que fit **Charles le Chauve** pour arrêter cette révolution furent inutiles. Il fut même **forcé de reconnaître l'indépendance presque absolue des seigneurs** en leur accordant, en 877, **par le capitulaire de Kiersy-sur-Oise** (2), l'hérédité de leurs charges et de leurs gouvernements. La royauté devenait de jour en jour plus faible.

**Louis II le Bègue** (877-879), **Louis III et Carloman** (879-884), ne furent pas plus heureux que Charles le Chauve et ne purent réussir à chasser les Normands.

À leur mort on donna la couronne au dernier fils de Louis le Germanique, à **Charles le Gros** qui possédait déjà l'Allemagne et l'Italie. Ce dernier essai pour reconstituer l'unité de l'Empire échoua misérablement. On reconnut bientôt la lâcheté et l'incapacité de l'héritier de Charlemagne.

**9. Siège de Paris par les Normands (885-886).** — En 885, *Rollon* avait remonté la Seine avec une armée de 30,000 hommes que portaient 700 barques. Jamais les Normands n'avaient été si redoutables. Ils voulaient pénétrer jusqu'en Bourgogne, province dont ils avaient entendu célébrer les richesses.

L'expédition arriva devant Paris au mois de novembre. Elle trouva le fleuve barré par les deux ponts qui unissaient l'île de la Cité aux faubourgs situés sur les deux rives. Le siège commença aussitôt ; il devait durer dix-huit mois. La ville

---

(1) C'est là l'origine du nom de *Ferté*, donné à un grand nombre de nos villes ou villages. — (2) Kiersy-sur-Oise, ville de l'arrondissement et à 45 kil. de Laon (Aisne).

était défendue par **Eudes, comte de Paris,** par son frère *Robert* et par *l'évêque Gozlin*.

Une première attaque fut repoussée. Les Normands s'établi-

*Paris assiégé par les Normands.*

rent alors près de Saint-Germain-l'Auxerrois et employèrent pour réduire la ville tous les moyens connus. C'est ainsi qu'ils élevèrent une tour roulante en bois de trois étages pour dominer les assiégés et qu'ils lancèrent des *brûlots* contre les ponts.

Tous ces efforts échouèrent devant l'énergie des Parisiens. Cependant le typhus faisait de cruels ravages parmi les défenseurs de la ville ; l'évêque Gozlin était mort ; les secours n'arrivaient pas. Eudes sortit de Paris, alla réclamer assistance, puis, se frayant au retour un sanglant passage à travers les lignes normandes, il rentra dans la place.

Enfin Charles parut avec des forces nombreuses, mais il n'osa pas combattre. Il s'arrêta sur les hauteurs de Montmartre et acheta honteusement la retraite des Normands en leur payant 700 livres d'argent et en leur permettant d'aller ravager la Bourgogne.

Les Parisiens furent héroïques jusqu'au bout : ils refusèrent de livrer passage aux Normands. Les pirates durent démonter leurs barques et les traîner jusqu'au-dessus de la ville.

**10. Déposition de Charles le Gros (887).** — La lâcheté de Charles le Gros fut punie comme elle le méritait. Les grands, assemblés à *Tribur* (1), déposèrent l'Empereur comme « *inutile et incapable* » (887).

Le démembrement fit de nouveaux progrès et l'on compta **sept royaumes dans l'empire de Charlemagne** : les trois grands royaumes d'**Allemagne**, de **France** et d'**Italie** d'abord, puis les royaumes de *Lorraine* (2), de *Navarre* (3), de *Bourgogne cisjurane* et de *Bourgogne transjurane* (en-deçà et au-delà du Jura).

Ces royaumes se trouvaient eux-mêmes divisés en un grand nombre de petits États en réalité indépendants.

**11. Origine des Capétiens**. — Parmi les seigneurs qui avaient le plus vaillamment combattu les Normands, une famille s'était surtout distinguée, celle qui s'appellera plus tard **la famille Capétienne.**

**Robert le Fort** avait reçu de Charles le Chauve la mission de défendre le pays entre Seine et Loire. Pendant longtemps, les Normands trouvèrent en lui un ennemi redou-

---

(1) Tribur, ville d'Allemagne, près de Mayence. — (2) Lorraine, ancienne province qui a formé les départements de la Meuse, Meurthe-et-Moselle et Vosges. — (3) Navarre, pays situé sur les deux versants des Pyrénées occidentales.

table. Mais ce *nouveau Macchabée*, comme l'appellent les chroniques, fut tué à *Brissarthe* (1), en combattant la tête et la poitrine découvertes.

Son fils **Eudes** fut, comme nous l'avons vu, un des héros du siège de Paris. Soutenue par la plus grande partie des seigneurs et maîtresse du duché de France (2), cette famille puissante lutte contre les derniers Carolingiens pendant un siècle, de 887 à 987, et finit par les détrôner.

**Eudes, élu roi de France** par les barons qui avaient déposé Charles le Gros, passa son règne à combattre les Normands (887-898.)

A sa mort, le carolingien **Charles le Simple**, fils de Louis le Bègue, fut reconnu roi. C'est pendant le règne de ce prince (898-922) que fut fondé le duché de Normandie.

**12. Fondation du duché de Normandie (911).** — Les Normands étaient las de leur vie d'aventures ; ils cherchaient maintenant un établissement fixe et comme une nouvelle patrie.

D'un autre côté, les populations accusaient hautement l'impéritie du roi qui ne savait pas les protéger. « Par la faute et la faiblesse du roi, dit un contemporain, les Normands sont les maîtres ; de Blois (3) à Senlis (4), il n'y a plus ni bœufs, ni charrues, ni paysans ; on ne plante plus de vignes ; on ne sème plus de blé ; les églises sont brûlées et détruites ; si cette guerre dure, la terre ne produira rien. »

Charles le Simple entendait ces plaintes, mais il était trop faible pour combattre ; il résolut de traiter avec Rollon ; il lui offrit la main de sa fille *Gisèle* et *la possession des pays compris entre la Bresle et le Couesnon* (5). Le Normand accepta et le **traité** fut conclu au village de **Saint-Clair-sur-Epte** (6)

---

(1) BRISSARTHE, village du département de Maine-et-Loire. — (2) DUCHÉ DE FRANCE OU ILE DE FRANCE, ancienne province qui a formé les départements de la Seine, Seine-et-Oise, Seine-et-Marne, Oise, Aisne. — (3) BLOIS, chef-lieu du département de Loir-et-Cher. — (4) SENLIS, sous-préfecture du département de l'Oise. — (5) BRESLE, rivière qui se jette dans la Manche, sépare la Normandie de la Picardie. — COUESNON, rivière qui se jette dans la Manche, sépare la Normandie de la Bretagne. — (6) SAINT-CLAIR-SUR-EPTE, bourg du département de Seine-et-Oise, sur l'Epte.

(911). **Rollon** reçut le baptême et devint **duc de Normandie** (1).

La cérémonie de l'hommage était faite et le nouveau duc allait partir, lorsque les évêques lui dirent : « *Celui qui reçoit un tel don doit baiser le pied du roi.* » — « *Jamais*, s'écria le Normand, *je ne baiserai le pied d'aucun homme.* » — Comme on insistait pour qu'il se soumît à l'usage, il chargea un de

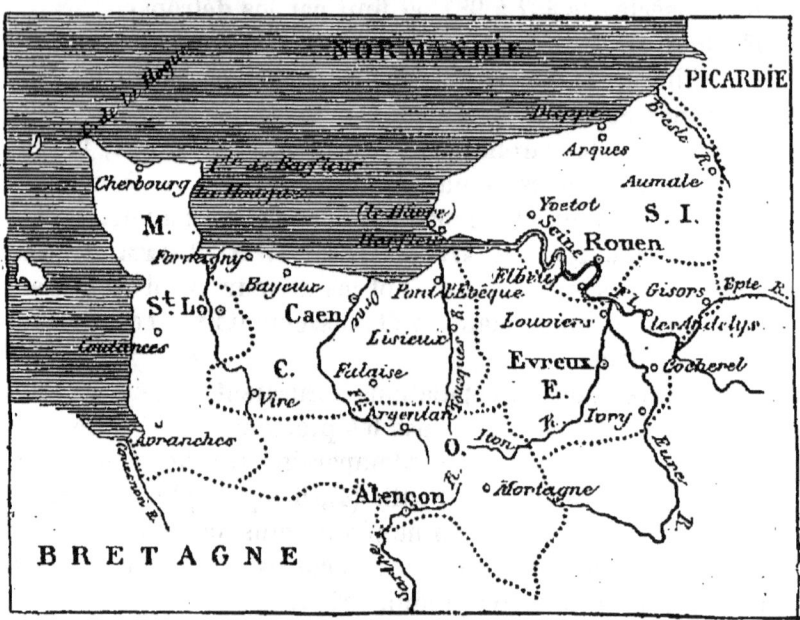

ses compagnons de remplir à sa place cette dernière formalité. Celui-ci s'avança brusquement, prit le pied de Charles sans fléchir le genou, l'éleva jusqu'à sa bouche et renversa le roi. Tous éclatèrent de rire; Charles n'osa rien dire et se retira tout confus.

Voilà ce qu'étaient devenus les faibles successeurs de Charlemagne !

L'ancien chef de pirates, devenu le *duc Robert*, établit dans ses États une administration vigoureuse et intelligente. La

---

(1) NORMANDIE. Le duché de Normandie a formé cinq départements: Seine-Inférieure, Calvados, Eure, Manche, Orne.

Normandie devint bientôt la province la plus florissante du royaume. Le duc y avait établi une si bonne police, que, si l'on en croit un vieux récit, un bracelet qu'il avait oublié aux branches d'un chêne, près de Rouen, y resta suspendu pendant trois ans sans que personne osât y toucher.

Les Normands oublièrent rapidement leur idiome national et, au siècle suivant, c'étaient les poètes normands qui parlaient la meilleure langue française.

**13. Les derniers Carolingiens.** — Charles le Simple finit misérablement. En 920, les seigneurs le déposèrent et proclamèrent roi le duc de France, **Robert**. Charles retrouva un peu d'énergie : il battit et tua son rival (923). — *Hugues le Grand*, fils de Robert, aurait pu s'emparer de la couronne ; il préféra la donner à son beau-frère, **Raoul**, duc de Bourgogne (923-936). Quant à Charles le Simple, il était mort dans la tour de Péronne (1), prisonnier du comte Herbert de Vermandois (2).

A la mort de Raoul, Hugues le Grand rappela d'Angleterre un fils de Charles le Simple, **Louis IV** *d'Outre-mer*. Ce prince fit de vains efforts pour ressaisir l'autorité. — Son fils, **Lothaire**, fut encore plus faible et se trouva **réduit à la possession de la seule ville de Laon** (3). Il mourut en 986, laissant un fils, **Louis V**, qui ne tarda pas à le suivre dans la tombe (987).

La famille carolingienne n'était pas éteinte, mais les grands donnèrent la couronne à **Hugues Capet**, fils de Hugues le Grand. Les ducs de France occupaient le trône d'une manière définitive ; **la dynastie Capétienne commençait**.

DEUXIÈME RACE.

**Les Carolingiens (752-987).**

Pépin *d'Héristal*, maire du palais.

Charles-Martel, maire du palais.

---

(1) Péronne, sous-préfecture de la Somme. — (2) Vermandois, ancien pays de France, dans la Picardie. —(3) Laon, chef-lieu de l'Aisne.

# TABLEAU

Pépin *le Bref*, roi des Francs.
(752-768).

Charlemagne (Charles le Grand).
(768-814).

Louis *le Débonnaire*.
(814-840).

---

Louis *le Germanique*.   Charles *le Chauve*.
(840-877).

Louis II *le Bègue*.
(877-879).

Charles *le Gros*,   Louis III et Carloman.   Charles *le Simple*.
empereur.            (879-884).               (898-922).
(884-887).

Eudes,                                        Louis IV *d'Outre-mer*.
*duc de France, roi.*                         (936-954).
*(887-898).*

                                              Lothaire.
                                              (954-986).

Raoul,
*duc de Bourgogne, roi.*                      Louis V *le Fainéant*.
*(923-936)*                                   (986-987).

**Devoirs oraux.** — 1. Descentes des Normands : leur façon d'attaquer. — 2. Hastings. — 3. Le chant de Ragnar-Lodbrog. — 4. Le siège de Paris par les Normands. — 5. Fondation du duché de Normandie.

**Devoirs écrits.** — Causes du démembrement de l'empire carolingien. — 2. Principaux faits de 814 à 843. — 3. Le traité de Verdun ; son importance. — 4. Les serments de Strasbourg. — 5. Les chants des Normands. — 6. Descentes et ravages des Normands. — 7. Le siège de Paris. — 8. La fondation du duché de Normandie. — 9. Principaux faits de l'histoire des Carolingiens depuis la mort de Charlemagne jusqu'à l'avènement de Hugues-Capet. — 10. Les Normands depuis leur apparition au temps de Charlemagne jusqu'à la fondation du duché de Normandie. — 11. Les ducs de France ; leurs services ; avènement de Hugues-Capet.

**Cartes.** — 1. La Normandie. — 2. La France avec les noms cités dans ce chapitre.

## TABLEAU XI.

### Les successeurs de Charlemagne.

1° Démembrement de l'Empire.
{
1. Incapacité des princes ;
2. Invasions nouvelles ;
3. Diversité des peuples ;
4. Barbarie de l'époque : un gouvernement unique et étendu est impossible.
}

2° **Guerres civiles.**
1. Louis le Débonnaire, 814-840; sa faiblesse; il lutte contre ses fils et se soumet à une pénitence publique.
2. Louis le Germanique et Charles le Chauve combattent Lothaire; — Lothaire vaincu à Fontanet, 841.
3. *Traité de Verdun, 843 : 3 royaumes :* France. Allemagne. Italie.
4. Serments de Strasbourg, 842 : premier monument de notre langue.

3° **Les Normands**
1. Venus de la Norvège et du Danemark; leurs chants; — leur audace (Hastings).
2. Leurs stations aux embouchures des fleuves.

4° **Faiblesse des Carolingiens.**
1. Charles *le Chauve* accorde aux barons une indépendance presque complète par le capitulaire de Kiersy-sur-Oise, 877.
2. Louis II *le Bègue* (877-879); — Louis III et Carloman (879-884).
3. Charles *le Gros* réunit tout l'Empire; sa lâcheté, son incapacité; — sa déposition en 887; — démembrement de l'Empire.

5° **Progrès des Normands.**
1. En 885-886, Rollon assiège Paris, défendu par Eudes; — sa retraite achetée par Charles *le Gros.*
2. En 911, traité de Saint-Clair-sur-Epte;—Rollon, duc de Normandie; — fin des ravages des Normands.

6° **Les ducs de France.**
1. Robert *le Fort.*
2. Eudes, défenseur de Paris; — roi de 887 à 898.
3. Robert lutte contre Charles *le Simple.*
4. Raoul, roi de 923 à 936.
5. Impuissance des derniers Carolingiens : Louis IV *d'Outre-mer,* Lothaire, Louis V; — Rôle de Hugues le Grand; —Hugues Capet proclamé roi.

## XII

## La Féodalité.

### Résumé.

1. — La Royauté est annulée par la puissance de la Féodalité.

2-4. — La Féodalité, constituée par l'hérédité des fiefs, s'étend sur tout le royaume. Elle forme une hiérarchie dans laquelle les *vassaux* sont subordonnés aux *suzerains* par l'*hommage* et par l'*investiture*.

5-7. — Le château féodal, avec le *donjon*, s'élève généralement sur une hauteur. — Les chants des trouvères et les tournois sont les grands plaisirs du monde féodal.

8-9. — Au pied du château, les serfs vivent misérablement ; ils sont soumis aux tailles, aux corvées, aux banalités ; ils sont les victimes de la puissance arbitraire du seigneur. — Le système féodal et les guerres privées mettent l'anarchie partout.

10. — Après l'*an mil*, il y eut quelques progrès au xie siècle. — L'Église, unie et plus intelligente, dirigea alors la société. Elle imposa la trêve de Dieu et organisa la chevalerie.

11-12. — Le jeune seigneur, armé chevalier à la suite de cérémonies religieuses, doit être bon chrétien, hardi et loyal. Le chevalier félon est dégradé.

13. — L'ardeur guerrière de la chevalerie se porte au dehors du royaume ; l'Église inspire la guerre sainte, la croisade.

Récit.

**1. Faiblesse des premiers Capétiens.** — Au moment où Hugues Capet monta sur le trône la **Royauté** semblait ne plus être qu'un **vain titre**. Le roi de France avait pour domaine le **duché de France** qui s'étendait de la Somme à la Loire ; son autorité sur le reste de la France était plutôt nominale que réelle.

« *Qui t'a fait comte ?* » — faisait-il demander au comte de Périgord dont il réclamait l'obéissance. — « *Qui t'a fait roi ?* » — répondit celui-ci. — Ainsi un simple comte se croyait souverain à aussi bon titre que le roi de France.

**La Royauté était annulée par la puissance de la Féodalité.**

**2. La Féodalité.** — Lorsque la main puissante de Charlemagne ne fut plus là pour les contenir, les seigneurs (*ducs, comtes, vicomtes, marquis, barons*) étaient entrés en lutte contre le pouvoir royal; ils avaient fini par se rendre indépendants dans leurs domaines (*capitulaire de Kiersy-sur-Oise*, 877.)

Ces domaines s'appelaient **fiefs** (*feod*), d'où le nom de **Féodalité** donné à la nouvelle organisation de la société.

C'est ainsi que la France se trouva morcelée en un nombre considérables de propriétés héréditaires dont les possesseurs

Château de Coucy (d'après un dessin du XIIIe siècle).

jouissaient de presque tous les droits qui ne doivent appartenir qu'au souverain (1). Ils rendaient la justice, levaient des impôts et des soldats, faisaient des lois et battaient monnaie.

Les **fiefs** étaient donc comme autant de **petits États.**

Au dehors du domaine royal se trouvaient d'abord les fiefs des *grands vassaux*, qui se considéraient comme les *pairs*, c'est-à-dire comme les égaux du duc de France.

Ces grands fiefs étaient les *duchés de Normandie, de Bourgogne, d'Aquitaine; les comtés de Flandre, de Champagne, de Toulouse.*

---

(1) Souverain. La souveraineté, c'est le pouvoir suprême s'étendant sur tout un État.

# LES FIEFS

Chacun de ces grands fiefs était divisé lui-même en un certain nombre de fiefs secondaires, divisés à leur tour en un nombre considérable de fiefs de moindre importance. — Si l'on en croit les témoignages du temps, le royaume contenait plus de **soixante-dix mille fiefs**.

Les plus puissants étaient considérés comme protégeant les plus faibles et s'appelaient **suzerains**. — Les seigneurs protégés s'appelaient les **vassaux**. — Un seigneur du duché de

Cérémonie de l'hommage (d'après un cachet du xiii° siècle).

Normandie avait pour suzerain le duc de Normandie ; mais le duc de Normandie, à son tour, était le vassal du roi de France.

Les fiefs *relevaient* donc, c'est-à-dire dépendaient, les uns des autres. Les seigneurs étaient rattachés les uns aux autres par les *liens féodaux*, c'est-à-dire par les devoirs du vassal à l'égard de son suzerain, par les droits et les devoirs du suzerain à l'égard de son vassal.

Mais chaque seigneur prétendait, en réalité, *ne relever que de Dieu et de son épée*. Il n'y avait d'autre obéissance que celle que la force imposait.

**3. Hommage. — Investiture.** — Quel que soit son rang, le vassal prête **hommage** à son suzerain. *L'hommage lige* (du latin *ligare*, lier) établit un lien plus étroit.

Le vassal le rend à genoux, sans éperons et sans épée, les mains placées dans celles du suzerain, en prononçant la formule suivante : « *Sire* (seigneur), *je viens à votre hommage et en votre foi, et je deviens votre* **homme** *de bouche et de mains. Je vous jure et promets foi et loyauté envers tous et contre tous, et je garderai votre droit autant qu'il sera en mon pouvoir.* »

Pour *l'hommage simple*, le vassal se tenait debout, gardait son épée, et se contentait d'approuver la formule de l'hommage, lue devant lui.

Le seigneur, en retour de l'hommage que lui prêtait le vassal, donnait à ce dernier l'**investiture**, c'est-à-dire le mettait en possession du fief, en lui présentant une branche d'arbre ou une motte de gazon.

**4. Obligations d'un vassal.** — Les obligations que le vassal avait à remplir à l'égard de son seigneur étaient de deux espèces : c'étaient des *devoirs* et des *services*.

Comme *devoirs*, il doit respecter son suzerain et sa famille, lui donner son cheval sur le champ de bataille, s'il a perdu le sien, et prendre sa place en captivité.

Le premier des *services* est le *service militaire* qui est dû pour vingt, trente, quarante ou soixante jours suivant l'usage du fief. Le vassal qui refuse de répondre au *ban de guerre* ou à l'appel de son suzerain est déclaré *félon* et ses biens sont confisqués.

Le vassal doit ensuite le *service de cour et de justice*, c'est-à-dire qu'il doit venir aider son suzerain à rendre la justice.
— Enfin il est tenu, dans certains cas, à payer des *aides* ou secours pécuniaires.

Ces obligations remplies, le vassal est indépendant dans son fief et a droit à la protection du suzerain.

Le vassal doit se soumettre à la juridiction de son suzerain ; mais il ne peut être jugé que par ses *pairs*, c'est-à-dire par les vassaux réunis en *cour de justice* sous la présidence du suzerain.

Mais dans cette société encore barbare, encore soumise à la force brutale, les seigneurs recourent tout d'abord aux armes quand ils ont un droit à soutenir ou une injure à venger. Les

Pont-levis (porte Saint-Jean, à Provins).

**guerres privées** sont continuelles; elles sont la première cause de l'anarchie féodale.

**5. Le château féodal**. — Le château féodal se dresse ordinairement sur une hauteur. C'est un édifice très élevé et souvent très vaste, d'une architecture massive, percé à peine de quelques meurtrières d'où sortent les flèches.

La porte est flanquée de tourelles et couronnée d'un haut corps de garde; elle se présente toute couverte de têtes de sangliers et de loups. De chaque côté sont de hautes potences auxquelles restent attachés les cadavres de ceux que le seigneur a condamnés à mort.

Si vous entrez, vous avez souvent à franchir trois enceintes de murailles et trois fossés profonds remplis d'eau, que vous passez sur des *ponts-levis*, c'est-à-dire sur des ponts en bois que l'on peut lever ou abaisser à volonté.

Les remparts de la ville d'Aigues-Mortes (vue intérieure).

La dernière enceinte traversée, vous vous trouvez dans la grande cour carrée où sont les citernes (1) et, à droite et à gauche, les écuries, les colombiers, les remises. Les caves, les souterrains, les prisons, sont par dessous ; par dessus, les logements, les magasins, les arsenaux.

Tous les combles (2) sont bordés de *mâchicoulis*, sortes de balcons à jour d'où l'on verse sur les assaillants arrivés au

---

(1) Citerne, réservoir souterrain pour garder l'eau de pluie. —
(2) Combles, parties élevées d'un édifice.

pied du mur de la poix fondue ou de l'huile bouillante ; de parapets, de guérites et de chemins de ronde.

Au milieu de la cour est le **donjon**, qui renferme, avec l'appartement du seigneur, les archives et le trésor. Il est profondément fossoyé dans son pourtour et on n'y entre que par

Les quatre fils Aymon (d'après un dessin du moyen âge).

le pont, presque toujours levé. Bien que ses murailles aient, comme celles du château, plus de six pieds d'épaisseur, il est vêtu, jusqu'à moitié de sa hauteur, d'un second mur en pierres de taille. Si l'ennemi a franchi les premières enceintes, c'est là que se livrera l'attaque décisive, la dernière et plus terrible bataille.

**6. Le trouvère.** — Le château féodal était un séjour

Une joute.

assez triste. Le seigneur ne pouvait toujours chasser ou guerroyer. C'était donc avec bonheur qu'on accueillait l'arrivée du **jongleur** qui montrait des animaux curieux ou récitait des poèmes de chevalerie ; celle surtout du poète ou **trouvère** (1), qui disait les œuvres qu'il avait lui-même imaginées.

On l'apercevait de loin le long de la rampe escarpée qui menait au château ; il portait sa vielle (2) attachée à l'arçon de sa selle, s'il était à cheval, suspendue à son cou s'il cheminait à pied. Ses habits étaient bariolés de diverses couleurs ; ses cheveux et sa barbe rasés au moins en partie ; une bourse qu'on appelait l'*aumônière*, pendait à sa ceinture et semblait appeler d'avance la générosité de ses hôtes.

Dès le soir de son arrivée, les habitants du château se réunissaient dans la grande salle pavée pour entendre le poème qu'il venait d'achever. Alors se déployaient devant des auditeurs si bien disposés, si altérés de poétiques récits, mille tableaux intéressants et merveilleux.

Le trouvère racontait les grands faits d'*Olivier* qui, blessé à mort, se relève pour défier le géant, chef des Sarrasins ; ou les larmes du cheval *Bayart* que les écuyers ont saigné pour boire son sang, pendant que la famine est au château de Renaud ; ou les aventures des *quatre fils Aymon* qui n'avaient qu'une seule monture ; ou la trahison de Ganelon, les exploits et la mort de *Roland*, les hauts faits de Charlemagne et de ses *douze pairs*, les entreprises héroïques du roi *Arthur* et des chevaliers de la *Table ronde*.

Quand le trouvère était au bout de ses récits, il partait enrichi des présents de son hôte. On lui donnait de l'or, des chevaux, des habits. Souvent les barons se dépouillaient pour lui de leurs plus riches parures ; quelquefois, il était fait chevalier, s'il ne l'était déjà.

**7. Les tournois.** — Mais les grandes distractions étaient les *joutes*, les *pas d'armes*, les *tournois*.

La *joute* était un combat singulier, de près, et d'homme à homme. — Dans le *pas d'armes*, de nombreux champions, à

---

(1) On l'appelait *troubadour* dans les provinces du Midi. —
(2) Vielle, instrument de musique à cordes.

8.

pied et à cheval, simulaient l'attaque et la défense d'une position militaire, d'un pont fortifié, d'un *pas* ou passage étroit et difficile dans les vallées et les montagnes.

« Dans les **tournois**, les chevaliers combattaient par troupes. — On n'y apportait que des *armes courtoises*, à fer émoussé, c'est-à-dire sans pointe ni taillant ; mais, dans les *combats à outrance*, on employait les armes ordinaires.

Pont fortifié de Valentré, à Cahors.

» Les juges du tournoi faisaient prêter serment aux chevaliers de combattre loyalement, et, après avoir mesuré les lances et les épées, vérifié si l'un des adversaires n'était pas attaché à la selle de son cheval, ils donnaient le signal de la lutte. Les combattants couraient l'un contre l'autre. Si leurs lances se brisaient contre les boucliers ou contre l'armure de fer, ils se frappaient avec l'épée ou la hache d'armes, jusqu'à ce que l'un d'eux tombât vaincu. Celui qui n'observait pas les lois du combat perdait ses armes et son cheval. Ordinairement le *heaume*, (casque) et l'épée du vaincu appartenaient au vainqueur.

» Les prix décernés par les juges étaient : *au mieux frappant*, une épée de tournoi ; *au mieux défendant*, un heaume. C'étaient souvent les dames qui décernaient les prix. Ces fêtes attiraient toujours un grand concours de princes, de seigneurs, et de chevaliers; mais toujours aussi quelques-uns étaient emportés de la lice mourants ou morts. »

Serfs (d'après un dessin du moyen âge).

**8. Les serfs.** — Au pied du château se trouvaient les misérables cabanes du village. L'esclavage avait disparu, mais il avait été remplacé par le **servage**, et la condition des paysans était très malheureuse.

**Les serfs sont livrés à l'entière discrétion du seigneur.** Celui-ci peut leur prendre tout leur avoir et les tenir en prison à tort ou à raison, sans avoir à répondre à personne « *fors* (excepté) *à Dieu.* »

Le serf ne peut se marier ni abandonner la seigneurie sans la permission du seigneur. Il paye des redevances en nature, de lourds impôts ou **tailles**. Il est soumis à des **corvées**, ou travaux manuels, pour lesquelles il ne reçoit aucun salaire. C'est « la **gent taillable et corvéable à merci** ».

Parmi les droits auxquels le serf est soumis, rappelons seulement les **banalités** : *banalité du moulin, du four, du pressoir*, etc. Voici ce qu'on entend par là. Tous les hommes de la localité doivent aller moudre leur blé, cuire leur pain ou faire leur vendange, au moulin, au four, au pressoir du seigneur, moyennant redevance. La *banalité des vendanges*, c'est la défense faite aux serfs de faire leurs vendanges avant une époque déterminée, avant que la vendange du seigneur soit achevée, pour que celui-ci puisse vendre son vin plus cher, n'ayant pas à craindre la concurrence de ses sujets.

Lorsque le serf s'est acquitté de tout ce qu'il doit au seigneur, il n'est pas encore tranquille. Souvent son champ est ravagé par la meute de son maître qui chasse ; souvent sa chaumière est incendiée au milieu des luttes sans fin que se livrent les puissants. Il est la première victime de l'anarchie féodale.

**9. Anarchie féodale.** — L'anarchie était générale ; les guerres privées la mettaient partout. Souvent la terre dévastée ne suffisait plus à nourrir les hommes ; il y avait de terribles famines, de cruelles épidémies. Dans la grande famine de 1033 on mangea de la chair humaine ; un marchand osa en étaler et il en vendit.

« *Avant que les chrétiens partissent pour la Croisade*, dit un vieux chroniqueur, *le royaume de France était en proie à des troubles et à des hostilités perpétuelles. On n'entendait parler que de brigandages commis sur les voies publiques. Les incendies étaient innombrables et la guerre sévissait de toutes parts. Des hommes avides ne respectaient aucune propriété et se livraient au pillage avec une audace effrénée.* »

Le régime féodal, si impopulaire dans notre pays où il a causé tant de souffrances, ne devait disparaître complètement qu'avec l'ancienne monarchie, emporté par notre révolution nationale de 1789.

**10. Progrès au XI$^e$ siècle. — L'Église.** — Le dixième siècle avait été une époque terrible ; on l'a appelé avec raison le *siècle de fer*. C'était au milieu des misères et de l'anarchie qu'on était arrivé à l'**an mil**.

La terreur fut grande, car on croyait que cette date amènerait la fin du monde. Les populations attendirent en tremblant le jour fatal. L'an mil passa; l'effroi se dissipa peu à peu; les hommes se reprirent à espérer. **Le onzième siècle fut comme une époque de renaissance**; il y eut quelques progrès.

**L'Église dirigea alors la société.** Elle était toute-puissante parce qu'elle comptait dans son sein les hommes les plus intelligents et les plus instruits de l'époque; parce que surtout *elle restait unie au milieu d'une société divisée à l'infini.*

Les évêques se réunissaient fréquemment en *conciles provinciaux*, en *conciles nationaux*, quelquefois même en *conciles universels* ou *œcuméniques* ; de la sorte, ils pouvaient connaître l'état et les besoins du royaume, de la chrétienté.

L'Église s'efforça avant tout de mettre un terme aux guerres privées. Elle voulut d'abord interdire toute lutte en imposant aux seigneurs la **paix de Dieu**. Mais c'était trop leur demander. Elle dut se contenter de proclamer la **trêve de Dieu** qui défendait les guerres privées du mercredi soir au lundi matin de chaque semaine; depuis l'Avent jusqu'à l'Épiphanie; depuis la Quinquagésime jusqu'à la Pentecôte; pendant les Quatre-Temps, les grandes fêtes. De plus, on mettait sous la protection de Dieu les églises, les cloîtres, l'intérieur des villages, les moulins, etc.

Ceux qui violaient la trêve de Dieu étaient *excommuniés*, c'est-à-dire retranchés de la communauté des fidèles. Mais beaucoup de seigneurs bravaient l'**excommunication**. La trêve de Dieu n'était pas suffisante. L'Église essaya alors de s'emparer des forces brutales de la Féodalité, de les employer à la défense des faibles et à celle de la religion : elle organisa la chevalerie chrétienne.

**11. La chevalerie.** — C'était depuis longtemps l'usage que le jeune noble de vingt et un ans, après être resté auprès de son seigneur sept ans comme *page* et sept ans comme *écuyer*, reçût, dans une cérémonie solennelle, les armes de **chevalier**, c'est-à-dire la lance et l'écu (bouclier).

L'Église rendit religieuse cette cérémonie. Les chevaliers furent *ordonnés* comme les clercs.

Un bain était le symbole de la pureté que devait avoir le chevalier; une robe rouge du sang qu'il devait verser; une robe noire de la mort qui l'attendait. Un jeûne de vingt-quatre heures suivait, puis une nuit passée en prières dans l'église; c'était la *veillée d'armes*.

Le lendemain, après confession, communion, sermon, une épée bénite était attachée au col du récipiendaire, qui s'allait agenouiller devant le seigneur et sollicitait la chevalerie. Alors

Armement d'un chevalier (d'après un dessin du moyen âge).

les chevaliers, ou même les dames, lui mettaient les éperons, le haubert et la cotte de mailles, la cuirasse, les brassards (1), les gantelets, enfin l'épée.

Après quoi, le seigneur lui donnait *l'accolade* en trois coups du plat d'épée sur l'épaule en disant : « *Au nom de Dieu, de saint Michel et de saint Georges, je te fais chevalier; sois pieux, hardi et loyal.* »

Un instant après le jeune chevalier bondissait sur son coursier au milieu de la foule assemblée sur la place du château.
— La cérémonie finissait souvent par un tournoi.

**12. Le chevalier félon.** — Le chevalier félon,

---

(1) BRASSARD, armure qui couvrait le bras.

c'est-à-dire indigne, était dégradé par des cérémonies lugubres et désolantes.

Exposé en chemise sur un échafaud, il voyait briser ses armes pièce à pièce et leurs débris tomber à ses pieds; on détachait ses éperons pour les jeter sur un tas de fumier.

On attachait son bouclier à la queue d'un cheval de labour qui le traînait dans la poussière, et l'on coupait la queue de son cheval de bataille.

Le héraut (1) d'armes demandait par trois fois : « *Qui est là?* » Par trois fois on répondait en nommant le chevalier condamné à la dégradation, et par trois fois le héraut répliquait : « *Non! cela n'est pas; il n'y a point ici de chevalier; je ne vois qu'un lâche qui a menti à sa foi.* »

Emporté ensuite sur une civière comme un corps mort et déposé dans l'église, le coupable entendait réciter les prières des trépassés; car, ayant perdu l'honneur, il n'était plus qu'un cadavre.

C'est ainsi que l'Église essayait de régler les forces brutales de la Féodalité. Mais les chevaliers furent trop souvent infidèles à leurs serments; les barons continuèrent à être des oppresseurs.

Il faut cependant reconnaître que la chevalerie apporta quelque adoucissement aux mœurs féodales en développant, dans une certaine mesure, les vertus chevaleresques, la loyauté, la courtoisie, le sentiment de l'honneur et de la dignité personnelle.

**13. Les grandes expéditions.** — L'ardeur guerrière de la noblesse féodale, contenue et réglée par l'Église, se porta au dehors du royaume. Ce furent des Français qui fondèrent les royaumes de Portugal, des Deux-Siciles, d'Angleterre; ce furent les Français qui prirent la part la plus importante aux croisades *(voir chap. suivants)*\*.

\***La guerre sacrée.** — Une belle légende exprime bien, sous une forme poétique, le rôle de l'Église inspirant la guerre sainte et lançant la chevalerie contre les Infidèles.

Deux *paladins* (2) de Charlemagne sont aux prises, l'un avec l'autre;

---

(1) HÉRAUT, officier chargé des messages, des publications solennelles, de l'ordonnance des tournois, etc. — (2) PALADIN. Nom donné aux seigneurs qui suivaient Charlemagne à la guerre.

Si quelques seigneurs étaient entraînés à ces expéditions lointaines par l'esprit religieux, par le désir de lutter contre

Seigneur armé chevalier sur le champ de bataille.

les Infidèles, la plupart étaient poussés par leur instinct

le combat dure depuis un jour entier ; les chevaux des chevaliers gisent coupés en morceaux à leurs pieds ; le feu jaillit des cuirasses

batailleur et aventureux, par la cupidité et par l'ambition. Nous ne devons jamais oublier que la société d'alors était encore très grossière, très violente, et presque barbare.

**Devoirs oraux.** — 1. Hugues Capet et le comte de Périgord. — 2. La cérémonie de l'hommage et de l'investiture. — 3. Décrire un château féodal. — 4. Le trouvère. — 5. Un tournoi. — 6. État misérable des serfs. — 7. Armement d'un chevalier. — 8. Dégradation du chevalier félon. — 9. Duel d'Olivier et de Roland.

**Devoirs écrits.** — 1. Dites ce que vous entendez par Féodalité. — 2. Expliquez ces mots : *suzerain, vassal ?* — 3. L'hommage et l'investiture. — 4. Obligations et droits du vassal. — 5. L'anarchie féodale ; en indiquer les causes et les conséquences. — 6. Le château féodal. — 7. Le jongleur et le trouvère. — 8. Les joutes et les tournois. — 9. Les serfs ; leur état misérable. — 10. L'Église au XIe siècle ; son rôle. — 11. La chevalerie : armement d'un chevalier ; dégradation d'un chevalier félon.

**Carte à tracer.** — La France avec les principaux fiefs.

## TABLEAU XII.
### La Féodalité.

1° Origines.
- 1. Hérédité des domaines ou fiefs (Kiersy-sur-Oise, 877).
- 2. Besoin de se défendre contre les Normands (les *fertés*).
- 3. Le seigneur souverain dans son fief.
- 4. *Grands fiefs* :
  - duchés de Normandie ;
  - Bourgogne ;
  - Aquitaine.
  - comtés de Champagne ;
  - Flandre ;
  - Toulouse.

bosselées. Le combat dure encore. L'épée d'*Olivier* se brise sur le casque de *Roland*.

Vers la fin du second jour, Roland s'écrie : « *Je suis malade, à ne point vous cacher ; je voudrais me coucher pour me reposer.* » — Mais Olivier lui répond avec ironie : « *Couchez-vous, s'il vous plaît, sur l'herbe, je vous éventerai pour vous rafraîchir.* » Roland, à la fière pensée, répond à haute voix : « *Vassal, je le disais pour vous éprouver ; je combattrais encore volontiers quatre jours sans boire et sans manger.* »

Le combat continue, rien ne le ralentit. Le soir arrive, la nuit arrive, le combat dure toujours. A la fin une nue s'abaisse du ciel entre les deux champions ; de cette nue sort un ange. Il salue avec douceur les deux francs chevaliers ; au nom du Dieu qui fit le ciel, il leur commande de faire la paix, et les ajourne contre les mécréants à Roncevaux. Les chevaliers, tout tremblants, lui obéissent ; ils se délacent l'un à l'autre leurs casques, après s'être embrassés sur le pré comme de vieux amis.

C'est ainsi que les barons réconciliés iront, à la voix de l'Église, lutter en Terre-Sainte et mourir, en combattant les Infidèles, sous les murs de Jérusalem.

2° **Liens féodaux.**
- 1. Le suzerain et le vassal : hommage et investiture.
- 2. Devoir du vassal :
  - obligations d'honneur ;
  - service militaire ;
  - service de cour et de justice.
- 3. Droits du vassal :
  - protection du suzerain ;
  - jugé par ses pairs.

3° **Vie féodale.**
- 1. Le château : le donjon.
- 2. Le jongleur et le trouvère *(troubadour)*.
- 3. Joutes ; passes d'armes ; tournois.

4° **Les serfs.**
- 1. Soumis à l'arbitraire du seigneur.
- 2. Tailles et corvées.
- 3. Les banalités.
- 4. Victimes de l'anarchie féodale : les guerres privées ; — terribles famines.

5° **L'Église.**
- 1. Sa puissance : unie au milieu d'une société divisée ; — conciles nationaux ; — conciles universels.
- 2. Ses efforts pour régler la Féodalité :
  - trêve de Dieu ;
  - excommunication ;
  - la chevalerie.

6° **Chevalerie.**
- 1. Le chevalier ordonné comme un prêtre : — la veillée d'armes ; — armé par son suzerain ; — ses engagements.
- 2. Le chevalier félon dégradé.
- 3. Conséquences :
  - le monde féodal moins barbare ;
  - grandes expéditions ; — la guerre sainte.

## XIII

### Allemagne et Italie au moyen âge.

#### Résumé.

1. — En Allemagne, les Carolingiens cessent de régner en 911 ; la couronne appartient successivement aux maisons de Saxe, de Franconie et de Souabe.

2-4. — Othon 1er *le Grand* règne de 936 à 973 ; il repousse à Augsbourg, en 955, l'invasion hongroise ; mais, en 962, profitant de l'anarchie italienne, il se fait couronner empereur à Rome. — Du rétablissement de l'Empire doit naître la longue lutte du Sacerdoce et de l'Empire.

5-6. — Le Pape et l'Empereur se disputent la direction de la société chrétienne. — Le Saint-Siège, régénéré au xi⁰ siècle, veut établir la *théocratie*. — *La querelle des Investitures* est une première période dans la lutte des deux pouvoirs.

7-8. — Grégoire VII veut arracher l'Église à la Féodalité et, avec elle, dominer la chrétienté. Il triomphe d'abord de l'empereur Henri IV qui, en 1077, vient s'humilier à Canossa ; mais il est vaincu à son tour et meurt dans l'exil, en 1085.

9. — En 1122, le concordat de Worms met fin à la querelle des Investitures.

10. — Mais, avec la maison de Souabe, la question de l'indépendance italienne met de nouveau aux prises le pape soutenu par les Guelfes, l'empereur défendu par les Gibelins. — Frédéric Barberousse triomphe d'abord des Italiens, mais, en 1176, il est vaincu par la ligue lombarde à Legnano, et va mourir en Asie Mineure, en commençant la troisième croisade, 1190.

11-13. — Après lui, la papauté domine l'Europe avec Innocent III ; — elle triomphe de l'empereur Frédéric II, mort en 1250 ; — enfin, en 1268, elle fait périr Conradin, le dernier des représentants de la famille des Hohenstaufen.

Récit.

**1. La royauté allemande.** — Charlemagne avait soumis la Germanie ; il l'avait convertie au christianisme, fixée au sol et véritablement constituée. Mais, après la déposition de Charles le Gros, la féodalité allemande, comme la féodalité française, veut se donner un roi à son image, un roi national : elle y réussit, et après les règnes des **Carolingiens**, *Arnulf et Louis l'Enfant* (887-911), la dynastie de Charlemagne cesse de régner en Allemagne.

Dès lors, la couronne n'est pas héréditaire comme en France : elle devient élective. Quand un roi est mort, les seigneurs des quatre grands duchés allemands, **Souabe, Bavière, Saxe** et **Franconie**, se rassemblent dans une plaine pour en élire un autre; mais d'ordinaire, ils choisissent le fils ou le frère du dernier roi. — Il y a eu ainsi trois grandes familles de rois en Allemagne :

1º Au x° siècle, la **maison de Saxe** qui était de l'Allemagne du Nord;

2º Au xi° siècle, la **maison de Franconie** qui était du centre;

3º Au xii° et au xiii° siècles, la **maison de Souabe** (famille des *Hohenstaufen*) qui était du sud.

Ces *rois d'Allemagne* étaient *plus puissants que les rois de France*, parce que l'aristocratie allemande était moins nombreuse et plus docile, parce que le voisinage des païens slaves, scandinaves, hongrois, faisait plus vivement sentir le besoin d'une direction unique.

**2. Invasion des Hongrois.** — Les **Hongrois** ou **Magyars**, de *race tartare*, comme les Huns et les Avars, étaient les plus redoutables des barbares qui menaçaient la Germanie. Les contemporains parlent d'eux comme jadis les Romains parlaient des cavaliers d'Attila : « Petits de taille, mais vifs, la tête rasée, les yeux enfoncés, étincelants; le visage d'un jaune qui tire sur le brun; leur aspect inspire de l'horreur. Ils sont toujours à cheval; de leurs arcs, faits de corne, ils lancent des javelots redoutables, et sont aussi agiles pour surprendre l'ennemi que pour simuler la fuite. Ils ne vivent pas comme les hommes, mais comme les bêtes; ils mangent la chair crue et boivent le sang de leurs ennemis. »

Ces hardis cavaliers furent pendant cinquante ans la terreur de l'Allemagne; ils osèrent même franchir le Rhin et leurs hordes insaisissables allèrent plus d'une fois ravager l'Alsace, la Lorraine, la Bourgogne et même les bords de la Seine et de la Loire. Dans tous ces pays, « leur réputation de mangeurs de chair humaine s'accrédita à ce point que le mot d'*hongre* ou *ougre* désigna pendant tout le moyen âge un géant anthropophage, friand de la chair des enfants, et les *ogres* des contes de fées, dont nous avons été bercés dans notre jeunesse, sont le dernier écho des frayeurs trop réelles de nos aïeux. » (*Amédée Thierry.*)

## INVASION DES HONGROIS

Battus en 933, à **Mersebourg** (1), par *Henri I*ᵉʳ, le fondateur de la maison de Saxe, écrasés, en 955, par *Othon I*ᵉʳ, à la

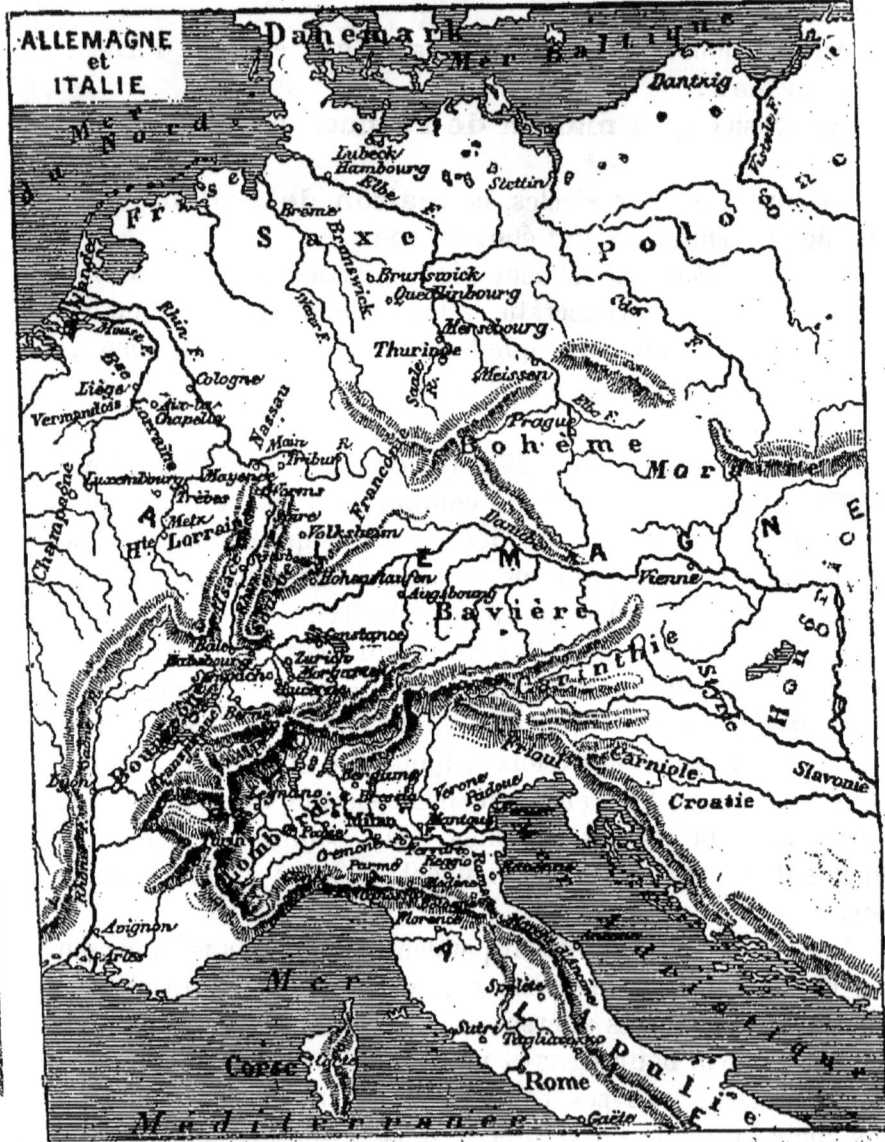

grande bataille d'**Augsbourg** (2), où ils perdirent, dit-on,

---

(1) MERSEBOURG, v. de la prov. de Saxe (Prusse), sur la Saale, affluent de l'Elbe. — (2) AUGSBOURG, v. de Bavière, à 60 kil. N.-O. de Munich.

cent mille hommes, les Hongrois ne reparurent plus en Allemagne ; bientôt, établis à demeure sur les bords du Danube et de la Theiss, ils acceptèrent, avec le christianisme, les bienfaits de la civilisation, et fermèrent l'Europe à de nouvelles invasions.

**3. Othon Ier (936-973).** — Le vainqueur d'Augsbourg, **Othon Ier**, a mérité d'être appelé **le Grand**, en se montrant le continuateur de Charlemagne. Au dedans, il a réduit à l'obéissance les ducs, surveillés par les *comtes palatins*, analogues aux « missi dominici »; — au dehors, il a repoussé l'invasion hongroise, imposé sa suzeraineté et le christianisme au duc de Bohême, au roi de Pologne, au roi de Danemark. Avec lui, la **race saxonne** s'est placée **à l'avant-garde de la civilisation chrétienne** contre laquelle elle avait jadis si longtemps et si énergiquement lutté.

Mais Othon Ier a eu le tort de vouloir aller chercher au-delà des Alpes la couronne impériale d'Occident.

**4. Othon Ier, empereur d'Occident (962).** — La péninsule était tombée, au Xe siècle, dans le plus misérable état. Depuis 887, dix princes avaient porté la couronne d'Italie; tous s'étaient montrés impuissants à réprimer les invasions des Hongrois ou des Sarrasins, et l'audace toujours croissante de la féodalité. La papauté elle-même s'était déconsidérée au milieu de l'anarchie : une duchesse de Toscane avait fait élire un pape en entourant le forum de soldats! un jeune homme de vingt ans avait usurpé la tiare, devenue le jouet de femmes ambitieuses ou des turbulents barons des États romains.

Il ne fut pas difficile à **Othon Ier** de trouver une occasion d'intervenir; il franchit les Alpes avec une armée, vint à Rome et se fit couronner **empereur** (962). — Dès lors, pendant cinq cents ans, chaque roi d'Allemagne, après avoir été élu, rassemble ses chevaliers, puis il va prendre à *Pavie* la *couronne de fer des rois lombards*, à *Rome* la *couronne impériale*. L'Allemagne et l'Italie ont donc le même empereur; mais la péninsule n'est guère docile à son souverain d'au-delà les monts; souvent elle lui échappe ; souvent pour parvenir jusqu'à Rome le roi germain a de rudes batailles à livrer.

Le rétablissement de l'Empire doit être funeste à l'Italie soumise jusqu'à une époque récente à la domination allemande ; — funeste à l'Allemagne dont les souverains négligent trop souvent les intérêts nationaux pour aller au-delà des monts satisfaire une vaine ambition ; — dangereuse pour l'Europe dont les royaumes sont considérés par les empereurs comme des États vassaux de la couronne impériale. — Ce n'est pas tout : **du rétablissement de l'Empire naît fatalement la longue lutte du Sacerdoce et de l'Empire**, qui doit durer aussi longtemps que le moyen âge.

**5. Le Sacerdoce et l'Empire**. — Deux hommes, le **Pape**, l'**Empereur**, sont placés, l'un en face de l'autre, **à la tête de la société chrétienne**. Leur accord n'étant pas possible, lequel des deux l'emportera ?

Le pape est à la fois seigneur de Rome et chef de tous les chrétiens. Depuis Charlemagne, les papes ont été choisis par l'empereur, et ils lui obéissent. Les empereurs nomment aussi les évêques et les abbés ; ils réunissent des conciles ; en un mot, ils agissent comme s'ils étaient les véritables chefs de l'Église.

Au $xi^e$ siècle, les papes ne veulent plus que l'Église soit gouvernée par un laïque et, en 1059, il est décidé que les souverains pontifes seront désormais élus par les *cardinaux*, c'est-à-dire par les curés de Rome, réunis en *conclave*. Bientôt le Saint-Siège ne se contente pas d'avoir conquis son indépendance ; le pape veut soumettre l'empereur à son autorité, parce que cette autorité, étant d'institution divine, est supérieure à toutes les autorités ; la couronne impériale, donnée par le Saint-Siège, est un fief de l'Église. C'est à cette Église que doit appartenir le gouvernement de la société chrétienne tout entière ; le successeur de saint Pierre, représentant de Dieu sur la terre, aura les rois et les princes comme lieutenants subordonnés dans les choses temporelles ; les évêques et les abbés comme auxiliaires dévoués dans les choses spirituelles : ce sera le règne de Dieu, la **théocratie**.

L'Empire ne voulant pas se soumettre, la lutte éclata : l'occasion fut la question des *investitures*.

**6. Querelle des investitures**. — Les évêques

et les **abbés** étaient de véritables **seigneurs féodaux** comme les ducs et les comtes. Ils possédaient de grands territoires dont ils recevaient l'investiture des empereurs et des rois. Ceux-ci conféraient ces **investitures** à leurs partisans, à leurs favoris, à des hommes sur lesquels ils pouvaient compter, mais qui trop souvent n'avaient rien d'ecclésiastique, sinon la tonsure, trafiquaient des choses saintes (*simonie*), se mariaient publiquement, se battaient comme des barons, et ensanglantaient le sanctuaire dans leurs querelles sacrilèges.

Les papes ne pouvaient dominer la société par l'Église qu'après avoir réformé cette Église. Mais pour réformer l'Église, il fallait en être le maître. Le Saint-Siège défendit aux empereurs de nommer aux dignités ecclésiastiques; à lui seul devait appartenir la nomination, l'*investiture*. C'était toute une révolution. Si les prétentions pontificales l'avaient emporté, les papes auraient eu plus de vassaux que tous les souverains temporels; car les domaines ecclésiastiques dont ils voulaient disposer, en en conférant l'investiture, occupaient un tiers de la France, une moitié de l'Allemagne, et de même dans les autres pays! — Les empereurs ne voulurent pas se laisser dépouiller de la sorte : la guerre éclata. Ce fut la **querelle des investitures**.

**7. Grégoire VII. — Henri IV à Canossa (1077).** — Lorsque la lutte s'engage, l'Empire appartient à **Henri IV**, de la *maison de Franconie*, la papauté à **Grégoire VII**, souverain pontife de 1073 à 1085. Sous le nom d'*Hildebrand*, Grégoire a déjà dirigé le Saint-Siège, comme conseiller, pendant vingt-quatre années; il lui a inspiré sa politique de résistance à l'Empire; il lui a montré comme but à atteindre l'établissement de la théocratie.

Devenu pape, Grégoire VII redouble d'ardeur. C'est un homme de combat; il ne craint pas la lutte : « *Tous les jours, écrit-il, les soldats du siècle se rangent en bataille pour un prince de la terre. Et nous, qui nous intitulons les prêtres de Dieu, nous ne combattrions pas pour ce roi, le nôtre, qui a tout fait de rien!... Maudit soit celui qui n'ensanglante pas son épée!* » — Il a pour alliés, la « grande Italienne », **Mathilde**, *comtesse de Tos-*

cane, et les Normands de **Robert Guiscard** qui se sont déclarés les vassaux du Saint-Siège.

Il proscrit la *simonie* et le mariage des prêtres; il interdit à tout clerc, sous peine d'excommunication, de recevoir aucune dignité ecclésiastique de la main d'un laïque, et à tout laïque de conférer aucune dignité ecclésiastique à un clerc; le pape sera le seul suzerain des évêques, et par conséquent des domaines du clergé; il aura dans tous les royaumes la libre disposition de ces immenses richesses données par la piété des fidèles.

L'empereur veut résister à ces prétentions, toutes nouvelles, qui le dépouillent d'une partie de sa puissance; il fait rendre, par des évêques dévoués à sa cause, une sentence de déposition contre le « faux moine Hildebrand. » — Le pape ne faiblit pas; il donne l'exemple, jusqu'alors inouï, d'excommunier l'empereur, de le déclarer déchu de ses droits au trône; les sujets du prince condamné sont déliés de leurs serments de fidélité.

Henri IV, abandonné par tout le monde, ne voit de salut que dans une prompte soumission à l'autorité pontificale. Au mois de janvier 1077, il traverse les Alpes, précédé d'une longue file d'évêques allemands excommuniés comme lui; il descend en Italie et se dirige vers la Toscane, où Grégoire reçoit l'hospitalité de la comtesse Mathilde. Arrivé au **château de Canossa**, il trouve les portes fermées, et attend trois jours, dans la cour de l'enceinte extérieure, à jeun, les pieds nus dans la neige, qu'il plaise au pape de l'admettre en sa présence: l'empereur paraît enfin devant le fils du charpentier, fait amende honorable de ses fautes et reçoit l'absolution (janvier 1077).

**8. Mort de Grégoire VII (1085)**. — La lutte ne tarda pas à recommencer. Mais, cette fois Henri IV avait des soldats; il attaqua Rome et s'en empara après un long siège. Grégoire, retiré au château *Saint-Ange*, fut sauvé par l'arrivée de *Robert Guiscard*, qui força l'empereur à battre en retraite.

Mais l'ambitieux normand voulait arracher des concessions au souverain pontife, et il l'obligea à le suivre dans son camp de *Salerne* (1). C'est là que, brisé par la fatigue et par le chagrin, Grégoire VII mourut en répétant : « *J'ai aimé la justice et j'ai haï l'iniquité ; c'est pourquoi je meurs dans l'exil.* » (1085).

Le sort de Henri IV fut encore plus malheureux. Poursuivi par le successeur de Grégoire VII, dépossédé de la couronne impériale par son fils Henri, il chercha un refuge sur les terres de l'évêque de *Liège* (2), sa créature, et périt de misère sur les marches d'une église qu'il avait fondée (1106). L'excommunication le poursuivit jusqu'après la mort ; son corps resta pendant cinq ans dans un cercueil de pierre, à la porte de la cathédrale de Spire (3), avant d'obtenir une place dans les tombeaux de ses ancêtres.

**9. Concordat de Worms (1122).** — En 1122, après de nouvelles péripéties et de nouvelles violences, Henri V, *le Parricide*, fit la paix avec le pape. Ce fut le **concordat de Worms** (4) : désormais les élections ecclésiastiques seraient faites librement par les églises et les abbayes ; l'élu recevrait du pape l'investiture spirituelle, de l'empereur l'investiture temporelle.

La querelle des investitures se terminait par une transaction équitable. Mais le concordat de Worms ne devait être qu'une trêve parce qu'il laissait indécise la vraie question : qui serait le maître ? serait-ce le Sacerdoce ? serait-ce l'Empire ?

**10. Frédéric Barberousse (1152-1190). — L'indépendance italienne.** — La lutte recommença avec la **maison de Souabe ou de Hohenstaufen** ; elle prit alors un nouveau caractère ; elle fut moins religieuse et plus politique. L'empereur voulait forcer les Italiens à lui obéir ; le pape défendait la cause de **l'indépendance italienne**, garantie de sa propre indépendance. Les partisans du pape et des libertés italiennes portèrent le nom de **Guelfes** ; les partisans de l'empereur celui de **Gibelins.**

Les hostilités furent vives, surtout pendant le règne du

---

(1) SALERNE, ville de l'Italie méridionale. — (2) LIÈGE, ville de Belgique, au confluent de l'Ourthe et de la Meuse. — (3) SPIRE, ville de Bavière sur le Rhin. — (4) WORMS, ville d'Allemagne, sur la rive gauche du Rhin.

grand empereur **Frédéric Barberousse** (1152-1190). C'était un prince brave et intelligent; il avait porté la puissance impériale à une hauteur qu'elle n'avait pas encore atteinte ; il était le maître de toute l'Allemagne; il imposait sa juridiction souveraine aux États tributaires de Danemark, de Norvège, de Pologne, de Hongrie. — Il voulut étendre son autorité sur les villes de l'Italie septentrionale.

Ces villes s'étaient affranchies peu à peu de l'autorité impériale et de celle des seigneurs; elles étaient devenues de petites républiques, fières et entreprenantes, enrichies par l'agriculture, le commerce et l'industrie, gouvernées par des *consuls* annuels et leurs assemblées populaires. Au moment du danger, dès qu'on sonnait le tocsin ou qu'on arborait le drapeau, les citoyens, divisés en autant de compagnies qu'il y avait de quartiers, devenaient soldats et plaçaient au milieu d'eux sur un *caroccio* (char), traîné par quatre bœufs et surmonté d'un autel, l'étendard de la commune que défendaient les plus braves.

Frédéric s'entendit d'abord avec le pape pour renverser la *république romaine* que le célèbre **Arnaud de Brescia** avait proclamée. Arnaud brûlé, son œuvre détruite, les deux alliés entrèrent en lutte, et la **guerre de l'indépendance italienne** commença.

L'empereur fut d'abord victorieux, parce que les Italiens étaient divisés; la ville de *Milan* fut prise, en 1162, et complètement démolie; la Lombardie parut soumise. Un pontife énergique, **Alexandre III**, releva les courages ; les villes italiennes, oubliant leurs funestes dissensions, se confédérèrent : ce fut la **ligue lombarde**. Milan fut rebâtie; la forteresse d'*Alexandrie* s'éleva en quelques semaines. En 1176, une grande bataille s'engagea près de **Legnano** (1). Les Allemands eurent d'abord l'avantage; mais les deux compagnies lombardes, *les cohortes de la mort*, qui gardaient le *caroccio*, se jetèrent sur les ennemis avec tant de furie, qu'elles les mirent en déroute. L'empereur eut trois chevaux tués sous

---

(1) Legnano, à 24 kil. N.-O. de Milan, sur l'Olona.

lui, perdit son bouclier, et ne reparut que quelques jours après à Pavie, où on le croyait mort.

Frédéric était vaincu ; il demanda la paix qui fut signée en 1183 ; puis, en 1190, il partit pour la *troisième croisade* et se noya dans une petite rivière de l'Asie Mineure. Longtemps les Allemands ne voulurent point croire que leur grand empereur fût mort. Les légendes populaires racontaient qu'un berger avait vu au fond d'une caverne Barberousse dormant devant une table de pierre dont sa barbe avait fait déjà trois fois le tour.

**11. Innocent III (1198-1216).** — Quelques années après la mort de Frédéric Barberousse, **Innocent III** (1198-1216), parut sur le point d'atteindre cette monarchie universelle, qui eût donné au Saint-Siège la domination sur l'Europe entière. — « *Dieu nous a mis sur le trône*, écrivait-il au roi de France, *non seulement pour que nous jugions les peuples, d'accord avec les princes, mais aussi pour que nous jugions les princes à la face des peuples.* » Et les actes justifiaient ces hautaines paroles. En Allemagne, où *Philippe de Souabe* et *Othon de Brunswick* se disputent la couronne, Innocent fait triompher Othon IV et le brise dès qu'il essaye de reprendre la politique de ses prédécesseurs ; — il force le roi de France, Philippe-Auguste, à reprendre sa femme *Ingeburge*, qu'il a répudiée ; — il force le roi d'Angleterre, Jean-sans-Terre, à se reconnaître le vassal du Saint-Siège ; — il force les rois de Castille, d'Aragon, de Portugal à se soumettre à ses ordres ; — c'est lui qui dirige la chrétienté, qui inspire la quatrième croisade et la guerre des Albigeois *(voir les chap. suiv.).* — Lorsqu'il meurt, en 1216, **la théocratie semble fondée.** Mais la papauté va rencontrer bientôt un nouvel et terrible adversaire.

**12. Frédéric II. — Fin de la maison de Souabe.** — Frédéric II (1212-1250) ne voulut pas se soumettre à l'autorité du Saint-Siège et recommença la lutte contre le Sacerdoce. C'était un prince d'une intelligence remarquable ; sa puissance était grande ; il était le maître de l'Allemagne et il avait hérité du *royaume des Deux-Siciles* ; il s'était fait une armée de soldats musulmans, dévoués à leur chef, insensibles aux anathèmes de l'Église.

Frédéric fut d'abord vainqueur, et, en 1236, il triompha de la ligue lombarde, à **Corte-Nuova**, sur l'Oglio; mais, plus tard il fut vaincu, et mourut désespéré en 1250.

Après sa mort le pape déclara qu'il voulait anéantir *cette race de vipères*; il donna le royaume de Naples au frère de Saint-Louis, à Charles d'Anjou qui vainquit et fit décapiter le jeune *Conradin*, à peine âgé de dix-huit ans, le *dernier représentant de la puissante maison de Hohenstaufen* (1268).

**13. Conclusion.** — La rivalité du Sacerdoce et de l'Empire n'était pas terminée; au xiv$^e$ siècle elle trouva une solution inattendue : « le pape et l'empereur, affaiblis par les coups qu'ils s'étaient mutuellement portés, durent renoncer l'un et l'autre à leur rêve de domination universelle; les diverses nations s'émancipèrent et commencèrent à vivre de leur vie propre ; c'est ainsi que finit l'unité chrétienne de l'Europe. »

**Devoirs oraux.** — 1. Les Hongrois; leurs ravages; leur défaite. 2. Henri IV à Canossa. — 3. Les malheurs d'Henri IV; sa mort. — 4. Les villes lombardes; leur victoire à Legnano. — 5. Puissance d'Innocent III.

**Devoirs écrits.** — 1. Othon le Grand; son règne; services qu'il a rendus; faute qu'il a commise. — 2. Comment l'Empire a-t-il été rétabli? — Conséquences du rétablissement de l'Empire. — 3. Qu'est-ce que la guerre du Sacerdoce et de l'Empire? Quelles sont les prétentions des deux pouvoirs ? — 4. Qu'est-ce que la querelle des investitures? Racontez les principales péripéties de la lutte. — 5. Grégoire VII : but qu'il s'est proposé ; sa lutte contre Henri IV; sa mort. — 6. Guerre de l'indépendance italienne sous Frédéric Barberousse et sous Frédéric II. — 7. Résumez la lutte des papes et des empereurs au moyen âge.

### TABLEAU XIII.

### Allemagne et Italie au moyen âge.

A. L'Allemagne.
1. Constituée par Charlemagne.
2. Fin des Carolingiens, 911.
3. Royauté élective.
4. Trois grandes maisons : Saxe. Franconie. Souabe *(Hohenstaufen)*.
5. Hongrois défaits à... Mersebourg, 933. Augsbourg, 955.

# ALLEMAGNE ET ITALIE

**B. L'Empire, 962.**
1. Puissance d'Othon Ier le Grand, 936-973.
2. État de l'Italie au xe siècle
   - Divisions;
   - Invasions;
   - Anarchie;
   - Le Saint-Siège dégradé.
3. Othon Ier proclamé empereur, 962.
4. Conséquences :
   - Italie soumise aux Allemands;
   - Allemagne négligée;
   - Europe menacée;
   - Guerre du Sacerdoce et de l'Empire.

**C. Le Sacerdoce et l'Empire.**
1. Le pape et l'empereur se disputent la direction de la chrétienté.
2. La papauté rendue indépendante de l'Empire : les papes élus par les cardinaux, 1059.
3. La papauté veut dominer l'Église réformée et par elle imposer la théocratie.

**1° Querelle des investitures.**
1. Les évêques et les abbés, seigneurs féodaux; leurs immenses domaines. — Qui donnera l'investiture? — De qui seront-ils vassaux?
2. Henri IV empereur; — Grégoire VII *(Hildebrand)* pape : 1073-1085.
3. Décrets de Grégoire VII; — Henri excommunié; — Henri à Canossa, 1077.
4. Henri maître de Rome; — mort de Grégoire chez les Normands, 1085.
5. Mort misérable de Henri IV, 1106.
6. Concordat de Worms, 1122; — il ne peut être qu'une trêve.

**2° Indépendance italienne.**
1. Puissance de la maison de Souabe.
2. Les Gibelins partisans de l'empereur; — les Guelfes défenseurs du pape et de l'Italie.
3. Frédéric Barberousse
   - 1. *Succès*
     - A. de Brescia brûlé;
     - Milan détruit;
     - Lombardie soumise.
   - 2. *Revers*
     - Alexandre III;
     - La ligue lombarde;
     - Fondation d'Alexandrie;
     - Défaite de Legnano, 1176.
     - Paix de 1183;
     - Mort en Asie Mineure (3e croisade) 1190.
4. Innocent III, (1198-1216); — il semble dominer la chrétienté.
5. Frédéric II (1212-1250), empereur, roi de Naples; — sa victoire à Corte-Nuova; — mais ses revers; sa mort, 1250.
6. Le royaume de Naples donné à Charles d'Anjou; — Conradin décapité : fin des Hohenstaufen, 1268.

## XIV

## La première Croisade.

### Résumé.

1. — Les Croisades sont de grandes expéditions entreprises par les Chrétiens d'Occident pour délivrer la Terre-Sainte occupée par les Musulmans.

2-3. — Pierre l'Ermite prêche la première Croisade, qui est décidée, en 1095, par le pape Urbain II, au concile de Clermont.

4-6. — La Croisade populaire se termine par un sanglant désastre ; — la Croisade des princes a pour chefs le comte de Toulouse Raymond, les Normands Bohémond et Tancrède, et surtout Godefroy de Bouillon, duc de Lorraine.

7-8. — L'armée des Croisés passe à Constantinople ; elle éprouve de grandes souffrances en traversant l'Asie Mineure ; mais elle est victorieuse des Turcs à Nicée, à Dorylée, à Antioche.

9-10. — Les Croisés, réduits à 40,000, s'emparent de la ville sainte, le 15 juillet 1099. — Godefroy de Bouillon est proclamé roi de Jérusalem ; il est encore vainqueur à Ascalon.

11. — Les ordres militaires et religieux des Templiers et des Hospitaliers sont fondés pour protéger la Terre-Sainte reconquise.

### Récit.

**1. Les Croisades.** — La plus mémorable de toutes les grandes entreprises de la chevalerie française fut la *Croisade*.

Depuis la mort de Mahomet (632) la chrétienté et l'islamisme avaient toujours été en lutte. Charles-Martel, Pépin le Bref, Charlemagne, avaient remporté de nombreuses victoires sur les Infidèles ; mais, au xie siècle, les Musulmans étaient de nouveau menaçants. En Espagne, les efforts de don Rodrigue, le fameux *Cid* castillan (Cf. XV, § 13), avaient été impuissants ; — en Sicile, les chevaliers normands luttaient avec peine (Cf. XVI, § 1) ; — en Orient, les hordes des *Turcs Seldjoucides* campaient déjà en face de Constantinople, et l'empereur d'Orient, *Alexis Comnène*, implorait les secours de l'Occident. — Au lieu de se défendre, la chrétienté attaqua : ce furent les **Croisades**.

Les Croisades sont donc de grandes expéditions entreprises par les chrétiens d'Occident contre les Infidèles. Leur but immédiat est la délivrance de la Palestine ou Terre-Sainte, tombée entre les mains des Musulmans. Commencées en 1095, elles ne se terminent que deux siècles plus tard, en 1270.

Ce mouvement de réaction contre l'islamisme fut guidé par la papauté. Les souverains pontifes étaient assez haut placés pour voir au loin ; leur situation, à la tête de la société chrétienne, leur permettait de comprendre les intérêts généraux de cette société. Déjà *Sylvestre II* et *Grégoire VII* avaient songé à reconquérir Jérusalem : mais le temps ou l'occasion leur avait manqué.

Les Croisades furent longtemps populaires parce qu'elles répondaient à l'ardeur encore vive de la **foi chrétienne** ; — mais aussi, parce qu'elles donnaient satisfaction à **l'esprit guerrier** et aventureux de la société féodale.

**2. La première Croisade. — Pierre l'Ermite.** — Ce fut un pauvre ermite du diocèse d'Amiens, nommé **Pierre**, qui donna le signal de la guerre sainte. Pèlerin, il avait fait le voyage de Jérusalem. Là, il avait été témoin des outrages que les Infidèles faisaient subir au tombeau du Christ et des souffrances qu'enduraient les chrétiens d'Orient.

« Après avoir échappé à mille chances de mort, les pèlerins, dit *Guillaume de Tyr* (1), qui arrivaient enfin aux portes de la ville sainte, n'y pouvaient pénétrer sans payer une pièce d'or par tête ; mais ayant tout perdu en chemin, la plupart

---

(1) Évêque de Tyr au xiie siècle ; a écrit l'histoire des Croisades depuis leur origine jusqu'en 1184.

n'avaient pas de quoi acquitter l'impôt. Il leur fallait bivouaquer en dehors de la ville, attendant en vain la permission d'y entrer ; les malheureux succombaient bientôt de faim et de misère.

» Ceux qui payaient le péage, une fois admis dans Jérusalem, étaient soumis aux plus odieuses vexations. Les églises

Le Saint-Sépulcre (état actuel).

se trouvaient chaque jour en butte à de violents outrages. Pendant le service divin, les Infidèles, entrant avec des cris furieux, venaient s'asseoir sur les autels, renversaient les vases sacrés, accablaient le clergé d'insultes et de coups, etc. »

Pierre résolut de délivrer le tombeau du Christ. A son retour, il parcourut l'Italie et la France, excitant partout le plus ardent enthousiasme. « Il marchait la tête nue, dit un contemporain, pieds nus, couvert d'une robe et d'un manteau de bure, vénéré partout où il passait. Sa prédication était puissante par sa simplicité. Les populations étaient émues par l'horreur de ses récits ; elles se pressaient sur ses pas et arrachaient les poils de sa mule pour les garder comme reliques. »

**3. Concile de Clermont**. — Un pape français, **Urbain II**, vint en aide à Pierre l'Ermite. Il se rendit en France pour présider le **concile de Clermont** (1) (1095). Une foule nombreuse répondit à son appel ; « les villes et villages des environs se trouvèrent remplis de monde, et plusieurs furent contraints de dresser leurs tentes au milieu des champs, bien que la saison fût très froide. »

L'éloquence d'Urbain II émut profondément la foule. Lorsqu'il eut fini de parler, l'assemblée se leva tout entière avec transport, et l'on n'entendit plus qu'un cri s'échappant à la fois de toutes les poitrines : **Dieu le veut! Dieu le veut!**

Le pontife répéta d'une voix éclatante ces paroles : « *Dieu le veut!* » qui devaient être pendant deux siècles la devise de la guerre sainte, et, montrant la croix à la foule : *Qu'elle brille, s'écria-t-il, sur vos armes et sur vos étendards! Portez-la sur vos épaules ou sur votre poitrine ; elle deviendra pour vous l'emblème* (2) *de la victoire ou la palme du martyre ; elle vous rappellera sans cesse que Jésus-Christ est mort pour vous et que vous devez mourir pour lui !* »

Alors princes, barons, chevaliers, prélats et clercs, artisans et laboureurs, jurèrent tous ensemble de ne plus vivre que pour venger les outrages faits au Christ et à ses serviteurs; tous attachèrent sur leurs habits une croix rouge. De là vient le nom de **Croisés**, qui fut donné aux fidèles enrôlés sous la bannière du Christ, et celui de **Croisade**, par lequel fut désignée la guerre sainte.

« Bien que la prédication d'Urbain ne se fût fait entendre qu'aux Français, ajoute le chroniqueur, quel peuple chrétien ne fournit aussi des soldats ? Vous auriez vu les Écossais accourir du fond de leur pays. Je prends Dieu à témoin qu'il débarqua dans nos ports des barbares de je ne sais quelle nation ; personne ne comprenait leur langue, mais eux, plaçant leurs doigts en forme de croix, ils faisaient signe qu'ils voulaient aller à la défense de la foi chrétienne. »

---

(1) CLERMONT, ch.-l. du Puy-de-Dôme. — (2) EMBLÈME, signe.

**4. La Croisade populaire.** — Pendant que les princes faisaient leurs préparatifs, une foule pleine d'enthousiasme, mais confuse et mal armée, renfermant des femmes, des enfants, des vieillards, se mit en route sous la conduite de **Pierre l'Hermite** et d'un pauvre chevalier, **Gauthier sans Avoir** (1). Ce fut la *Croisade populaire*.

Un croisé.

« Vous eussiez vu alors des choses vraiment étonnantes et bien propres à exciter le rire : des pauvres ferrant leurs bœufs à la manière des chevaux, les attelant à des chariots à deux roues, sur lesquels ils chargeaient leurs minces provisions et leurs petits enfants qu'ils traînaient ainsi à leur suite. Et ces petits enfants, aussitôt qu'ils apercevaient un château ou une ville, demandaient avec empressement si c'était là cette Jérusalem, vers laquelle ils marchaient. »

Les calculs de la prudence avaient été oubliés : Dieu ne se chargerait-il pas de conduire ceux qui allaient se dévouer pour lui ?

Après bien des souffrances ces premiers Croisés arrivèrent en Asie. Mais ils n'étaient pas en état de lutter. Les Turcs les exterminèrent. Il ne resta de l'expédition que les ossements qui couvrirent les plaines du *Nicée* et dont on se servit plus tard pour élever des retranchements. Pierre l'Ermite échappa presque seul au carnage.

**5. La Croisade des princes.** — La véritable armée des Croisés, qui comptait, dit-on, 180.000 cavaliers et 600.000 fantassins, partit enfin. Les principaux chefs étaient le comte

---

(1) C'est-à-dire sans fortune.

de Toulouse, **Raymond**, deux princes normands d'Italie, **Bohémond** et **Tancrède**, et, le plus estimé de tous par sa bravoure et sa piété, **Godefroy de Bouillon**, duc de Lorraine.

**6. Godefroy de Bouillon.** — Godefroy était digne d'être le premier chef des Croisés. Nul n'était plus brave que lui : il monta le premier sur les murs de Jérusalem. Nul n'avait plus de vigueur : d'un coup de sabre il abattait, dit-on, la tête d'un chameau ou coupait en deux le corps d'un infidèle. Mais sa simplicité égalait sa vigueur, et personne n'était plus compatissant pour les souffrances des autres. Des chefs d'une peuplade d'Asie, envoyés vers lui, le trouvèrent assis sur un sac de paille ; ils témoignèrent leur surprise. « *La terre,* leur répondit Godefroy, *doit être le siège des hommes pendant leur vie, puisqu'elle leur sert de sépulture après la mort.* » Et les chefs se retirèrent pleins d'admiration, en disant : « *Cet homme est vraiment celui qui doit conquérir l'Orient et gouverner les nations.* »

Un jour pendant qu'il traversait l'Asie Mineure, il s'égara dans une forêt. Il entendit les cris de détresse d'un soldat attaqué et renversé par un ours. Godefroy mit l'épée à la main et tua la bête féroce. Mais il avait reçu une horrible blessure. Il fut ramené au camp tout sanglant, et, pendant plusieurs jours, l'armée consternée craignit pour les jours de son chef héroïque.

**7. Les Croisés à Constantinople.** — L'armée chrétienne se dirigea vers *Constantinople,* en traversant l'Allemagne et la Hongrie. Beaucoup de Croisés auraient voulu s'emparer d'une ville dont les splendeurs et les richesses contrastaient avec les misérables bourgades de l'Occident. Tous étaient pleins de mépris pour les Grecs, plus civilisés qu'ils ne l'étaient eux-mêmes, mais corrompus, amollis par le luxe, pleins de perfidie et sans esprit militaire.

Dans une cérémonie publique un seigneur, nommé *Robert de Paris,* vint s'asseoir auprès de l'empereur Alexis. — « *Il s'indignait,* disait-il, *de ce que ce rustre fût assis, pendant que tant de braves étaient debout.* »

Alexis, auquel on avait traduit les paroles du Franc, lui fit demander qui il était : « *Je suis,* répondit Robert, *de la race la plus noble. Il y a dans ma seigneurie une église où s'assemblent tous les braves qui veulent mesurer leurs forces. J'y allais tous les jours; aucun d'eux n'a osé se battre contre moi.* »

Alexis se hâta d'éloigner des hôtes aussi dangereux et les fit passer sur les rivages de l'Asie Mineure.

**8. Marche des Croisés en Asie.** — Pour atteindre Jérusalem, les Croisés avaient à traverser des pays ennemis sur une étendue considérable. Leurs souffrances furent cruelles ; la chaleur, la soif, la faim les accablaient ; en un seul jour plus de 500 personnes périrent de soif.

Ils battirent cependant les Turcs à **Nicée**, à **Dorylée**, partout où ils les rencontrèrent ; mais ils étaient déjà réduits de moitié lorsqu'ils arrivèrent sous les murs de la grande ville d'**Antioche**. Il fallut un siège de sept mois pour réduire la ville. Les Croisés y étaient à peine entrés qu'ils furent assiégés par 200.000 Turcs. Ce furent de nouvelles souffrances. Il y eut un moment de désespoir. Le comte de Blois, Pierre l'Ermite lui-même voulurent s'enfuir. La confiance l'emporta et une éclatante victoire rouvrit bientôt le chemin ; mais l'armée était réduite à 50.000 soldats.

Le frère de Godefroy, *Baudouin*, s'était aventuré avec une poignée d'hommes au cœur de l'Asie et il avait fondé à **Edesse**, en Mésopotamie, la première principauté chrétienne.

D'Antioche l'armée s'avança lentement vers Jérusalem, côtoyant la mer pour recevoir quelques approvisionnements des marchands génois. Elle était guidée par le normand *Tancrède*, qui allait toujours le premier, son bouclier au cou, son glaive dans le fourreau, sa hache à la portée de sa main.

Tout à coup, au revers d'une colline de sable rougeâtre et sans verdure, il s'arrête ; devant lui à quelque distance s'élève une ligne de remparts. C'est **Jérusalem**. Le héros pousse un cri de joie ; il saute à bas de son cheval et s'agenouille, tandis que le même cri : *Jérusalem ! Jérusalem !* sort de toutes les bouches et de tous les cœurs. — Toutes les souffrances étaient oubliées (7 juin 1099).

**9. Prise de Jérusalem.** — Le siège commença aussitôt. La ville était défendue par une nombreuse garnison ; les Infidèles avaient dévasté tous les environs et empoisonné

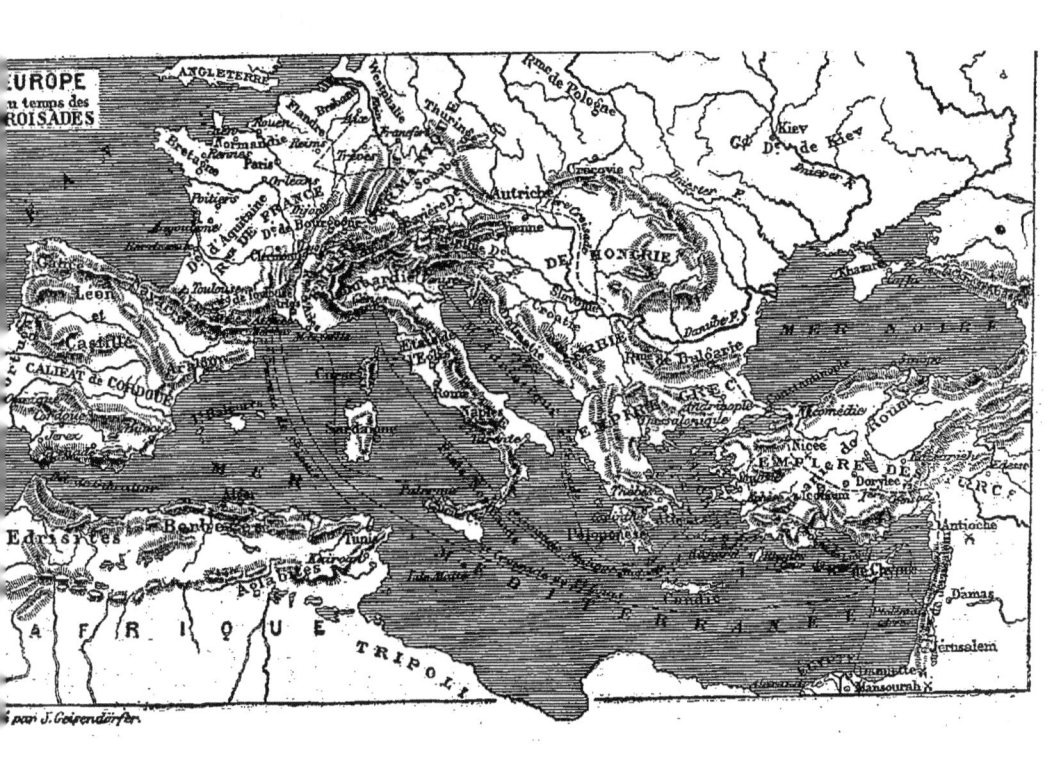

les citernes. Il fallut aller au loin pour trouver le bois nécessaire aux machines de guerre, et, pendant quarante jours, on eut à souffrir la famine, la soif, la sécheresse, sous le soleil ardent de la Palestine, au milieu de la poussière soulevée par le vent brûlant du Midi.

Lorsque les hautes tours de siège eurent été construites, l'armée tout entière, après un jeûne de trois jours, fit une procession solennelle autour de la ville; les chefs se réconcilièrent en présence de leurs soldats pleins d'enthousiasme; enfin le signal de l'assaut fut donné le *vendredi 15 juillet*, à trois heures, jour et heure de la Passion du Christ.

**Jérusalem** fut **prise**. Godefroy et Tancrède sautèrent les premiers dans la place. Un horrible carnage suivit la victoire : 70.000 personnes furent égorgées. « Les Infidèles tombaient, comme tombent d'une branche qu'on secoue les fruits pourris du chêne, les glands agités par le vent. » Le carnage s'arrêta à la voix de Godefroy, et les Croisés, sans armes, pieds nus, allèrent se prosterner au Calvaire.

**10. Royaume de Jérusalem.** — Godefroy de Bouillon fut élu **roi de Jérusalem**, mais il ne voulut pas « *porter couronne d'or là où le Christ avait porté couronne d'épines* »; il ne prit que le titre de *baron et défenseur du saint Sépulcre*.

Trois semaines après, la brillante **victoire d'Ascalon**, sur une armée venue d'Égypte, consolida le nouveau royaume et ne laissa plus aux Musulmans, comme dit l'un de leurs poètes, « d'autre asile que le dos de leurs chameaux agiles, ou les entrailles des vautours. »

L'organisation de la Palestine, réglée par une sorte de code, les *Assises de Jérusalem*, fut toute féodale; il y eut quatre grandes principautés, celle d'*Edesse*, d'*Antioche*, de *Tibériade* et de *Tripoli*, relevant de la seigneurie de Jérusalem.

**11. Les ordres militaires religieux.** — Mais comment défendre le nouveau royaume que des ennemis terribles entouraient de toutes parts? La plupart des Croisés étaient retournés en Europe; Godefroy n'avait pu conserver autour de lui que trois cents cavaliers ! Il fallait une milice permanente qui se consacrât à la défense du Saint-Sépulcre.

Les ordres, à la fois militaires et religieux, des **Hospitaliers** (1) et des **Templiers** (2) furent créés pour répondre à ce besoin. Ils eurent pour fondateurs deux Français. Le premier avait pour mission d'escorter les pèlerins et de soigner les blessés; le second devait surveiller les routes et combattre les Infidèles.

**Devoirs oraux.** — 1. Les chrétiens à Jérusalem et leurs souffrances. — 2. Pierre l'Ermite et sa prédication. — 3. Urbain II et le concile de Clermont. — 4. La Croisade populaire. — 5. Robert de Paris. — 6. Tancrède découvre Jérusalem. — 7. Siège et prise de Jérusalem. — 8. Godefroy de Bouillon.

**Devoirs écrits.** — La Croisade; d'où vient ce nom? Pourquoi la Croisade a-t-elle été entreprise? — 2. Pierre l'Ermite et Urbain II. — 3. La Croisade populaire. — 4. Godefroy de Bouillon. — 5. Les Croisés à Constantinople. — 6. Souffrances des Croisés en Asie et leur marche de Constantinople à Jérusalem. — 7. Siège et prise de Jérusalem. — 8. Résumez la première Croisade.

**Carte.** — Carte de la première Croisade.

### TABLEAU XIV.

### La Première Croisade.

| | |
|---|---|
| 1° **Causes.** | 1. La chrétienté menacée par les Musulmans : — en Espagne *(le Cid)*; — en Sicile; — les Turcs devant Constantinople.<br>2. Souffrances des chrétiens d'Orient. — Le saint Sépulcre outragé.<br>3. Influence de la Papauté; — ardeur religieuse; esprit guerrier. |
| 2° **Préparatifs.** | 1. Prédications de Pierre l'Ermite.<br>2. Le pape Urbain II au concile de Clermont, 1095; la Croisade décidée. — Enthousiasme de la chrétienté.<br>3. La Croisade populaire. — Pierre l'Ermite et Gauthier sans Avoir. — Désastre de Nicée.<br>4. La Croisade des princes. — Godefroy de Bouillon, Raymond de Toulouse, Tancrède, Bohémond. |

---

(1) Les *Hospitaliers* survécurent à la chute du royaume de Jérusalem, et puis sous le nom de *chevaliers de Rhodes*, de *chevaliers de Malte*, continuèrent jusqu'à la fin du xviii⁰ siècle leur croisade contre les corsaires turcs et barbaresques. — (2) Les *Templiers* revinrent en Europe après la perte de la Terre Sainte; nous verrons leur fin tragique pendant le règne de Philippe le Bel.

| | |
|---|---|
| 3º Marche des Croisés. | 1. Réunion à Constantinople ; l'empereur Alexis et Robert de Paris.<br>2. Les Croisés en Asie Mineure : victoires de Nicée, de Dorylée, d'Antioche. — Souffrances : l'armée réduite à 40,000 hommes.<br>3. Siège et prise de Jérusalem, 15 juillet, 1099.<br>4. Victoire d'Ascalon. |
| 4º Royaume de Jérusalem. | 1. Royaume de Jérusalem ; principautés vassales d'Edesse, d'Antioche, de Tibériade, de Tripoli.<br>2. Godefroy de Bouillon, roi de Jérusalem.<br>3. Ordres militaires et religieux des Templiers et des Hospitaliers. |

## XV

## Les Croisades (*suite*).

### Résumé.

**1-4.** — Dans la seconde croisade, Louis VII échoue au siège de Damas ; — dans la troisième les Croisés assiègent Ptolémaïs ; Philippe-Auguste revient en France et Richard Cœur de Lion s'illustre par d'inutiles exploits.

**5-6.** — Dans une quatrième croisade, les barons, détournés de leur but par les Vénitiens, s'emparent de Constantinople, en 1204, et fondent un Empire latin qui doit durer jusqu'en 1261. — Cette expédition est suivie des croisades inutiles de Jean de Brienne en Égypte, et de Frédéric II à Jérusalem.

**7-11.** — En 1248, Louis IX entreprend une septième croisade et débarque en Égypte, près de Damiette ; mais il est vaincu à Mansourah et forcé de se rendre. Il montre dans sa captivité un héroïsme admirable. Redevenu libre, il passe quatre années en Palestine et ne revient en France qu'en 1254. — En 1270, saint Louis fait une nouvelle croisade, mais il meurt sous les murs de Tunis.

**12.** — L'expédition de Tunis a été la dernière croisade. Les Croisades ont favorisé les progrès de la royauté, des peuples et de la civilisation. L'invasion musulmane a été arrêtée pendant deux siècles.

13. — En Espagne, les chrétiens ont commencé, après la défaite de Jérez en 711, une longue croisade de huit siècles. — Au xiie siècle le royaume de Portugal est fondé par des Français ; — à la fin du moyen àge les Musulmans ne possèdent plus que le royaume de Grenade.

RÉCIT.

**1. Les huit croisades.** — La première croisade fut suivie de nouvelles expéditions qui se prolongèrent jusqu'en 1270. On compte d'ordinaire **huit croisades** :

1° La *première* de 1095 à 1099.

2° La *seconde*, de 1147 à 1149, conduite par Louis VII, roi de France, et Conrad III, empereur d'Allemagne.

3° La *troisième*, de 1189 à 1192, conduite par Philippe-Auguste, roi de France, Richard Cœur de Lion, roi d'Angleterre, et Frédéric Barberousse, empereur d'Allemagne.

4° La *quatrième*, de 1202 à 1204, détournée contre Constantinople par les Vénitiens.

5° La *cinquième*, de 1217 à 1221, dirigée contre l'Égypte.

6° La *sixième*, de 1228 à 1229, conduite par Frédéric II, empereur d'Allemagne.

7° La *septième*, de 1248 à 1254, dirigée par saint Louis contre l'Égypte.

8° La *huitième* conduite par saint Louis contre Tunis (1270).

De ces expéditions, trois seulement, si l'on écarte la croisade dérisoire de Frédéric II, eurent pour but la Palestine. Ce furent les trois premières, de 1095 à 1192.

**2. Seconde croisade (1147-1149). — Louis VII et Conrad III.** — La prospérité du royaume de Jérusalem avait été de courte durée : les chrétiens demeurés en Palestine étaient trop peu nombreux pour se défendre avec succès contre les ennemis qui les pressaient de toutes parts ; de plus ils étaient épuisés par le climat, affaiblis par leurs discordes. En 1144, *Édesse* succomba sous les coups des Musulmans. Cette nouvelle souleva de nouveau l'Occident. La guerre sainte fut prêchée par *l'abbé de Clairvaux* (1), **saint Bernard**, qui, grâce à ses talents, à son éloquence, à sa vertu, paraissait alors le chef véritable de l'Église et de la Chrétienté.

Dans une guerre contre le comte de Champagne, le roi de France, **Louis VII,** avait incendié *l'église de Vitry* (2); plus de treize cents personnes avaient péri dans les flammes. Tourmenté par les remords, le roi avait fait vœu d'aller défendre le royaume de Jérusalem. Il prit la croix et son exemple fut suivi par l'empereur d'Allemagne, **Conrad III.**

Les Allemands, trahis par les Grecs, périrent presque tous sous le sabre des Turcs et le soleil brûlant de l'Asie Mineure. Louis VII parvint à franchir les *défilés de Taurus*, après une série de combats où il courut lui-même les plus grands dangers et ne se sauva qu'en luttant seul contre plusieurs ennemis qui l'attaquaient. Il vint mettre le siège devant **Damas**; mais il échoua. Lorsqu'il revint en France, il n'avait plus avec lui que trois cents chevaliers. — La seconde croisade était restée sans résultats.

**3. Troisième croisade (1189-1192).** — En 1187 le célèbre sultan **Saladin** remporta à **Tibériade** (3) une grande victoire sur le roi de Jérusalem, *Guy de Lusignan*; la ville sainte, qui n'était défendue que par des femmes et des vieillards, tomba entre les mains des Infidèles.

L'Europe éprouva une immense douleur; des chants lugubres furent répétés dans toutes les villes; on promena partout l'image du saint Sépulcre, souillé par les Musulmans. Une nouvelle expédition fut prêchée par le pape *Clément III* et l'archevêque *Guillaume de Tyr*, l'historien des premières croisades. Les trois princes les plus puissants de la chrétienté, **Frédéric Barberousse**, empereur d'Allemagne, **Philippe-Auguste**, roi de France et **Richard Cœur de Lion**, roi d'Angleterre, prirent les armes.

---

(1) CLAIRVAUX, abbaye célèbre dans l'Aube. — (2) VITRY-*le-Brûlé*, dans le département de la Marne; la ville fut reconstruite à une lieue de distance par François Ier; c'est aujourd'hui *Vitry-le-François*. — (3) Ville de Palestine, sur le lac du même nom.

Frédéric Barberousse, parti le premier par la route de terre, périt noyé dans les eaux glacés du *Sélef*, en Asie Mineure. Richard Cœur de Lion et Philippe-Auguste s'embarquèrent à *Marseille* et à *Gênes*. Ils étaient déjà brouillés quand ils vinrent mettre le siège devant **Ptolémaïs** ou **Saint-Jean-d'Acre**.

Le siège fut long et difficile, il y eut neuf grandes batailles et plus de cent combats; des deux côtés le courage fut extrême; des deux côtés, les ennemis commencèrent à s'estimer et à se rapprocher. La courtoisie chevaleresque sembla diminuer la haine religieuse; les chefs ennemis s'envoyaient mutuellement des présents.

**4. Richard Cœur de Lion.** — Parmi les chrétiens, Richard mérita d'être appelé *Cœur de Lion* par sa bravoure et ses exploits. Il revenait des mêlées avec sa cotte d'armes hérissée de flèches, semblable à une pelotte couverte d'aiguilles.

Son nom devait demeurer longtemps légendaire parmi les Musulmans. Plus d'un siècle après, l'historien de saint Louis, *Joinville*, racontait que quand les petits enfants des Sarrasins criaient, leurs mères les faisaient taire en leur disant : « *Taisez-vous, voici le roi Richard qui vient vous chercher.* » — « *Et, de même, quand les Sarrasins et les Turcs étaient à cheval aux champs et que leurs chevaux avaient peur de quelque ombre et buisson, et qu'ils s'en effrayaient, ils disaient à leurs chevaux en les piquant de l'éperon : « Crois-tu donc que ce soit le roi Richard?* »

Mais Richard était en même temps brutal et cruel. Il fit une fois égorger deux mille sept cents prisonniers musulmans.

Comme le nom de Richard en Orient, le nom de **Saladin** est resté longtemps populaire en Occident. Il était vaillant comme Richard, mais de plus il avait une nature humaine et généreuse. Souvent, après les batailles, il rachetait les soldats chrétiens captifs pour les rendre à la liberté et les préserver de la mort que les Sarrasins auraient pu leur donner.

Les deux héros avaient conçu l'un pour l'autre une véritable estime et Richard n'hésitait pas à se déclarer frère d'armes du musulman.

Enfin, après un siège de plus d'une année, Ptolémaïs tomba entre les mains des chrétiens, et Philippe-Auguste, préoccupé des intérêts de sa couronne, revint en France.

Richard demeura encore deux ans en Palestine. Il s'illustra par d'héroïques exploits, mais il ne put reconquérir Jérusalem. Un jour, parvenu avec un petit nombre de compagnons sur une colline d'où il pouvait apercevoir la ville sainte, il détourna la tête en disant : « *Ils ne sont pas dignes de voir Jérusalem, ceux qui n'ont pas su la conquérir.* »

A son retour de Palestine, Richard fut jeté par la tempête sur les côtes de la *Dalmatie* (1) ; il espéra pouvoir traverser l'Allemagne déguisé en marchand ; mais il fut reconnu et livré à l'Empereur, son ennemi, qui le retint prisonnier. Si l'on en croit une vieille tradition, pendant longtemps on ignora ce que le héros était devenu. Un de ses sujets, le trouvère *Blondel*, son ancien compagnon, se mit à parcourir l'Allemagne pour découvrir le lieu où il était emprisonné. Il s'arrêta un jour au pied d'une forteresse, sur les bords du Rhin, et commença une chanson qu'il avait composée avec le roi. Une voix lui répondit ; c'était celle du prisonnier qui ne tarda pas à recouvrer la liberté, grâce à l'intervention du pape.

**5. Quatrième croisade (1199-1204).— Prise de Constantinople.** — Une nouvelle croisade fut prêchée en 1199 par l'ordre d'*Innocent III*. Elle rencontra peu d'enthousiasme parmi les souverains ; mais l'appel du Saint-Siège fut entendu par de nombreux *barons*, parmi lesquels *Baudouin, comte de Flandre, Boniface, marquis de Montferrat, Simon de Montfort* qui devait être la terreur d'une autre croisade, *Geoffroy de Villehardouin* qui devait être l'historien de celle-ci.

Pour avoir une flotte, on s'adressa à **Venise**, qui s'était enrichie par le commerce et le transport des chrétiens en Orient. Le vieux doge, *Henri Dandolo*, accueillit bien les Croisés, mais, au nom de la République, il exigea le paiement du passage avant l'embarquement. « *Nous sommes d'abord Vénitiens*, disaient ces marchands, *et ensuite Chrétiens.* » Les

---

(1) DALMATIE, à l'est de la mer Adriatique.

barons eurent beau donner leur argent et leurs pierreries ; ils ne purent fournir la somme demandée. Les Vénitiens trouvèrent un accommodement : les Croisés iraient conquérir **Zara** (1) pour la République ; ce serait le moyen d'acquitter leur dette. Le pape indigné lança l'excommunication ; mais la plupart des barons acceptèrent le marché et, en 1202, Zara fut prise.

Pendant le siège, *Alexis Comnène*, fils d'un empereur de Constantinople, *Isaac l'Ange*, détrôné par son frère, était venu implorer le secours de Venise et des chevaliers. Venise était gagnée d'avance à une entreprise qui devait être si favorable à son commerce ; les chevaliers se laissèrent séduire par l'appât des richesses de Byzance et par la hardiesse de l'aventure. N'était-ce pas d'ailleurs une croisade ? Les Grecs ne reconnaissaient pas l'autorité du pape, et Alexis promettait, en échange de l'appui qu'il demandait, de faire cesser le schisme, de se réconcilier avec l'église de Rome. — Au lieu de donner l'assaut à Jérusalem, on vint mettre le siège devant **Constantinople.**

L'usurpateur avait des forces considérables ; mais chaque guerrier, dit Villehardouin, en jetant les yeux sur son épée et sur sa lance, ne doutait point de la victoire. Les chevaliers s'élancèrent tout armés dans la mer ; les hommes d'armes et les autres suivirent leur exemple ; les Grecs, rangés sur le rivage, prirent la fuite ; la ville fut emportée d'assaut (1204).

Alexis fut rétabli sur le trône ; mais bientôt il excita une sédition contre les *Latins*. Ceux-ci, assaillis de toutes parts et trahis par ceux qui les avaient appelés, n'hésitèrent pas ; ils livrèrent un second assaut à la ville. Maisons, palais, églises même furent cette fois livrés au pillage. Puis les vainqueurs se partagèrent leur conquête. **Baudouin** reçut le titre **d'empereur** avec Constantinople et la Thrace ; le marquis de Montferrat fut *roi de Macédoine ;* de simples chevaliers devinrent *ducs d'Athènes, princes d'Achaïe, seigneurs de Thèbes et d'Argos.* Venise eut une belle part : trois quartiers de Constantinople, tous les ports et toutes les îles de la Grèce ; le doge prit le titre bizarre de *seigneur d'un quart et demi de l'Empire.*

---

(1) ZARA, port de la Dalmatie, sur l'Adriatique.

L'empire latin de Constantinople dura peu. Trois causes principales amenèrent sa prompte décadence : — la corruption des Croisés, qui adoptèrent rapidement les mœurs orientales; l'indifférence de la chrétienté à leur sort; les attaques continuelles des Grecs et des Bulgares. — En 1261, l'empereur de Nicée, *Michel Paléologue*, avec l'aide des Génois, ennemis des Vénitiens, reprit Constantinople et rétablit l'empire de Byzance.

### 6. Cinquième croisade. — Sixième croisade.

— L'Europe, indifférente au sort de Constantinople, s'intéressait encore aux chrétiens d'Asie. Une **cinquième croisade** s'organisa en 1217; elle eut pour chefs, le roi *André II de Hongrie*, *Hugues de Lusignan*, roi de Chypre, et l'héroïque **Jean de Brienne** qui portait le titre de roi de Jérusalem. L'expédition se dirigea vers l'**Égypte**, parce que c'était au maître de ce pays qu'appartenait la ville sainte. On s'empara de **Damiette** après un siège long et meurtrier; mais le sultan fit ouvrir les barrages du Nil; le fleuve fit irruption; tout fut inondé. Des milliers de chrétiens périrent de faim. Jean de Brienne réussit à traiter; les Croisés abandonnèrent Damiette et l'Égypte.

En 1228, l'empereur **Frédéric II** fit une **sixième croisade**; au lieu de se battre, il traita avec le sultan d'Égypte et obtint la possession de Jérusalem. Mais il était sous le coup de l'excommunication lancée contre lui par le pape; quand il fit son entrée dans la ville sainte, il n'y trouva que le silence et la solitude; pas un évêque ne voulut le couronner, et il dut placer lui-même sur sa tête la couronne de Jérusalem. Il ne tarda pas à rentrer dans ses États.

### 7. Septième croisade (1248-1254). — Saint Louis.

— La ville sainte ne tarda pas à retomber entre les mains des Infidèles; les quelques villes que les chrétiens possédaient encore en Palestine étaient menacées par les sultans du Caire et par les hordes des *Mongols*.

Louis IX était profondément attristé de tous ces malheurs. Il répétait souvent : « *qu'il n'y avait de véritable honneur de chevalerie que dans la guerre pour le Seigneur.* » Il ne tarda pas à réaliser le plus ardent de ses vœux.

Au retour d'une campagne au midi de la Loire, il était tombé gravement malade : « il ne pouvait parler, mais le Seigneur opéra en lui et lui envoya la santé. Le roi demanda soudain qu'on lui donnât la croix : et cela fit-on. Lorsque la reine, sa mère, ouit dire que la parole lui était revenue, elle en fit grande joie. Mais quand elle sut qu'il était croisé, elle eut aussi grand deuil que si elle l'eût vu mort. »

Ce fut en vain qu'elle lui représenta sa faible santé, les difficultés de l'entreprise, les intérêts du royaume. Louis demeura inébranlable dans sa résolution. Il consacra trois années à faire les préparatifs de son expédition.

On s'embarqua à *Aigues-Mortes* (1) en 1248. C'était vers l'*Égypte* que l'expédition était dirigée. On s'arrêta un instant à l'île de Chypre, puis on arriva devant **Damiette**.

Quand Louis, toujours affaibli par la fièvre, qu'il fallait souvent soutenir à cheval et porter pour en descendre, vit l'armée des Sarrasins rangée en bataille sur la côte, « il n'attendit pas que son vaisseau fût près du rivage; il se jeta en la mer ayant de l'eau jusqu'aux épaules, et s'en alla aux païens l'écu au col, le haume en tête et l'épée au poing. » — Son exemple entraîna tous ses chevaliers étonnés de combattre à pied, peut-être pour la première fois; ils furent vainqueurs et la ville tomba en leur pouvoir.

Ces premiers succès furent suivis de cruels désastres.

On perdit un temps précieux avant de marcher sur le Caire. Quand, après cinq mois de retards, on se décida à pousser en avant, le Nil avait débordé et l'armée pouvait à peine avancer au milieu d'un pays inondé et coupé de profonds canaux. Les Musulmans, d'abord terrifiés, avaient repris courage et ne craignaient plus de venir attaquer. Ils effrayaient à leur tour les chrétiens en lançant contre eux ce *feu grégeois* que rien ne pouvait éteindre.

Il fallut un mois pour faire dix lieues. On arriva enfin devant la ville de **Mansourah** où s'était retirée l'armée musulmane.

---

(1) Aigues-Mortes, port situé sur un bras du Rhône, aujourd'hui comblé, chef-lieu de canton dans le dép. du Gard.

**8. Désastre de Mansourah.** — *Robert d'Artois*, frère de Louis, était à l'avant-garde. Les Templiers, qui se trouvaient avec lui, l'engagèrent à attendre le gros de l'armée. Le bouillant jeune homme les traite de lâches et s'élance tête baissée dans la ville dont les portes sont ouvertes. Les Templiers n'osent rester en arrière et entrent avec lui. Mais les Musulmans, d'abord surpris, reprennent courage à la vue du

Porte fortifiée d'Aigues-Mortes.

petit nombre des assaillants; ils barrent les rues de pièces de bois, et, des fenêtres ils écrasent les chrétiens. Ceux-ci périssent jusqu'au dernier.

Saint Louis arrive enfin. Une grande bataille s'engage. « Jamais, dit Joinville en parlant du roi, je ne vis si bel homme armé. Il paraissait par-dessus tous depuis les épaules. La tête couverte d'un heaume doré, une épée d'Allemagne à la main, il portait de terribles coups aux ennemis. » A lui seul il se dégagea de six infidèles qui avaient saisi la bride de son cheval et voulaient l'entraîner. — Les Croisés furent vainqueurs, mais ils ne purent pénétrer dans la ville.

Le soir on annonça au roi la mort du comte d'Artois. Il répondit qu'on devait adorer la volonté de Dieu, et de grosses larmes tombaient de ses yeux. Quelqu'un vint lui demander des nouvelles de son frère : « *Tout ce que je sais*, dit-il, *c'est qu'il est en paradis.* »

Les Croisés avaient fait des pertes énormes. Il fallut bientôt se décider à la retraite. Elle fut désastreuse.

Une épidémie, causée par la chaleur du climat, la multitude des cadavres, la mauvaise qualité des eaux, une nourriture malsaine, vint s'ajouter à la fatigue et aux dangers des combats. On craignait de toucher les morts et de leur donner la sépulture. Ce fut en vain que le roi, plein de respect pour ces martyrs, donnait l'exemple et aidait à les enterrer de ses propres mains.

Le roi eût pu se mettre en sûreté, mais il ne voulut pas abandonner les siens. Il tomba malade comme les autres ; il fallut bientôt le coucher ; « on croyait le voir passer le pas de la mort et on n'espérait pas qu'il pût passer ce jour-là sans mourir. »

Il fallut se rendre. De 2.800 chevaliers que le roi avait emmenés, il n'en restait pas cent !

**9. Captivité de saint Louis.** — C'est alors que se montra dans toute sa grandeur l'héroïsme de saint Louis. Sa fermeté, sa résignation dans les fers frappèrent les Infidèles d'admiration.

Les cavaliers turcs se soulevèrent à ce moment et massacrèrent le Sultan. L'un des assassins s'élança vers le roi, les mains tout ensanglantées : « *Que me donneras-tu*, cria-t-il, *pour avoir tué ton ennemi ?* » — Louis ne répondant pas un mot. — « *Ne sais-tu pas que je suis maître de ta vie ? Fais-moi chevalier*, dit-il, *ou tu es mort.* » — « *Fais-toi chrétien*, répondit le roi, *et je te ferai chevalier.* » — Aux menaces il se contentait de répondre : « *Je suis votre prisonnier, faites à votre volonté.* »

Si l'on en croit Joinville, les Turcs songèrent même à offrir le trône à leur prisonnier. « Mais ils disaient entre eux que le roi était le plus fier chrétien qu'ils eussent jamais connu, et que, s'ils le faisaient Sultan, il les tuerait tous s'ils ne devenaient chrétiens. »

**10. Retour de saint Louis, 1254.** — Louis put enfin traiter, mais il ne voulut pas encore rentrer en Europe. Il passa quatre années en Palestine, consacrant ses soins à fortifier les dernières places restées entre les mains des chrétiens. Il ne se décida au retour que lorsqu'il eût appris la mort de sa mère qui, pendant son absence, avait sagement gouverné le royaume.

Elle n'avait eu à réprimer qu'une insurrection de bergers ou *pastoureaux*. Ceux-ci avaient pris les armes pour délivrer leur roi, mais, en attendant, ils vivaient de pillage et incendiaient les châteaux des seigneurs qu'ils accusaient d'avoir trahi leur maître.

Un épisode du retour achève de faire connaître le héros. En vue de l'île de Chypre, son vaisseau qui a heurté un écueil est sur le point de sombrer. On offre au roi de passer sur un autre vaisseau avec sa femme Marguerite de Provence : « *Non*, dit-il, *si je quitte ce navire, le pilote en prendra moins de soin ; et, à coup sûr, cinq cents personnes qui aiment autant leur vie que moi la mienne, périront. J'aime mieux mettre mon corps, ma femme et mes enfants en la main de Dieu que de faire si grand dommage à tant de gens.* »

**11. Huitième croisade ; mort de saint Louis, 1270.** — A la fin de son règne, Louis IX fit une nouvelle croisade. Il n'avait pas quitté le vêtement de croisé et paraissait toujours préoccupé d'un vœu qu'il n'avait pu accomplir selon ses désirs.

Son frère, *Charles d'Anjou*, qui s'était emparé du royaume des Deux-Siciles, lui persuada que le *sultan de Tunis* était disposé à se faire chrétien. Louis s'embarqua pour l'Afrique.

L'expédition fut malheureuse. L'armée à peine débarquée fut décimée par la peste. Le roi fut lui-même atteint par le fléau. Il voulut mourir sur un lit de cendres. Il donna à son fils de sages conseils, puis il expira paisiblement, en murmurant : « *Père, je remets mon esprit en ta garde.* » (25 août 1270.)

**12. Résultats des Croisades.** — Ce fut la **dernière croisade.** En 1291, les chrétiens perdirent leur dernière place, *Saint-Jean-d'Acre*, et les ordres militaires abandonnèrent la Palestine dont ils avaient été les derniers défenseurs.

**Les Croisades** n'ont cependant pas été inutiles.

Elles **ont**, pendant deux siècles, **arrêté l'invasion musulmane.**

Elles ont **favorisé les progrès de la Royauté et de la bourgeoisie** : les premiers parce qu'elles ont fait disparaître un grand nombre de familles féodales dangereuses ; — les seconds parce qu'avant d'entreprendre leurs lointaines expéditions, les nobles ont dû faire argent de tout, vendre aux communes privilèges et immunités de toute sorte.

Mêlés dans la Croisade, exposés aux mêmes dangers, **les nobles et les roturiers** ont appris à mieux se connaître et **se sont rapprochés.** — Il en a été de même de l'Orient musulman et de l'Occident chrétien : **la haine religieuse a diminué.**

**Les Croisades ont développé la science** par les connaissances mathématiques et médicales empruntées aux Arabes ; — **le commerce** en ouvrant aux marchands de l'Europe les routes de l'Orient ; — **l'industrie** en introduisant de nouvelles cultures comme celle du mûrier, en donnant naissance à un luxe jusqu'alors inconnu.

**13. La Croisade espagnole.** — Après la *défaite de Jérez*, en 711, *Pélage*, le dernier descendant des rois wisigoths, s'était réfugié avec quelques guerriers dans les montagnes des Asturies. La lutte avait aussitôt commencé : ce fut une longue **croisade de huit siècles.** De 711 à 1035, les Arabes furent repoussés jusqu'aux rives du Tage et de l'Èbre, et quatre royaumes chrétiens se formèrent, ceux de **Léon,** de **Castille,** de **Navarre** et d'**Aragon.**

Au XI$^e$ siècle, les *Almoravides*, venus du Maroc, apportèrent aux Musulmans de nouvelles forces, une nouvelle énergie. « C'est la période héroïque de l'histoire d'Espagne ; c'est le temps où le **Cid,** *don Rodrigue de Bivar*, le héros des légendes populaires, le sauveur de la Castille, disgracié par le roi Alphonse VI, continue seul la guerre contre les Musulmans et leur enlève la riche plaine de *Valence*, où il règne jusqu'à sa mort ; c'est le temps où sa veuve, *Chimène*, forcée d'abandonner sa conquête, ordonne de placer le cadavre du Cid, couvert de son armure, l'épée au poing, sur son cheval *Babieça*, et, précédée de cette ombre glorieuse, traverse les légions des Musulmans, qui s'ouvrent devant le mort triomphant. » (*Pigeonneau.*)

C'est le temps où, avec une bande d'aventuriers français, *Henri de Bourgogne* fonde, à l'embouchure du Douro, le comté de **Portugal**, que son fils *Alphonse* érigera en royaume après l'éclatante victoire d'*Ourique*, en 1139.

Les chrétiens avancent peu à peu ; à la fin du moyen âge, les Musulmans, refoulés en Andalousie, ne posséderont plus que le *royaume de Grenade*.

**Devoirs oraux.** — 1. La deuxième croisade. — 2. Résumez la troisième croisade. — 3. Saladin. — 4. Richard Cœur de Lion ; ses exploits ; son retour. — 5. La quatrième croisade. — 6. Prise de Damiette par les croisés de saint Louis. — 7. Désastre de Mansourah. — 8. Deuxième croisade et mort de Saint-Louis. — 9. La croisade espagnole.

**Devoirs écrits.** — 1. Tableau des huit croisades, dates et principaux faits. — 2. La seconde et la troisième croisades. — 3. La quatrième croisade. — 4. Les croisades de saint Louis. — 5. Les croisades en Espagne. — 6. Les croisades en Egypte. — 7. Les croisades en Palestine. — 8. Causes et résultats des croisades.

**Cartes.** — 1. L'Empire d'Orient, l'Asie Mineure, la Syrie et l'Egypte avec les noms cités dans ce chapitre et dans le précédent. — 2. La péninsule ibérique au moyen âge.

TABLEAU XV.

### Les nouvelles croisades.

| | |
|---|---|
| 2ᵉ croisade 1147-1149 | 1. Prise d'Edesse par les Musulmans.<br>2. Saint Bernard prêche la croisade.<br>3. Louis VII et Conrad III en Asie Mineure.<br>4. Siège de Damas. — Echec. |
| 3ᵉ croisade 1189-1192 | 1. Prise de Jérusalem par les Musulmans.<br>2. Frédéric Barberousse ; Richard Cœur de Lion ; Philippe-Auguste.<br>3. Route par mer.<br>4. Siège de Ptolémaïs. — Saladin.<br>5. Exploits et captivité de Richard. |
| 4ᵉ croisade 1202-1204 | 1. Les croisés à Venise (Henri Dandolo).<br>2. Les croisés à Zara.<br>3. Les croisés à Constantinople (1204).<br>4. Empire latin de Constantinople (1204-1261) ; Baudouin de Flandre, premier empereur. |

| | |
|---|---|
| 5ᵉ croisade 1217-1221 | 1. André de Hongrie ; Jean de Brienne. 2. Prise de Damiette ; puis revers. 3. L'Egypte évacuée. |
| 6ᵉ croisade 1228-1229 | 1. Frédéric II ; il est excommunié. 2. Il obtient par traité Jérusalem. 3. Fragilité de cette couronne. |
| 7ᵉ croisade 1248-1254 | 1. Les Musulmans maîtres à Jérusalem. 2. Saint Louis part d'Aigues-Mortes pour l'Egypte. 3. D'abord succès : prise de Damiette. 4. Désastre de Mansourah ; — captivité du roi. 5. Saint Louis en Palestine ; son retour. |
| 8ᵉ croisade 1270 | 1. Deuxième croisade de saint Louis. 2. Il meurt devant Tunis. |
| Croisade espagnole. | 1. Lutte de huit siècles. 2. Royaumes chrétiens { Léon. Castille. Navarre. Aragon. } 3. Invasion des Almoravides ; — période héroïque de la croisade ; — le Cid et Chimène. 4. Fondation du royaume de Portugal ; — victoire d'Ourique, 1139. 5. Les Musulmans réduits au royaume de Grenade. |
| Résultats. | 1. L'invasion musulmane arrêtée. 2. Progrès de la royauté et de la bourgeoisie favorisés. 3. Les classes rapprochées. 4. Les haines religieuses diminuées. 5. La science, le commerce, l'industrie développés. |

# XVI

## Les Normands en Angleterre et dans les Deux-Siciles.

### Résumé.

1-3. — Au xiᵉ siècle, le Normand Robert Guiscard s'empare de l'Italie méridionale sur les Grecs et les Lombards ; il se déclare le vassal du Saint-Siège ; il meurt en 1085.

4. — Son frère Roger a conquis la Sicile. — Roger II, héritier des deux héros, fonde, en 1130, le royaume des Deux-Siciles.

5. — Après la chute de l'Empire romain, les Angles et les Saxons se sont établis dans l'île de Bretagne ; puis, pendant deux siècles, l'Angleterre a été ravagée par les Danois, conquise même, après le règne d'Alfred, par Kanut le Grand. — Mais, après Kanut, le saxon Édouard le Confesseur est remonté sur le trône.

6-8. — A la mort d'Édouard, Harold est proclamé roi. Mais le duc de Normandie, Guillaume, réclame la couronne, débarque en Angleterre, triomphe à Hastings, où Harold périt, et se fait couronner à Londres (1066).

9. — Les Saxons domptés sont contenus par des lois impitoyables et dépossédés de toutes leurs terres (le *Doomsdaybook*) ; la langue anglaise est proscrite.

10-11. — Guillaume constitue la féodalité anglo-normande en donnant à ses compagnons les dépouilles des vaincus ; mais il constitue fortement la royauté. Il meurt en 1087.

12-13. — En 1154, Henri II fonde la dynastie nouvelle des Plantagenets ; — en 1215, Jean sans Terre est forcé d'accorder aux barons, unis aux bourgeois, la *Grande Charte*, base des libertés anglaises. — Le Parlement sera bientôt constitué avec la Chambre des Lords et la Chambre des Communes.

Récit.

**1. Les Normands au XIe siècle.** — Les Normands avaient rapidement oublié leur religion et leur langue ; mais ils avaient conservé leur esprit d'aventure et leur indomptable courage. Au XIe siècle, ils doivent conquérir l'Italie méridionale et l'Angleterre.

« La Normandie était petite et la police y était trop bonne pour qu'ils pussent butiner grand'chose les uns sur les autres. Il leur fallait donc aller, comme ils disaient, *gaaignant* par l'Europe... Il se mettaient plusieurs ensemble, bien montés, bien armés, mais de plus affublés en pèlerins de bourdons et

de coquilles; ils prenaient volontiers quelque moine avec eux. »
Ils allaient ainsi aux lointains pèlerinages, à Saint-Jacques de
Compostelle, au mont Cassin, au Saint-Sépulcre; « il y avait de
bons coups à faire sur le chemin, et l'absolution au bout du
voyage. Tout au moins, comme ces pèlerinages étaient aussi
des foires, on pouvait faire un peu de commerce et gagner plus
de cent pour cent en faisant son salut (*Michelet*).

C'est un pèlerinage qui les conduisit d'abord dans l'Italie
méridionale, où ils devaient fonder un royaume.

**2. Les Normands en Italie.** — L'Italie du Sud
était **disputée par** les **Lombards** établis dans les montagnes; par les **Grecs** qui occupaient les ports de la *Pouille* et
de la *Calabre*, par les **Sarrasins** de Sicile et d'Afrique qui
voltigeaient sur toutes les côtes.

En 1006, quarante pèlerins normands avaient aidé les habitants de *Salerne* à repousser les Infidèles. Admirés à cause de
leur bravoure, bien payés, ces aventuriers en attirèrent d'autres
dans ce pays où il y avait gloire et butin à conquérir. En 1019,
les Normands étaient déjà trois mille, et chaque jour voyait
arriver de nouveaux guerriers. Ceux-ci vendaient leurs services
tantôt aux Lombards contre les Grecs, tantôt aux Grecs contre
les Sarrasins. Bientôt, devenus assez forts pour s'imposer à
tous, ils s'emparèrent de toute la Pouille. Mais les véritables
fondateurs de leur puissance furent les fils d'un pauvre gentilhomme des environs de Coutances (1), **Robert Guiscard**,
c'est-à-dire l'*avisé*, et son frère **Roger**.

**3. Robert Guiscard (1053-1085).** — En 1053,
Robert triompha à *Civitella*, du pape *Léon IX*. Le pontife fut
pris; mais les vainqueurs s'agenouillèrent dévotement aux
pieds de leur prisonnier, le désarmèrent par leurs hommages,
se déclarèrent ses *vassaux*, et obtinrent l'investiture de ce qu'ils
avaient conquis, de ce qu'ils pourraient conquérir encore. —
En peu d'années Robert s'assura toute l'Italie méridionale par
un mélange de ruse et d'audace, de politique et de bravoure,
qui a fait de lui un des hommes les plus remarquables de son
siècle. Ce n'était pas assez; l'ambitieux normand attaqua l'Em-

---

(1) COUTANCES, sous-préf. de la Manche.

pire d'Orient, s'empara de *Corfou*, battit les Grecs près de *Durazzo*; il allait marcher sur Constantinople lorsqu'il fut rappelé en Italie par Grégoire VII, menacé par les Allemands de Henri V (Cf. XIII, § 8); le pape délivré, il retourna en Grèce, mais il mourut la même année (1085).

**4. Roger. — Royaume des Deux-Siciles (1130).** — Son plus jeune frère, **Roger**, descendit en *Sicile* avec une faible troupe, émerveilla les habitants par ses prouesses fabuleuses contre les Sarrasins et finit par occuper l'île entière. Le fils du héros, **Roger II**, réunit, sous le nom de **royaume des Deux-Siciles**, toutes les possessions des Normands dans la basse Italie (1130). Son règne fut glorieux, mais après lui la décadence fut rapide; la dynastie normande s'éteignit; à la fin du xiie siècle, le royaume tomba entre les mains des *Hohenstaufen*, remplacés bientôt par les princes de la *maison d'Anjou*. (Cf. XIII, § 12.)

**5. L'Angleterre.** — L'île de *Bretagne*, habitée par une *population celtique*, avait été conquise par les Romains. Au ve siècle, elle fut, comme toutes les autres parties de l'Empire, la victime des invasions. Les **Angles** et les **Saxons**, *peuples germains*, fondèrent, au sud du pays désormais désigné sous le nom d'**Angleterre**, sept petits royaumes, bientôt réunis en un seul État par le roi *Egbert*, dans les premières années du ixe siècle. Mais presque aussitôt l'Angleterre fut attaquée par de nouveaux ennemis; pendant deux siècles, elle allait être ensanglantée par de terribles luttes entre les Anglo-Saxons et les nouveaux venus, **les Danois.**

Au ixe siècle le saxon **Alfred le Grand** assura pour un temps l'indépendance de son pays et régna avec gloire. Mais, après lui, les Danois reparurent plus formidables, et **Kanut le Grand** ajouta l'Angleterre à son empire qui comprenait déjà le Danemark, la Suède, la Norvège (1016-1036).

Après Kanut, les Anglo-Saxons redevinrent les maîtres; un de leurs princes, **Édouard le Confesseur** remonta sur le trône. Mais, pendant la domination danoise, Édouard avait vécu en Normandie; il était Normand par la langue et par les habitudes; il s'entoura de Normands et, par là, se rendit odieux à ses sujets saxons. Avant de mourir il fit, dit-on, un testament par lequel il léguait son royaume à *Guillaume le Bâtard,* duc de Normandie, fils du *duc Robert,* si célèbre dans les légendes populaires sous le nom de *Robert le Diable* (1066).

**6. Harold (1066).** — Que ce testament existât ou non, les Anglo-Saxons furent unanimes à se donner pour roi un des leurs, **Harold,** chef du parti national. Par malheur, Harold n'était point libre de tout engagement à l'égard de Guillaume. Un an auparavant, une tempête l'avait jeté sur les terres du *comte de Ponthieu.* Dépouillé de tout et réduit en captivité par le comte, il n'obtint sa liberté que moyennant une rançon payée par Guillaume. Il se rendit alors en Normandie, où il fut comblé de faveurs par le duc, mais où il était en quelque sorte retenu prisonnier.

Un jour le duc, se promenant avec lui, l'entretient de ses futurs projets sur l'Angleterre; il lui apprend qu'Édouard lui a promis autrefois de lui léguer son royaume, et il termine par une question brusque : Harold voudra-t-il, après la mort d'Édouard, l'aider à s'emparer de cet héritage? Harold hésite, laisse échapper des paroles vagues, puis une promesse formelle. Guillaume le mène sans désemparer au château de Bayeux (1); là, en plein Conseil, il lui fait renouveler sa promesse sous serment. Harold étend la main sur deux petits reliquaires qu'on lui présente et jure. De si petits reliquaires ne lui paraissaient pas un lien qu'on ne pût briser sans commettre un horrible sacrilège. Mais à peine a-t-il juré que l'on découvre sous les deux châsses une vaste cuve pleine jusqu'au bord d'ossements de saints; Harold pâlit; son serment l'engageait plus qu'il n'avait cru.

Il venait d'être nommé roi, lorsqu'il reçut un messager de Guillaume qui le sommait de tenir sa promesse. Il refusa, alléguant qu'elle lui avait été arrachée par la force. Guillaume fit serment qu'il viendrait dans l'année punir le parjure.

**7. L'invasion normande.** — Tandis que le roi Harold était occupé dans le nord à repousser une attaque des Norvégiens, le duc de Normandie fit ses préparatifs avec ardeur. Il s'adressa au Saint-Siège et obtint du pape une bulle

---

(1) BAYEUX, s.-préf. du Calvados.

d'excommunication contre Harold et ses adhérents, une ban-

nière sacrée, sous les auspices de laquelle il était autorisé à conquérir l'Angleterre; puis il fit appel à tous les aventuriers qui accoururent de l'Anjou, de la Bretagne, de la Flandre, de tous les coins de la France. — Au mois d'août, une flotte nombreuse était réunie à l'*embouchure de la Dive* (1).

Les vents contraires retinrent les vaisseaux, pendant près d'un mois, à l'*embouchure de la Somme*. Guillaume fit promener dans son camp les reliques de Saint-Valery ; le vent se leva dans la nuit, et le lendemain quatre cents navires et un millier de barques emportèrent les conquérants vers l'Angleterre. Ils débarquèrent sans résistance à *Pevensey*, près de Hastings, le 28 septembre. Le duc ne vint à terre que le dernier de tous ; au moment où son pied touchait le sable, il fit un faux pas et tomba sur la face. Des voix crièrent: « *Dieu nous garde, c'est mauvais signe.* » Mais Guillaume se relevant, dit aussitôt : « *Qu'avez-vous, j'ai saisi cette terre de mes mains, et, par la splendeur de Dieu, tant qu'il y en a, elle est à vous.* »

**8. Bataille de Hastings (1066).** — Harold, vainqueur des Norvégiens, se reposait à *York*, lorsqu'il apprit l'arrivée de son ennemi. Il ramena en toute hâte son armée vers le midi. La bataille qui devait décider des destinées de l'Angleterre s'engagea, le 14 octobre, dans la plaine de **Hastings**. Elle fut acharnée et furieuse.

Les Normands avaient passé la nuit à se confesser et à prier. Leur cavalerie, entonnant d'un air de défi la fameuse *chanson de Roland* (2), attaqua les Saxons avec impétuosité. Mais ceux-ci, retranchés derrière une palissade de pieux, étaient impénétrables ; leurs grandes haches, qu'ils maniaient avec dextérité et avec vigueur, faisaient dans les rangs ennemis de terribles ravages. Les Normands reculèrent ; une panique les saisit lorsque se répandit parmi eux la fausse nouvelle que

---

(1) La Dive se jette dans la mer à droite de l'embouchure de l'Orne (Calvados). — (2) C'est, en effet, à la bataille de Hastings, devant le front de l'armée prête à combattre, que le *jongleur* normand Taillefer entonna les strophes de la fameuse *chanson de Roland*, qu'il entremêla aux jeux d'une adresse héroïque. On raconte qu'il lança en l'air, tour à tour, à plusieurs reprises, sa lance et son épée, les ressaisissant à la volée, puis qu'il darda sa lance contre les Saxons et se jeta après elle dans leurs rangs où il tomba percé de mille coups.

Guillaume venait d'être tué, et leur déroute faillit devenir complète. Enfin Guillaume s'avisa d'un stratagème : par une fuite simulée, il attira les Saxons hors de leurs palissades, et quand, se croyant sûrs de la victoire, ils se furent dispersés à la poursuite des fuyards, un corps de réserve fondit sur eux, les tailla en pièces et renversa les redoutes qui abritaient le reste de leur armée. On retrouva le lendemain les cadavres d'Harold et de ses deux frères. Guillaume lui-même ne s'était pas épargné ; il avait eu trois chevaux tués sous lui.

Quelques semaines après, Guillaume triomphant se fit couronner à *Londres*. En même temps, pour contenir la capitale, il jetait les fondements de cette fameuse *Tour de Londres* dont le nom rappelle les plus sanglants souvenirs de l'histoire d'Angleterre.

**9. Soumission des Saxons.** — La résistance des Anglo-Saxons se prolongea pendant plusieurs années. Ce fut **en 1073** seulement que succomba le dernier asile de l'indépendance, le **camp du refuge**, dans l'*Ile d'Ély* (1). **L'Angleterre était domptée.** Des flots de sang avaient été répandus. Les chiffres suffisent pour donner une idée de l'œuvre de destruction qui venait de s'accomplir. De seize cent sept maisons habitées que comptait la ville d'York sous Édouard le Confesseur, il n'en restait que neuf cent soixante-sept. Oxford avait été réduit de sept cent vingt et un feux à deux cent quarante trois ; pendant neuf ans la terre resta inculte entre York et Durham.

Pour contenir les vaincus, Guillaume multiplia **les lois de rigueur et de défiance.** Tous les soirs, à huit heures, la cloche annonçait le *couvre-feu* ; l'Anglais était alors obligé d'éteindre ses lumières. Trouvait-on dans quelque district le cadavre d'un Français assassiné : si les habitants du district n'arrêtaient pas eux-mêmes le meurtrier dans le délai de huit jours, ils devaient payer à frais communs une amende énorme. L'homme errant dans les forêts, réduit à vivre de braconnage après avoir été dépouillé de sa terre, tombait sous le coup de

---

(1) ILE D'ÉLY, au milieu des marais de l'Ouse, dans le comté et à 25 kil. N.-E. de Cambridge.

ces terribles *édits de chasse* qui punissaient de la perte des yeux ou de la peine de mort quiconque tuait seulement un cerf.

Le nom d'Anglais devint un terme d'opprobre. **Pendant un siècle, pas un Anglais ne fut élevé à une seule dignité civile.** On proscrivit jusqu'à la langue. Le **français** fut enseigné dans les écoles; on ne rendit la justice qu'en français, et ce fut le **seul idiome employé dans les actes publics** jusqu'au règne d'Édouard III. La langue anglaise, parlée de nos jours, contient un grand nombre de mots français qui attestent qu'elle fut « en quelque sorte conquise et envahie, comme le reste, par les vainqueurs. »

Les Saxons qui résistaient encore se réfugièrent dans les bois pour y mener une vie de brigandages qui donnait au moins l'indépendance et promettait la vengeance. Ce furent les *outlaws* (hors la loi) dont le type populaire, le fameux *Robin Hood*, a été immortalisé par les légendes anglaises.

**10. Organisation de la conquête.** — Ce qui caractérise la conquête normande, c'est la **spoliation complète et absolue des vaincus** par les vainqueurs. La race saxonne, clercs et laïques, fut dépossédée en masse. L'état nouveau des terres fut consigné sur un registre appelé par les Normands *le grand terrier*, et par les Saxons, *le livre du jugement dernier* (**doomsday-book**) parce qu'il contenait leur sentence d'expropriation irrévocable.

Chacun des compagnons de Guillaume reçut une part du territoire conquis ; on compta **600 baronnies et 62,500 fiefs de chevaliers**. « Ainsi se forma par le pillage, le meurtre et les violences iniques la nouvelle aristocratie; elle devait être un jour la plus fière et la plus superbe qu'il y eût au monde: *Trousselot, Troussebout, Hugues le Tailleur, Guillaume le Charretier, Guillaume le Tambour,* voilà quelques-uns de ceux dont elle descend. »

La **royauté** fut **fortement constituée** dès l'origine. Guillaume se réserva d'immenses domaines et d'immenses revenus; il exigea de tous les barons, de tous les chevaliers, un *serment direct de vassalité;* il poussa jusqu'à l'extrême le *morcellement des fiefs* qu'il leur concédait. « Tandis qu'en France, un comte de Champagne, un comte de Flandre, un comte de Toulouse, possédaient une province entière, ou même une suite de provinces, les plus riches barons anglais ne possédaient que des châteaux et des villes dispersés sur toute la surface du royaume. Aussi opulents quelquefois que les grands vassaux de France, ils n'avaient pas leur pouvoir. »

**11. Mort de Guillaume (1087).** — Le duc de Normandie, devenu roi d'Angleterre, était plus puissant que son faible suzerain, le roi de France, Philippe I^er. La guerre ne tarda pas à éclater entre les deux princes. En 1087, Guillaume réclama à Philippe *Mantes* et une partie du *Vexin* (1) *français*. Il entra avec une armée sur le territoire contesté, prit Mantes et pilla la ville avec une fureur sans égale.

« Il chevauchait au milieu de l'incendie, lorsqu'il tomba et se fit une blessure au ventre. On le transporta à Rouen, où il languit six semaines, cherchant à réparer par ses largesses le mal qu'il avait fait. Il laissa à son fils *Robert* le duché de Normandie, à son fils *Henri* cinq mille livres d'argent ; quant au royaume d'Angleterre : « *Je ne le laisse à personne en héritage,* dit-il, *car je ne l'ai pas reçu en héritage ; mais je désire que mon fils Guillaume puisse y être élu.* » Robert était absent, *Guillaume le Roux* partit en toute hâte pour veiller à ses intérêts en Angleterre ; Henri courut mettre son argent en sûreté ; et le Conquérant, abandonné de tous ses enfants, mourut le 10 septembre 1087. A peine avait-il rendu le dernier soupir que ses serviteurs s'enfuirent après avoir dépouillé la chambre et jusqu'au cadavre du roi. Un habitant de la campagne, nommé *Herluin*, se chargea de payer les funérailles. Le corps fut transporté à Caen ; mais au moment où il allait être descendu dans la fosse, un certain *Asselin*, bourgeois de la ville, s'avança et défendit qu'on procédât à la cérémonie, assurant que le terrain lui appartenait et que Guillaume l'avait pris sans le payer. Il fallut le dédommager séance tenante. Enfin le Conquérant put prendre possession de cette dernière demeure qui lui était si

---

(1) Vexin, pays de l'ancienne France divisé en *Vexin français*, ville principale : Pontoise, et *Vexin normand*, villes principales : Gisors, Jumièges, Noyon, les Andelys, Vernon.

contestée. La fosse se trouva trop étroite, de sorte qu'on dut faire entrer le cadavre de force, à la grande horreur des assistants. »

**12. Les successeurs de Guillaume.** — Les rois anglo-normands étaient bien puissants ; mais ils allaient rencontrer de nombreux obstacles : — 1° la *rivalité des rois* de France menacés ; — 2° des *discordes continuelles* au sein même de la famille royale d'Angleterre ; — 3° l'*opposition du clergé anglais* soutenu par le pape qui se considère comme le suzerain du nouveau royaume ; — 4° les efforts faits par la *féodalité anglaise, unie à la bourgeoisie*, pour s'émanciper, pour poser des limites à la trop grande puissance de la royauté.

Après Guillaume le Conquérant, ses deux fils régnèrent successivement : **Guillaume II le Roux**, de 1087 à 1100 ; **Henri I$^{er}$ Beau Clerc** (c'est-à-dire le savant), de 1100 à 1137. Avec celui-ci finit la dynastie normande ; sa fille *Mathilde*, son unique héritière, fut privée de la couronne par son cousin *Étienne de Blois*, et, en 1154 seulement, le fils de Mathilde, *Henri II Plantagenet*, comte d'Anjou, put monter sur le trône.

**Henri II** (1154-1189), tige de la **dynastie** nouvelle **des Plantagenets**, était à son avènement le plus puissant roi de l'Europe. Il tenait de sa mère la *Normandie* et l'*Angleterre* ; de son père, l'*Anjou*, le *Maine*, la *Touraine* ; de sa femme Éléonore de Guyenne, toute l'*Aquitaine* entre la Loire et les Pyrénées. Mais, à l'intérieur, il ne put réduire par les *Statuts de Clarendon* la puissante féodalité ecclésiastique. Il trouva un redoutable adversaire dans l'archevêque de Cantorbéry, *Thomas Becket*, et, quand il eut fait assassiner ce prélat dans sa cathédrale, il fut si bien poursuivi par la réprobation publique qu'il dut abolir les *Statuts* et faire amende honorable au tombeau de sa victime. Ses démêlés avec l'Église, et, en même temps, les révoltes continuelles de ses quatre fils, l'empêchèrent de lutter avec avantage contre les rois de France *Louis VII* et *Philippe-Auguste*.

**Richard Cœur de Lion** (1189-1199) fut le héros de la troisième croisade, mais il se rendit odieux par ses exactions. — **Jean sans Terre** (1199-1216) s'attira la haine et le mépris de tous par le meurtre de son neveu *Arthur*, par la lâcheté avec laquelle il laissa le roi de France lui enlever toutes ses provinces au nord de la Loire. (Cf. XIX. 3.)

**13. La grande Charte (1215).** — Ces revers provoquèrent un mouvement national d'où devaient sortir les libertés anglaises.

En 1215, après Bouvines, les barons, s'unissant aux bourgeois, prirent les armes, et forcèrent Jean à signer, dans la *prairie de Windsor*, près de Londres, la **grande Charte, base des libertés fondamentales de l'Angleterre.** Le roi s'engageait à ne pas lever d'impôts sans le consentement du Conseil des barons.

Ce premier progrès fut suivi de nouvelles conquêtes : — en **1258, périodicité du grand conseil national ;** — en **1264, entrée au Parlement (1) des représentants de la petite noblesse et de la bourgeoisie** qui formeront plus tard la **chambre basse** ou **des communes**, comme les barons formeront la **chambre haute** ou **des lords**.

Les **barons**, trop faibles pour lutter contre la Royauté, s'étaient **unis aux bourgeois**, et ils n'avaient sauvé leurs droits qu'en assurant ceux de leurs alliés. « Voilà comment, par l'accord des bourgeois et des nobles, se sont fondées en Angleterre les libertés publiques, et pourquoi la noblesse y est restée populaire. Ainsi le sentiment qui domine chez nos voisins est celui de la liberté qui a fait leurs belles institutions, et ils n'ont pas la passion de l'égalité à laquelle, en France, nous sacrifions tout.

» Aux premiers jours de notre vie nationale, l'oppresseur n'était pas le petit seigneur de l'Île-de-France qui portait la couronne, mais la féodalité ; les opprimés, roi et peuple, s'unirent contre elle, et le chef qui conduisit la bataille garda pour lui tous les profits de la victoire, si bien que, au lieu des libertés générales, nous avons eu l'autorité absolue du

---

(1) Il faut bien se garder de confondre le Parlement anglais avec l'ancien Parlement français. — Le Parlement anglais était un corps tout politique comprenant la Chambre des Lords et celle des Communes ; — le Parlement n'était, en France, que la haute cour de justice du royaume.

roi, puis le sentiment et le besoin de l'égalité trouvée dans la commune dépendance, vis-à-vis de lui, des nobles et des vilains » (*V. Duruy*).

**Devoirs oraux.** — 1. Harold en Normandie. — 2. Expédition de Guillaume et bataille de Hastings. — 3. Condition des Anglo-Saxons vaincus. — 4. Mort de Guillaume. — 5. Dites ce que vous savez sur Harold. — 6. Résumez la vie de Guillaume.

**Devoirs écrits.** — 1. Conquête de l'Italie méridionale et de la Sicile par les Normands. — 2. L'Angleterre depuis la chute de l'Empire romain jusqu'en 1066. — 3. Histoire de Harold. — 4. Les prétentions de Guillaume de Normandie ; son expédition ; sa victoire à Hastings. — 5. Condition des vaincus ; leur spoliation. — 6. Constitution de la féodalité anglo-normande, mais force de la royauté. — 7. Henri II, sa puissance ; obstacles qu'il rencontre ; sa lutte contre les rois de France. — 8. Richard Cœur de Lion. — 9. Jean sans Terre. — 10. La grande Charte. (*Pour les devoirs 7, 8, 9, consulter les chapitres suivants ; — pour le devoir 8, consulter également le chapitre XV, 3ᵉ croisade.*)

### TABLEAU XVI.

**Les Normands en Angleterre et dans les Deux-Siciles.**

**1° Les Normands en Italie.**
1. Italie du Sud disputée par Lombards, Grecs, Sarrasins.
2. Pèlerins normands à Salerne, 1006. — Conquête de la Pouille.
3. Robert Guiscard, vassal du pape vaincu à Civitella, 1053 ; — il soumet l'Italie du Sud ; — attaque l'Empire grec ; — délivre Grégoire VII ; meurt en 1085.
4. Roger soumet la Sicile.
5. Roger II fonde le royaume des Deux-Siciles, 1130.

**2° Conquête de l'Angleterre par les Normands.**
1. Les Angles et les Saxons ; leur sept États. — Alfred le Grand. — Invasion et conquête danoise : Kanut le Grand. — Restauration du Saxon Édouard *le Confesseur* ; sa mort, 1066.
2. Harold, chef du parti national, proclamé roi ; — ses engagements envers Guillaume, duc de Normandie.
3. Guillaume : — il est soutenu par le pape ; — il débarque à Pevensey.
4. Bataille de Hastings : défaite et mort de Harold, 1066.
5. Guillaume couronné à Londres.
6. Fin de la lutte, 1073 : le camp du refuge.

3º Conséquences.
1. Horribles ravages ; — lois impitoyables : — l'idiome saxon proscrit ; — les *outlaws*.
2. Spoliation complète des vaincus (*doomsday-book*) ; toutes les terres données aux vainqueurs.
3. Puissance de la royauté : — serment direct de vassalité ; — morcellement des fiefs.
4. Lutte de Guillaume contre Philippe I<sup>er</sup> de France ; — sac de Mantes ; — mort du Conquérant, 1087.

4º Successeurs de Guillaume.
1. Leur puissance, mais causes de faiblesse : — opposition des rois de France ; — du clergé anglais ; — des barons unis aux bourgeois ; — discordes de famille.
2. Henri II (1154-1189), tige de la dynastie des Plantagenets. — Sa puissance ; — mais statuts de Clarendon et lutte contre Thomas Becket ; — révoltes de ses quatre fils.
3. Richard Cœur de Lion, 1189-1199.
4. Jean sans Terre (1199-1216) : — la grande Charte, 1215. — Périodicité du conseil national, 1258 ; — entrée des bourgeois au Parlement, 1264.

## XVII

## Affranchissement des villes. Les communes.

### Résumé.

1. — Au XII<sup>e</sup> siècle les villes, devenues plus riches, obtiennent des garanties contre la Féodalité, les unes par un accord pacifique avec leurs seigneurs, les autres par une révolution violente.

2-3. — La *commune* affranchie possède une *charte* qui règle ses devoirs envers le seigneur et fixe son administration intérieure. — Elle est gouvernée par des conseils élus, défendue par une milice communale. — Le *beffroi* s'élève au-dessus de l'*hôtel de ville*.

4. — Au midi, les villes affranchies prennent le nom de *villes consulaires*.

5. — Les rois accordent à leurs villes des *chartes de bourgeoisie.* — L'anarchie et les progrès du pouvoir royal

doivent détruire l'indépendance des communes qui ont donné naissance au *tiers état*.

Récit.

**1. Les Communes.** — Après la chute de l'Empire romain, les **villes** étaient tombées dans une **misère profonde**; l'anarchie avait détruit tout commerce, toute industrie; les hommes riches et puissants avaient préféré le séjour des campagnes, et peu à peu la vie sociale s'était retirée des cités. La plupart avaient perdu leurs franchises municipales, et elles subissaient, surtout au nord et au centre, tous les abus de l'arbitraire féodal.

La rénovation sociale qui marqua la fin du xie siècle et le commencement du xiie, la lutte qui s'engageait partout contre la force brutale réveillèrent leurs désirs d'indépendance. D'ailleurs, le commerce et l'industrie commençaient à renaître ; les bourgeois, devenus plus riches, sentaient plus vivement le besoin de garanties contre la féodalité.

Sur plusieurs points, les seigneurs prévinrent l'insurrection en accordant d'eux-mêmes aux bourgeois les libertés qu'ils demandaient. Mais si le seigneur refusait, la **commune** était **jurée**; les bourgeois prenaient les armes et la force en décidait.

**2. L'insurrection communale.** — Une agitation plus ou moins longue précédait la prise d'armes. On parlait aux veillées, au fond de sa boutique, des exactions subies, des meurtres impunis, des pillages continuels. On disait, comme le poète du xiie siècle : « *Nous sommes hommes comme les seigneurs; tout aussi grand cœur nous avons; tout autant souffrir nous pouvons.* »

Quelquefois on apprenait qu'une cité voisine s'était affranchie du joug par quelques heures d'héroïsme. Les esprits s'échauffaient dans ces entretiens où chacun s'apercevait que son grief personnel était le grief de tous.

Tout d'un coup, le plus souvent la nuit, et lorsqu'un attentat nouveau venait de ranimer les colères, quelques vigoureux compagnons tombaient sur les gardiens d'une tour, d'une maison à créneaux (1), d'un pont fortifié. Victorieux, ils s'établissaient dans leur conquête, puis se répandaient aux alentours en criant : *Commune ! Commune !*

*Commune* voulait dire réunion des citoyens liés par un contrat librement accepté, *communion, confédération, conjuration, fraternité.*

Au cri de *Commune !* tous, marchands et ouvriers, sortaient de leurs demeures, armés des rudes instruments de leur travail. La lutte devait être difficile; mais ne vaut-il pas mieux succomber sous un coup unique, avec la liberté dans l'âme et sur les lèvres, que de périr en détail, tué par les mille coups d'une tyrannie impitoyable ?

Les *conjurés* ne marchandaient pas leur vie. Ils repoussaient de rue en rue les chevaliers bardés de fer et les hommes d'armes ; puis ils mettaient le siège devant les maisons fortifiées des quelques nobles qui résidaient dans la ville et ne voulaient pas de l'institution nouvelle. Souvent il y avait à prendre d'assaut ou par la famine une douzaine de ces petites forteresses, sans compter la grosse tour, où se retirait d'ordinaire le principal seigneur, et il fallait alors combattre des semaines entières pour triompher.

Plus d'une fois dans ces luttes pour la liberté on vit des femmes combattre à côté des hommes. C'est ainsi que quatre-vingts femmes voulurent prendre part à l'attaque du château d'Amiens et s'y firent toutes blesser.

**3. Organisation de la commune.** — Enfin l'ennemi était chassé ; la ville se possédait elle-même. Alors éclatait l'ivresse d'un enthousiasme universel. Toutes les cloches lançaient dans les airs leurs joyeux carillons. Les citoyens se précipitaient sur la grand'place, et là ils prêtaient le serment qui les associait désormais dans une même vie politique.

**La charte** (2) **communale** est le pacte conclu entre le

---

(1) CRÉNEAUX. On appelait *créneaux* la partie pleine de la maçonnerie, coupée en forme de dents, qui couronnait les murailles des châteaux forts. — (2) CHARTE, morceau de *parchemin*, c'est-à-dire de peau de mouton, préparé pour écrire (on n'avait pas encore inventé le papier de linge). — Sur les chartes étaient écrits les droits de la ville, son organisation, etc.

seigneur et la ville. Elle règle d'abord les **devoirs de la ville à l'égard du seigneur**, car la commune ne devient pas complètement indépendante ; elle règle ensuite son **organisation intérieure**, sa constitution et ses lois. « *Commune*, dit un ennemi des communes, *Guibert de Nogent*, est un mot nouveau et très méchant, et voici ce qu'on entend par ce mot : les hommes des villes ne payent plus qu'une fois l'an à leur seigneur la redevance à laquelle ils sont assujettis ; s'ils commettent quelque délit, ils en sont quittes pour une amende légalement fixée, et quant aux autres levées d'argent qu'on a coutume d'infliger aux serfs, ils en sont entièrement exempts. »

La promulgation de la charte est accompagnée de deux grandes solennités : *l'organisation de l'armée municipale* et la *nomination des divers conseils* qui doivent rendre la justice et administrer la commune.

Ces **conseils** sont présidés par un ou plusieurs magistrats élus qu'on désigne sous le nom de **maires**, d'**échevins**.

Mais il faut avant tout songer à défendre la nouvelle commune.

On organise avec soin une **milice** dont les chefs sont choisis parmi les plus dévoués des citoyens. Cette milice va chaque jour faire bonne garde auprès des murs d'enceinte. Quelquefois elle se répand dans la banlieue (1) pour la protéger contre les seigneurs ; quelquefois même, elle met le siège devant le repaire crénelé d'un noble bandit qui a détroussé les marchands.

Chaque quartier a sa garde particulière, son petit drapeau, ses capitaines, ses grosses *chaînes de fer* qu'on peut tendre dans les rues étroites pour arrêter la cavalerie féodale, en cas de surprise. Des *veilleurs de nuit* sont placés aux bastions des remparts, du côté des quatre vents, pour donner l'alerte.

Enfin, au centre de la ville, à côté ou au-dessus de la salle où s'assemblent tantôt les électeurs, tantôt les magistrats élus, s'élève le clocher civique, ce glorieux **beffroi** où dort, attendant l'heure d'épreuve, la *cloche du tocsin* (2).

---

(1) Banlieue, campagne voisine de la ville. — (2) Tocsin, ce mot vient du vieux français *tocque-seing*, qui frappe le signal.

Le vieux beffroi de Bruxelles (XVe siècle).

Les citoyens aiment avec passion la tour de leur beffroi. Eux, si économes ordinairement de leurs deniers municipaux, n'épargnent rien pour la parer de hautes flèches, d'élégants clochetons, de splendides dentelles de pierre. Bientôt elle devint tout un monument.

C'est ainsi que dans chaque cité libre, il y a à côté de la cathédrale, l'**hôtel de ville**, resplendissant comme elle ; et les petits bourgeois se sentent plus fiers que les plus orgueilleux barons « lorsque le soir, après leur tâche quotidienne, humant l'air sur le seuil de leurs boutiques, ils regardent monter vers le ciel, par-dessus les maison basses, leurs deux édifices, dont l'un dit : *Dieu et prière ;* l'autre : *Liberté et héroïsme.* » (D'après F. *Morin.*)

**4. Les villes consulaires.** — Les villes du midi, plus riches que les villes du nord, et moins soumises à la féodalité, avaient toujours conservé quelques restes des libertés municipales dont elles avaient joui au temps de l'Empire romain. Elles firent revivre toutes ces libertés et mirent à leur tête des magistrats appelés *consuls ;* on les appela les **villes consulaires**.

Quelques-unes de ces villes, *Marseille, Montpellier, Toulouse* furent de véritables républiques indépendantes.

**5. Les villes de bourgeoisie.** — On a dit que Louis VI avait été le *père des communes.* C'est une erreur. Louis VI a bien confirmé quelques chartes, mais la révolution communale se développa sans son intervention. **Aucune commune ne s'est formée dans les domaines royaux.** Les rois, et, à leur exemple, quelques seigneurs accordèrent des **chartes de bourgeoisie**, renfermant des privilèges considérables, mais maintenant les villes qui les recevaient sous l'administration des officiers royaux.

Les communes, trop isolées et trop faibles, ne sauront pas conserver longtemps leur indépendance. Agitées par les discordes intestines, menacées par de nombreux ennemis, elles demanderont ou subiront la protection royale ; elles deviendront *villes de bourgeoisie.* Leurs habitants formeront, à côté de la noblesse et du clergé, un troisième ordre, le **tiers état**.

**Devoirs oraux.** — 1. L'insurrection communale : la prise d'armes, la lutte, la victoire. — 2. L'organisation communale ; le beffroi et l'hôtel de ville.

**Devoirs écrits.** — 1. Causes de la révolution communale. — 2. L'insurrection de la commune.— 3. Organisation de la commune : la charte, etc. — 4. Rôle de la royauté dans la révolution communale. — 5. Résumez ce chapitre.

### TABLEAU XVII.

### Affranchissement des villes.

1º **Les communes**
1. État misérable des villes après les invasions.
2. Progrès des villes au XIe siècle et au XIIe ; — réveil de l'industrie et du commerce.
3. Parfois des garanties accordées par les seigneurs eux-mêmes.
4. Mais souvent nécessité d'une prise d'armes : la *commune jurée*.

2º **Organisation.**
1. La charte communale
   1) elle fixe les droits du seigneur ;
   2) elle règle l'organisation intérieure.
2. Armée municipale.
3. Conseils élus : — maires, échevins.
4. L'hôtel de ville ; — le beffroi ; — la cathédrale.
5. Dans le midi, villes consulaires.

3º **Rôle de la royauté.**
1. Elle ne favorise pas la révolution communale.
2. Elle accorde seulement des chartes de bourgeoisie.
3. Elle détruit, plus tard, l'indépendance des communes.

4º **Résultats.**
1. Cause d'affaiblissement pour la Féodalité.
2. Naissance du tiers état.

## XVIII

## La royauté capétienne : Louis VI et Louis VII

### Résumé.

1. — Hugues Capet et ses premiers successeurs, Robert le Pieux, Henri Ier, Philippe Ier (987-1108) ont été presque aussi faibles que les derniers Carolingiens. — Le domaine royal comprend seulement l'Ile-de-France et l'Orléanais.

2. — Mais, en 1108, Louis VI *le Gros*, monte sur le trône ; avec lui la Royauté se réveille ; elle est soutenue dans sa lutte contre la Féodalité, par l'Église et par le peuple.

3-4. — Louis VI s'empare du château du Puiset et soumet les barons du domaine royal ; son autorité s'étend sur une partie de la France. — Il résiste aux Anglais, malgré la défaite de Brenneville, en 1119, et repousse une invasion allemande.

5-6. — Louis VII *le Jeune* (1137-1180) fait faire à la Royauté de nouveaux progrès, grâce à l'habile administration de Suger. — Mais il entreprend une seconde croisade qui est malheureuse, et résiste avec peine au puissant roi d'Angleterre, Henri II Plantagenet, époux d'Éléonore d'Aquitaine, maître de toute la France occidentale.

### Récit.

**1. Faiblesse des premiers Capétiens. — Robert le Pieux.** — Les commencements de la royauté capétienne, qui devait être si forte, furent bien modestes. **Hugues Capet et ses premiers successeurs furent presque aussi faibles que les derniers Carolingiens.**

Ils ne surent pas relever la royauté ; ils se bornèrent à assurer à leurs enfants la transmission du titre royal ; c'était déjà beaucoup ; la royauté nouvelle durait et la durée établissait sa légitimité.

**Robert II**, le second capétien (996-1031), eut les vertus d'un moine, mais il n'avait aucune des qualités qui conviennent à un roi. Il composait des hymnes en latin, chantait au lutrin avec les religieux de Saint-Denis, quittait ses soldats au fort d'un assaut pour aller prier dans une église voisine.

Sa charité était grande. Il nourrissait, dit-on, trois cents pauvres dans son palais. Un jour, dit la légende, l'un d'eux coupant les glands d'or du manteau royal, Robert s'en aperçut et dit à celui qui le dépouillait : « *Va-t'en, va-t'en ; contente-*

toi de ce que tu as pris ; un autre aura besoin du reste. » Le voleur s'en alla tout confus.

Le pieux Robert fut cependant excommunié parce qu'il avait épousé *Berthe*, sa parente à un degré prohibé par l'Église. Il céda, renvoya Berthe et épousa *Constance*, fille du duc d'Aquitaine.

Les successeurs de Robert le Pieux, **Henri I$^{er}$** (1031-1060), et **Philippe I$^{er}$** (1060-1108), passèrent obscurément sur le trône, occupés de misérables intrigues ou bataillant sans gloire ni profit contre les petits barons du domaine royal.

ILE DE FRANCE ET PAYS VOISINS (Domaine royal en 1108)

A la mort de Philippe I$^{er}$, en 1108, le **domaine royal** ne comprenait que l'*Ile-de-France* (1), l'*Orléanais* (2) et le *pays de Bourges* (3). Même dans ces étroites limites l'autorité du roi n'était guère respectée. Les seigneurs du *Puiset*, de *Corbeil*,

---

(1) ILE-DE-FRANCE, ancienne province qui a formé les cinq départements de la Seine, Seine-et-Oise, Seine-et-Marne, Oise et Aisne. — (2) ORLÉANAIS, ancienne province qui a formé les départ. du Loiret, Loir-et-Cher, Eure-et-Loir. — (3) Département du Cher.

de *Montmorency* (1), bien d'autres encore, rançonnaient les marchands, pillaient les gens d'Église, interceptaient les communications et étendaient leurs brigandages jusqu'aux portes de Paris.

On pouvait aller avec quelque sûreté de Paris à Saint-Denis, mais au-delà on ne chevauchait plus que la lance sur la cuisse. Le roi ne pouvait voyager qu'avec une armée de sa ville de Paris à sa ville d'Orléans. — « *Veille bien*, disait Philippe I$^{er}$ à son fils, *veille bien sur cette tour de Montlhéry* (2) ; *ce sont presque ses vexations qui m'ont fait vieillir; et par ses trahisons, par sa méchanceté, je n'ai jamais pu avoir ni bonne paix, ni repos.* »

**2. Louis VI (1108-1137). — Réveil de la royauté.** — Avec Louis VI la royauté capétienne se réveille ; elle fait ses premiers pas hors du régime féodal et se présente comme un pouvoir public appelé à maintenir au profit de tous et contre tous l'ordre et la justice. Dès lors **les rois entreprennent contre la féodalité une longue lutte qui doit avoir pour résultat principal la formation de l'unité française.** Ils seront **aidés** par tous ceux qui ont besoin d'ordre et de protection, **par l'Église, par les populations des villes et des campagnes.** D'ailleurs, comme **suzerains**, les rois ont le droit d'intervenir dans les querelles de leurs vassaux et de leur imposer leur arbitrage ; ils peuvent les faire condamner comme félons et confisquer leurs domaines ; ils héritent des fiefs dont les possesseurs sont morts sans enfants.

Louis VI, avant d'être connu sous le nom de Louis *le Gros*, mérita par son activité d'être appelé Louis *le Batailleur* ou *l'Éveillé*. Le but qu'il se proposa fut de rétablir l'ordre, de protéger les faibles. « Il entreprit, dit l'abbé de Saint-Denis, **Suger**, qui fut son ami et son biographe, de pourvoir aux besoins des Églises, et, *ce qui avait été négligé longtemps*, de veiller à la sûreté des laboureurs, des artisans et des pauvres. »

---

(1) PUISET, dans l'arrondissement de Chartres (Eure-et-Loir). — CORBEIL, sous-préf. de Seine-et-Oise. — MONTMORENCY, ch.-lieu de canton (Seine-et-O.). — (2) MONTLHÉRY (Seine-et-Oise).

Toujours à cheval, suivi de quatre ou cinq cents hommes d'armes, il courait partout où l'appelaient les évêques et les abbés; « car le devoir des rois est de réprimer de leur main puissante, et *par le droit originaire de leur office,* l'audace des grands qui déchirent l'État par des guerres sans fin, désolent les pauvres, détruisent les églises. »

C'est ainsi qu'il parvint à donner de la royauté l'idée d'un pouvoir distinct de la féodalité et destiné à jouer le rôle d'une *sorte de justice de paix universelle.*

Louis VI eut pour alliés tous ceux qu'il protégeait. « La gloire de l'Église de Dieu, disait Suger, est dans l'union de la royauté et du sacerdoce »; et les évêques ordonnaient aux prêtres d'accompagner le roi à la guerre avec leurs paroissiens et leurs bannières. En même temps, sous l'inspiration et avec la protection de l'Église, les habitants des campagnes s'unissaient et formaient des *ligues pour la paix* qui devaient être d'utiles auxiliaires pour la royauté.

**3. Guerres de Louis VI contre les vassaux du domaine.** — Louis combattit d'abord les barons turbulents et pillards du domaine royal. Ce ne fut qu'après de longs efforts qu'il réussit à les soumettre. Le récit de la lutte qu'il eut à soutenir contre *Hugues le Beau,* **seigneur du Puiset,** montre bien quels furent les premiers travaux de la royauté.

« On eût préféré, dit *Suger,* avoir affaire à un Turc qu'au baron du Puiset, loup dévorant qui désolait tout l'Orléanais. » Le roi résolut de venir le traquer dans son fort, comme une bête féroce dans son antre.

Bientôt toutes les machines de guerre sont en présence de la redoutable forteresse. Celle-ci est située sur une hauteur surmontée d'un donjon, fortifiée d'un rempart, défendue par une palissade, un large fossé, un mur, un second fossé, un second mur large de deux mètres, flanqué de tourelles et de redoutes de distance en distance.

Le combat s'engage. Ce n'est en l'air qu'une grêle de pierres, de flèches, de javelots qui portent la mort au hasard parmi assiégés et assiégeants, et surtout parmi ces derniers, qui combattent à découvert. Après huit heures d'une lutte acharnée, le roi et son allié, le comte de Blois, se retirent pour se concerter.

Pendant ce temps, Suger, qui a vu l'inutilité des premiers efforts, est allé dans les campagnes environnantes ramasser de vieilles portes et des pièces de bois pour en faire des abris. Il a à sa suite des chariots pleins de paille, d'huile, de graisse. Il fait ranger tous ces combustibles au pied de la muraille et ordonne d'y mettre le feu.

Bientôt un nuage d'épaisse fumée monte vers les assiégés. Leur vue en est obscurcie, et les assiégeants, déjà mieux défendus par leurs abris, échappent aux coups de l'ennemi. Ils gagnent du terrain et le succès ne paraît plus douteux, quand une pluie épouvantable et le changement de vent viennent encore déconcerter leurs efforts.

Les assaillants sont à leur tour battus. Désespérant du succès, ils vont se retirer, lorsqu'arrive un curé de campagne à la tête de ses paroissiens. Il s'élance vers une tour qui n'a pas encore été attaquée, portant devant lui pour toute défense une mauvaise planche. Il gagne, en grimpant, le pied de la palissade, et, suivi des siens, il la brise à force de bras, découvre un passage secret, et s'y jette, suivi du gros de l'armée.

Louis et le comte de Blois, un peu honteux de voir un curé leur apprendre à enlever une forteresse, le rejoignent et rivalisent d'ardeur avec lui dans l'étroit défilé, où ils trouvent en face d'eux les assiégés.

La victoire couronna enfin leurs efforts. Le seigneur du Puiset fut pris, son château détruit de fond en comble et un marché établi sur son emplacement.

**4. Guerres de Louis VI hors du domaine royal.** — Hors de son domaine, Louis VI s'appliqua à jouer le même rôle, allant batailler jusque sur les frontières de l'Auvergne (1) et de la Bourgogne (2), « afin qu'il parût clairement que l'efficacité de la vertu royale n'est point renfermée

---

(1) AUVERGNE, ancienne province formant aujourd'hui les départ. du Puy-de-Dôme, du Cantal, et une partie de la Haute-Loire. — (2) BOURGOGNE (Côte-d'Or, Yonne et Saône-et-Loire).

dans les limites de certains lieux. » — « *Il prouvait ainsi*, dit Suger, *que les rois ont les mains longues.* »

Les seigneurs apprirent qu'il faudrait désormais compter avec la Royauté.

Cavaliers à l'époque de Louis VI (d'après un dessin du moyen âge).

Le plus puissant ennemi du roi de France était **Henri I**[er], **duc de Normandie et roi d'Angleterre.** La lutte dura plusieurs années, mêlée de succès et de revers. On a conservé le souvenir du **combat de Brenneville** (1), où le roi de France fut vaincu, en 1119. Il n'y eut que trois chevaliers

---

(1) BRENNEVILLE, près des Andelys, chef-lieu d'arrond. (Eure).

tués dans cette bataille. Le fait mérite d'être remarqué et expliqué. Les armures de fer rendaient les guerriers presque invulnérables. D'ailleurs les chevaliers, souvent unis par des liens de parenté ou d'amitié, cherchaient plutôt à se faire prisonniers, pour avoir rançon, qu'à se tuer impitoyablement.

Dans cette bataille un chevalier normand saisit la bride du cheval du roi ; il s'écriait : « *Le roi est pris !* », lorsque Louis l'abattit d'un coup de masse d'arme, en lui disant : « *Ne savais-tu pas qu'on ne prend pas le roi, même aux échecs* (1) ? ».

Quelques années plus tard, **l'empereur d'Allemagne, Henri V**, ayant envahi la France, « il vint se grouper autour de l'*oriflamme* (2) une si grande quantité de cavaliers et de gens à pied, qu'on eût dit des nuées de sauterelles couvrant la surface de la terre. »

L'empereur effrayé rebroussa chemin.

Le roi se montre ainsi le **chef national** contre l'étranger. Les progrès que Louis le Gros a fait faire à la royauté ont été rapides.

**5. Louis VII le Jeune (1137-1180).** — Louis VII le Jeune n'avait pas les qualités de son père, mais il conserva auprès de lui l'habile **Suger**, et les seigneurs ne purent profiter de la faiblesse du roi.

L'événement le plus remarquable du règne de Louis VII fut la **seconde croisade** (Cf. XV, § 2). L'expédition fut malheureuse. Lorsque, après son échec devant **Damas**, le roi revint en France, il n'avait plus avec lui que trois cents chevaliers (1142). — Pendant son absence, Suger avait sagement administré le royaume et mérité le beau nom de *Père de la patrie.* « *C'est l'âme qui fait les nobles* », a dit avec raison le biographe de ce grand homme.

**6. Origine de la rivalité de la France et de l'Angleterre.** — Malgré Suger, Louis VII commit la faute

---

(1) On joue aux échecs avec des pièces dont une porte le nom de *roi*.
— (2) ORIFLAMME (flamme d'or), bannière de l'abbaye de Saint-Denis, formée d'un étendard de couleur rouge semé de flammes d'or. Louis VI fut le premier qui fit déployer l'oriflamme à la tête de ses armées ; elle ne reparut plus après la bataille d'Azincourt (1515).

de faire annuler par l'Église son mariage avec *Éléonore d'Aquitaine*, dont la dot comprenait la Guyenne (1), la Gascogne (2) et le Poitou (3). La riche héritière épousa *Henri Plantagenet*, comte d'Anjou (4), duc de Normandie, qui devait bientôt devenir roi d'Angleterre et marier son fils avec l'héritière du duché de Bretagne. *Henri se trouvait ainsi possesseur de toute la France occidentale. Il dominait sur un territoire correspondant à 47 de nos départements, tandis que Louis VII n'exerçait son pouvoir que sur le territoire de 20 départements.*

Une longue lutte va éclater entre le roi de France et le roi d'Angleterre. Les Capétiens semblent bien faibles auprès de leurs rivaux, mais ils finiront par l'emporter grâce aux avantages que leur donne leur suzeraineté, grâce aux luttes continuelles que Henri II est forcé de soutenir contre les Écossais (5), contre son clergé, contre ses propres fils sans cesse révoltés.

**Devoirs oraux.** — 1. Robert le Pieux. — 2. Siège et prise du château du Puiset. — 3. Combat de Brenneville.

**Devoirs écrits.** — 1 Faiblesse de la royauté en 1108. Le domaine royal. — 2. Résumez le règne de Louis le Gros. — 3. Siège du Puiset. — 4. Combat de Brenneville. — 5. Le règne de Louis VII.

**Cartes.** — 1. Le domaine royal en 1108. — 2. Carte indiquant les possessions de Henri Plantagenet et celles de Louis VII.

TABLEAU XVIII.

### Louis VI. — Louis VII.

1° les premiers Capétiens 987-1108.
- 1. Hugues Capet.
- 2. Robert le Pieux.
- 3. Henri I<sup>er</sup>.
- 4. Philippe I<sup>er</sup>.
} Leur impuissance.
- 5. Domaine royal en 1108.
} Ile-de-France. Orléanais. Pays de Bourges.

---

(1) GUYENNE, ancienne province qui a formé les départements de la Gironde, Dordogne, Lot-et-Garonne, Tarn-et-Garonne, Lot, Aveyron. — (2) GASCOGNE, ancienne province qui a formé les départements du Gers, Landes, Hautes-Pyrénées. — (3) POITOU, ancienne province formant aujourd'hui les départements de la Vienne, Deux-Sèvres, Vendée — (4) ANJOU, ancienne province formant aujourd'hui le départemen de Maine-et-Loire. — (5) ÉCOSSE, partie nord de la Grande-Bretagne

| | |
|---|---|
| 2° Louis VI le Gros. 1108-1137. | 1. Réveil de la royauté; — la royauté soutenue par le peuple et par l'Église.<br>2. Luttes de Louis VI dans le domaine royal (prise du château du Puiset, etc.)<br>3. Luttes hors du domaine.<br>4. Luttes contre l'étranger; — lutte contre Henri I<sup>er</sup> d'Angleterre; — défaite de Brenneville, 1119; — invasion allemande repoussée. |
| 3° Louis VII 1137-1180. | 1. Administration habile de Suger.<br>2. Deuxième croisade. { Incendie de Vitry. Saint Bernard. Défilés du Taurus. Siège malheureux de Damas.<br>3. Éléonore d'Aquitaine, femme divorcée de Louis VII, épouse Henri Plantagenet (comte d'Anjou, duc de Normandie, roi d'Angleterre, etc.) — Rivalité des rois de France et d'Angleterre. |

## XIX

### Philippe-Auguste.

Résumé.

1. Philippe-Auguste règne de 1180 à 1223. Ce prince habile doit assurer le triomphe du pouvoir royal sur l'anarchie féodale. — Il épouse Isabelle de Hainaut et soutient les révoltes des fils de Henri II Plantagenet qui meurt en 1189.

2. A son retour de la troisième croisade, Philippe-Auguste lutte contre Richard Cœur de Lion qui périt, en 1199, au siège du château de Châlus.

3-4. Philippe-Auguste enlève à Jean sans Terre, successeur de Richard et meurtrier de son neveu Arthur, la Normandie, puis la Touraine, l'Anjou, le Maine et le Poitou. Il assure ses conquêtes par la victoire de Bouvines qu'il remporte, en 1214, sur les barons et l'empereur d'Allemagne Othon IV, alliés de Jean sans Terre.

5-6. Il affermit son pouvoir par une administration ferme et habile; — crée les baillis et les prévôts royaux; — embellit Paris; — fonde l'Université. — Il a assuré à la royauté la souveraineté territoriale.

7. Louis VIII, successeur de Philippe-Auguste (1223-1226) lutte contre les Anglais et prend part à la guerre des Albigeois, prêchée par Innocent III contre les hérétiques de la France méridionale. — Cette guerre doit se terminer, pendant la minorité de Louis IX, au profit de la royauté. — La brillante civilisation du Midi disparaît.

Récit.

**1: Philippe-Auguste (1180-1223)**. — Le règne de **Philippe-Auguste** est un des règnes les plus importants de notre histoire, **il assure le triomphe du pouvoir royal sur l'anarchie féodale.**

Lorsqu'il succéda à son père Louis VII, Philippe II ou *Auguste* (né au mois d'août), n'avait que quinze ans. Mais il était précoce d'esprit et de corps, avide de commander et d'agir, montrant déjà cette patience et cette habileté, peu scrupuleuse parfois, qui sont les traits dominants de son règne. « Quelque chose que fassent maintenant mes grands vassaux, disait-il, leurs forces et leurs grands outrages, il me convient de souffrir. Si à Dieu plaît, ils affaibliront et envieilliront, et je croîtrai en force et en sagesse : j'en serai alors vengé à mon tour. »

Tout d'abord, il se procura des ressources financières en persécutant les **Juifs**, en abolissant les dettes contractées envers eux, sauf un cinquième qu'on devait payer au roi, et enfin en les chassant du royaume. « Cette conduite à l'égard des Juifs n'a rien qui doive surprendre d'une époque où les croisades étaient sans cesse l'événement du jour. »

La popularité naissante du jeune roi s'augmenta encore par son **mariage avec Isabelle de Hainaut,** fille du comte de Flandre. Isabelle était la dernière **descendante de Charlemagne.** Ce mariage donna une légitimité nouvelle à la dynastie capétienne, et, quand le roi de quinze ans fit dans Paris son entrée solennelle avec sa reine de treize ans, la population les reçut avec des transports de joie.

La reine-mère, qui n'avait pas été consultée, les princes de Champagne, qui étaient jaloux de la maison de Flandre, les grands, qui n'avaient pas été attendus pour la cérémonie du sacre, allèrent se plaindre à **Henri II**. Le vieux roi mit son habileté à être généreux : il réconcilia la famille royale et traita avec Philippe. « Si quelqu'un a l'audace de vouloir faire du mal à l'un ou à l'autre d'entre nous, dit le traité, moi, Henri, j'aiderai selon mon pouvoir Philippe, roi de France, *mon seigneur*, contre tous les hommes ; et moi, Philippe, j'aiderai de tout mon pouvoir Henri, roi d'Angleterre, *mon homme* et *mon fidèle*, contre tous les hommes. »

La paix ne dura pas longtemps. **Philippe soutint les fils du roi d'Angleterre** révoltés contre leur père, les **Aquitains** et les **Normands**, qui avaient pris les armes, s'empara du **Vexin**, province qui mettait l'ennemi à deux pas de Paris. Henri II mourut en 1189, désespéré, maudissant ses fils et lui-même.

**3. Philippe-Auguste et Richard Cœur de Lion.** — Richard Cœur de Lion succéda à Henri II. C'était le grand ami du roi de France. Les deux princes partirent pour la **troisième croisade** ; ils étaient brouillés avant d'arriver en Palestine (*Voir pour la 3ᵉ croisade, XV, § 3-4*). — Quand la ville de *Ptolémaïs* fut prise, Philippe-Auguste revint en France : il était malade du soleil d'Orient ; blessé et irrité par les emportements de ce Richard dont toute la vie fut « un accès continu de violence furieuse » ; jaloux de la gloire de son rival ; désireux de veiller aux intérêts de sa couronne.

Avec une habileté peu généreuse, Philippe-Auguste voulut mettre à profit l'éloignement du roi anglais, puis sa longue captivité en Allemagne ; il s'allia, pour le dépouiller, avec **Jean sans Terre**, dernier fils de Henri II. Mais le pape intervint ; l'empereur, menacé d'excommunication, fut obligé de relâcher le croisé. « *Prenez garde à vous*, écrivit-il à Philippe et à Jean, *le diable est déchaîné*. » (1194).

Jean acheta sa grâce par le massacre de la garnison française qu'il avait introduite lui-même dans *Évreux*, et Richard commença la guerre contre le roi de France. Mais la croisade était trop récente et la chevalerie trop fatiguée pour qu'on pût frapper de grands coups. Philippe fut vaincu à *Fréteval* ;

Richard à *Aumale* et aux *Andelys* (1). Après cette défaite, le roi d'Angleterre, plein de rage, fit arracher les yeux à quinze prisonniers et les envoya à Philippe sous la conduite d'un autre auquel il avait laissé un œil. Aussitôt le roi de France fit aveugler quinze chevaliers anglo-normands, « afin que nul ne le pût estimer inférieur à Richard en force et en courage, ou penser qu'il le redoutât. »

En 1199, les menaces du pape *Innocent III* amenèrent une trêve entre les deux ennemis. La même année, Richard assiégeait le *château de Châlus* (2), en Limousin, lorsqu'un archer lui creva l'œil droit d'un coup d'arbalète; il en mourut. « *Il est mort*, chantait un *troubadour* ami des batailles, *il est mort le chef et le père de la vaillance; il est mort! Hélas! que deviendront désormais les combats héroïques, les brillants tournois, les cours splendides!* » — Mais un homme du peuple faisait au brutal roi d'Angleterre cette épitaphe plus vraie : « *L'avarice, le crime, la licence effrénée, l'insatiable ambition, l'aveugle concupiscence ont régné dix années; l'adresse et le bras vigoureux d'un arbalétrier ont abattu tout cela d'un seul coup.* »

**3. Philippe-Auguste et Jean sans Terre.** — La couronne d'Angleterre aurait dû appartenir au jeune *Arthur de Bretagne*, fils d'un frère aîné de Jean. Celui-ci s'empara du pouvoir et tua son neveu, peut-être de sa propre main, dans la tour de Rouen ou dans une barque sur la Seine.

**Jean sans Terre** était aussi lâche et aussi incapable qu'il était cruel; ses vices allaient permettre au roi de France de réaliser ses desseins; la monarchie des Plantagenets n'allait pas tarder à être démembrée.

Philippe-Auguste se déclara le vengeur du prince assassiné et somma le meurtrier de comparaître devant la **Cour des pairs**. L'Église seule jusqu'alors s'était attribué le privilège de poursuivre les rois pour leurs crimes privés; jamais aucun seigneur n'avait osé pénétrer dans la vie intime d'un vassal. Jean ne vint pas. La Cour des pairs le condamna, comme

---

(1) Fréteval, au nord-est de Vendôme (Loir-et-Cher); — Aumale, ch.-l. de canton (Seine-Inférieure); — Les Andelys, s.-préf. de l'Eure. — (2) Chalus, ch.-l. de canton (Haute-Vienne).

traître et meurtrier, à la mort et à la confiscation, et chargea le suzerain d'exécuter la sentence.

Philippe entra en Normandie (1203) et mit le siège devant *Rouen*. Les habitants obtinrent une trêve de trente jours : ils enverraient des députés à leur roi, mais ils rendraient la ville à l'expiration du délai s'ils n'avaient pas reçu de secours. Jean était à Douvres ; les envoyés se jetèrent à ses pieds, le suppliant de sauver la capitale du Conquérant. Il jouait aux échecs et continua sa partie sans répondre. A la fin, il s'écria brusquement qu'il n'avait pas de secours à leur donner et qu'ils n'avaient qu'à se garder eux-mêmes.

— Rouen se rendit ; la **Normandie** avait été séparée pendant 316 ans du domaine royal.

La **Touraine**, l'**Anjou**, le **Maine** et le **Poitou** furent aussi rapidement conquis (1204-1206).

Jean sans Terre (d'après un cachet).

Pendant qu'on lui enlevait ses provinces, Jean ne pensait qu'aux fêtes et aux festins ; « il banquetait chaque jour de façon splendide, prolongeant son somme du matin jusqu'à l'heure du repas, et ne pouvait s'arracher à l'ivrognerie et au jeu. » A la nouvelle des succès de son actif ennemi, l'indolent monarque se contentait de répondre en riant : « *Laissez-le faire ; tout ce qu'il me ravit peu à peu, je le reprendrai en un seul jour.* »

Cependant, en 1214, Jean sans Terre sembla se réveiller ; il fit alliance avec son neveu l'empereur d'Allemagne, *Othon IV*, et la plus grande partie des *seigneurs du nord de la France*, inquiets des progrès de la puissance royale.

Les coalisés se proposaient la ruine de la royauté et le démembrement de la France.

**4. Bataille de Bouvines (1214).** — La rencontre eut lieu à **Bouvines**, sur la **Marque**, près de Lille, le **27 août 1214**.

Philippe comptait sur les milices de l'Église et sur le

milices communales qui avaient répondu avec ardeur à son appel; mais il était moins sûr de ses grands vassaux. Aussi le matin, après la messe, les adjura-t-il de déclarer leurs sentiments de sympathie ou d'hostilité, en venant faire avec lui une sorte de communion, manger une tranche de pain trem-

FRANCE DE 987 À 1328

pée dans le vin. Comme presque tous s'approchaient avec empressement, le roi ému leur dit : « *Seigneurs, vous êtes tous mes hommes et je suis votre roi; je ne vous ai jamais fait aucun tort, mais vous ai traités selon la justice. Pour ce, je vous prie donc de garder aujourd'hui mon corps, mon honneur et le vôtre. Mais si vous croyez que la couronne soit mieux placée sur l'un de*

vous qu'en moi, je m'ôterai volontiers et la lui cède de bon cœur.
— Sire, s'écrièrent les barons, presque les larmes dans les yeux, Dieu merci, nous ne voulons d'autre roi que vous. Marchez hardiment contre vos ennemis; nous sommes tous prêts à mourir avec vous. »

Le comte de Flandre prisonnier (d'après un dessin du temps).

La bataille fut acharnée et sanglante. Le roi y courut de grands dangers. Il était déjà renversé de cheval et les Allemands, ne pouvant percer l'armure qui le protégeait, s'efforçaient de le saisir avec les crochets de fer dont leurs lances étaient garnies, lorsque *Guillaume des Barres* accourut. C'était le plus vaillant chevalier de France, le seul champion qui dans les tournois eût réussi à vaincre Richard Cœur de Lion. On le vit s'ouvrir avec son épée à travers les bataillons un chemin où l'on eût pu « mener un char à quatre roues ». Philippe fut sauvé.

L'empereur allemand fut à son tour menacé; Guillaume des Barres fut sur le point de le saisir et Othon ne dut son salut qu'à la vitesse de son cheval. — A gauche, *Renaud, comte de Boulogne*, résistait avec les Anglais. « A cette vue, *Philippe de Dreux, évêque de Beauvais*, s'afflige, et comme il tenait, *par hasard*, une massue à la main, oubliant sa qualité d'évêque, il frappe le chef ennemi, l'abat, et avec lui bien d'autres, brisant les membres, mais ne versant pas le sang, et recommandant à ceux qui l'entouraient de dire que c'étaient eux qui avaient fait ce grand abatis, de peur qu'on ne l'accusât d'avoir commis une œuvre illicite à un prêtre. » — Le triomphe des Français fut complet.

La joie fut grande à la nouvelle de la victoire de Bouvines, la **première de nos victoires nationales**. « Les clercs, dit un contemporain, chantaient dans les églises de doux chants en louanges de Notre-Seigneur; les cloches sonnaient à carillon; les rues et les maisons des bonnes villes étaient vêtues et parées de draperies et de riches étoffes. »

« Tout le peuple, petits et grands, hommes et femmes, vieux et jeunes, accourait aux carrefours des chemins; les moissonneurs s'assemblaient, leurs râteaux et leurs faucilles sur l'épaule, pour voir le comte de Flandre *Ferrand enferré*. « *Ferrand, le voilà ferré maintenant; tu ne regimberas plus pour ruer et lever le talon contre ton maître.* »

« Les bourgeois de Paris et les écoliers de l'Université allèrent à la rencontre du roi. Ils firent une fête sans égale qui dura pendant sept jours et sept nuits.

La victoire de Bouvines avait assuré les conquêtes de Philippe-Auguste. Le domaine royal s'étendait peu à peu ; il allait bientôt comprendre la plus grande partie de la France.

**5. Gouvernement de Philippe-Auguste.** — Philippe-Auguste affermit le pouvoir royal par de sages institutions. Il confia l'administration du domaine à des **baillis** et à des **prévôts**, chargés de rendre la justice et de lever les impôts. — Ces magistrats étaient soumis à une active surveillance et pouvaient être révoqués à volonté.

**Paris** fut l'objet des préoccupations de Philippe-Auguste. Les rues n'étaient pas pavées et souvent la boue était si épaisse, que les voitures s'y enfonçaient jusqu'au moyeu. Dans les plus élégantes et les plus fréquentées, on semait du foin et de la paille, et on appelait ces rues favorisées rue du *Foin* ou rue du *Fouarre*. Le roi fit commencer le pavage de la ville.

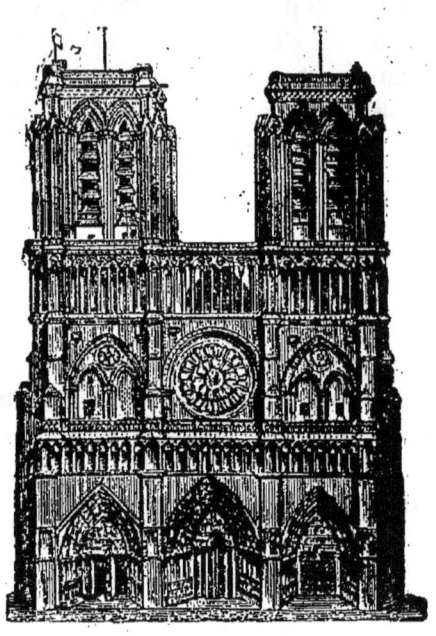

Notre-Dame de Paris.

L'enceinte fortifiée de la ville fut agrandie. — C'est alors que le donjon et le château du *vieux Louvre* (1) furent commencés, et que la *cathédrale Notre-Dame* fut achevée.

En 1200, Philippe-Auguste organisa l'**Université de Paris**, c'est-à-dire l'ensemble des écoles qui s'étaient établies sur la montagne Sainte-Geneviève *(quartier latin)*. Cette université devint bientôt célèbre dans toute l'Europe. « On ne voit pas, dit un contemporain, qu'il y ait jamais eu un si grand nombre d'étudiants à Athènes ni en Égypte. » Cela tenait aux

---

(1) LOUVRE, ancienne résidence des rois à Paris.

privilèges et à la protection spéciale que le roi accordait aux écoliers.

**6. Œuvre de Philippe-Auguste.** — « Avant Philippe-Auguste, la France n'était qu'une grande république de vassaux indépendants dont le roi avait la présidence nominale. Après lui, ce fut une monarchie féodale qui tirait du roi son existence, sa force, et à laquelle tous les fiefs, à défaut d'héritiers, allaient faire retour. Ainsi toutes les terres de l'Église, même sur les domaines des grands vassaux, relevèrent directement de la couronne, tandis que le roi « *ne pouvait ni ne devait rendre hommage à personne*, » disait Philippe à l'évêque d'Amiens, qui lui demandait hommage pour le comté d'Amiens. »

Par ses conquêtes, par son gouvernement, **Philippe-Auguste avait assuré à la royauté la souveraineté territoriale.**

Le règne de Philippe avait été un instant troublé par l'excommunication lancée contre le roi, qui avait renvoyé sans raison sa femme *Ingelburge de Danemark*, pour épouser *Agnès de Méranie*. Après une longue lutte, Philippe dut céder et reprendre l'épouse délaissée.

**7. Guerre des Albigeois. — Louis VIII.** — Pendant le règne de Philippe-Auguste eurent lieu deux événements considérables auxquels le roi ne prit aucune part : la quatrième croisade, que nous avons déjà étudiée (Cf. XV, 5); — la **croisade des Albigeois** « expédition de sang et de ruines, dont personne ne sortit les mains pures, et dans laquelle les défenseurs de la foi se souillèrent, comme ses ennemis, par des crimes abominables. »

Depuis longtemps il y avait **opposition entre la France du nord et la France du midi.** Au commencement du XIII° siècle, celle-ci semblait former un État à part; les comtes de Toulouse étaient en réalité indépendants, et les populations s'étaient peu à peu détachées de la communion romaine.

On désignait ces hérétiques sous le nom d'**Albigeois**, de la ville d'Albi, où ils étaient fort nombreux.

Le pape *Innocent III* les excommunia et prêcha contre eux

la croisade. Pendant vingt ans, les hommes du Nord se précipitèrent en foule sur les malheureuses provinces du Midi, dont ils détestaient les croyances, dont ils enviaient les richesses et la brillante civilisation. Leur chef principal fut un baron de l'Ile-de-France, le fanatique et ambitieux **Simon de Montfort**.

Le fils de Philippe-Auguste, **Louis VIII**, qui ne régna que trois ans, intervint dans cette guerre. Elle fut achevée, pendant la régence de *Blanche de Castille*, par des traités qui préparèrent la **réunion au domaine royal des provinces du Midi** (traités de Meaux et de Paris, 1229). *Raymond VII* céda définitivement les pays de *Beaucaire* et de Carcassonne. Il gardait Toulouse, mais il mariait sa fille, son unique héritière, à *Alphonse*, second frère du roi.

L'hérésie des Albigeois avait été éteinte dans des flots de sang. Pour surveiller la pureté de la foi, on établit les *tribunaux de l'Inquisition*. Ceux-ci recherchaient les hérétiques et les condamnaient à la prison ou au bûcher. De nombreuses victimes périrent dans les flammes. On ignorait alors malheureusement que la foi ne se commande pas et que toutes les croyances doivent être respectées. Les exécutions qui, pendant longtemps, ont été faites, au nom de la religion, nous paraîtraient aujourd'hui des crimes abominables.

**La France méridionale se trouvait rattachée au royaume, mais elle avait perdu sa civilisation**; son commerce et son industrie étaient détruits; la brillante littérature de ses poètes ou *troubadours* n'allait pas tarder à disparaître.

**Devoirs oraux.** — 1. Premiers actes du règne de Philippe-Auguste : (Juifs persécutés; mariage). — 2. Lutte de Philippe et de Richard Cœur de Lion. — 3. La lâcheté de Jean sans Terre. — 4. Conquête de la Normandie. — 5. Bouvines. — 6. Progrès de Paris sous Philippe-Auguste.

**Devoirs écrits.** — 1. Rappelez l'origine des Plantagenets, leur puissance, leurs luttes contre les rois de France. Pourquoi n'ont-ils pas triomphé ? — 2. Exposez la politique de Philippe-Auguste et ses résultats. — 3. Comparez Philippe-Auguste et Richard Cœur de Lion. 4. Racontez la lutte de Philippe-Auguste contre Jean sans Terre et ses alliés. — 5. La bataille de Bouvines. — 6. Montrez comment et de quoi le domaine royal s'est accru sous Philippe-Auguste. — 7. Progrès de la royauté sous Philippe-Auguste. — 8. La guerre des Albigeois.

**Carte à tracer.** — Carte indiquant les accroissements du domaine royal sous les Capétiens jusqu'à l'avènement de Louis IX.

## TABLEAU XIX
### Philippe-Auguste. — Louis VIII.

1° **Philippe-Auguste 1180-1223. Premiers actes.**
1. Son arrivée au trône à 15 ans; — son habileté politique.
2. Les Juifs persécutés.
3. Mariage avec Isabelle de Hainaut qui descend de Charlemagne.
4. Lutte contre Henri II; — acquisition du Vexin; — mort de Henri II, 1189.

2° **Philippe-Auguste et Richard Cœur de Lion**
1. Richard Cœur de Lion, 1189-1199.
2. La troisième croisade; retour du roi de France.
3. Philippe-Auguste attaque les États de Richard.
4. Combats de Fréteval, d'Aumale, des Andelys : trêve.
5. Richard tué à Châlus, 1199.

3° **Philippe-Auguste et Jean sans Terre**
1. Jean sans Terre, roi d'Angleterre, 1199-1216.
2. Meurtre d'Arthur de Bretagne.
3. Jean condamné par la Cour des pairs.
4. Philippe conquiert Normandie, Touraine, Anjou, Maine, Poitou.
5. Coalition : Jean sans Terre, Othon IV, barons du Nord; mais victoire de Bouvines, 27 août 1214.

4° **Gouvernement.**
1. Le domaine administré par prévôts et baillis.
2. Paris agrandi et embelli : le vieux Louvre, Notre-Dame, Université de Paris.
3. Le roi forcé de reprendre Ingeburge de Danemark.
4. Philippe II a donné à la royauté la *souveraineté territoriale*.

5° **Louis VIII (1223-1226). Guerre des Albigeois.**
1. Opposition entre la France du nord et la France du midi; — hérésie des Albigeois.
2. Croisade prêchée par Innocent III; — Simon de Montfort.
3. Louis VIII intervient dans la lutte.
4. Fin de la guerre des Albigeois pendant la minorité de Louis IX.
5. *Résultats* : Le Midi rattaché au Nord; — l'hérésie étouffée (Inquisition); — la civilisation du Midi détruite.

## XX

### Saint Louis

Résumé.

1-2. — Blanche de Castille, régente pendant la minorité de son fils, Louis IX, triomphe d'une nouvelle ligue féodale et termine la guerre des Albigeois au profit de la royauté.

3-4. — Louis IX règne de 1226 à 1270. Il combat d'abord les Anglais et les seigneurs ; vainqueur à Saintes et à Taillebourg, il fait preuve, au traité d'Abbeville, d'une remarquable modération. — Il est le dernier héros de la croisade.

5. — Saint Louis reconnaît aux seigneurs leurs droits, mais il affaiblit la féodalité en s'efforçant d'établir l'ordre et la justice. — Les guerres privées sont à peu près supprimées par la *quarantaine-le-roi* et l'*assurement*. — Le duel judiciaire est remplacé par la preuve par témoins. — Les *enquesteurs* surveillent les baillis et les prévôts. — Par les *appels*, la *souveraineté judiciaire* est assurée à la royauté.

6. — Saint Louis aime à rendre lui-même la justice au Louvre ou à Vincennes, et il le fait avec fermeté comme le prouve la condamnation d'Enguerrand de Coucy.

7-8. — Le xiii$^e$ siècle est le grand siècle du moyen âge. La prose française se forme sous la plume de Villehardouin, qui raconte la *Conquête de Constantinople*, et sous celle du sire de Joinville qui, dans ses *Mémoires*, nous fait connaître la vie du roi, son maître.

9-10. — Les corporations s'organisent ; l'industrie et le commerce se développent ; — c'est alors que l'art ogival élève ses monuments les plus remarquables.

RÉCIT.

**1. Œuvre de saint Louis et de Philippe le Bel**. — Philippe-Auguste avait donné à la royauté une puissance territoriale qui assurait sa suprématie sur la féodalité. Mais, pour que la royauté devînt véritablement souveraine, il fallait que les justices seigneuriales fussent subordonnées à la justice royale, et que les pouvoirs locaux perdissent, au profit du pouvoir central, la plupart de leurs attributions administratives.

Cette double révolution s'accomplit sous les règnes de **saint Louis** et de **Philippe le Bel**; ces princes **donnèrent à la royauté**, le premier **la souveraineté judiciaire**; le second **la souveraineté administrative**.

**2. Régence de Blanche de Castille**. — La mort prématurée de Louis VIII laissait le trône à un enfant. Les barons crurent l'occasion favorable pour ressaisir ce que la royauté capétienne leur avait enlevé depuis un siècle. Ils prirent les armes et choisirent même une sorte de roi, le *sire de Coucy, Enguerrand,* de cette orgueilleuse famille dont la devise portait :

Je ne suis roy, ne duc, ne prince, ne comte aussy ;
Je suis sire de Coucy.

Mais la mère du jeune Louis IX, qui exerçait la régence (1), pendant la minorité (2) de son fils, n'était pas une femme ordinaire. **Blanche de Castille** avait « un courage d'homme dans un corps de femme »; à force d'énergie et d'habileté, elle parvint à imposer aux rebelles le *traité de Saint-Aubin-du-Cormier* (3), tout à l'avantage de la royauté.

Elle s'était appuyée, pour résister aux prétentions féodales, sur les sympathies populaires et Paris avait montré le plus grand dévouement pour sa cause.

Un jour que l'armée des seigneurs l'avait surprise et la te-

---

(1) Régence, dignité de celui qui gouverne un État pendant la minorité ou l'absence du souverain. — (2) Minorité. Un roi est *mineur* lorsqu'il n'a pas atteint l'âge fixé pour exercer le pouvoir par lui-même. — (3) Ille-et-Vilaine.

naît assiégée avec le roi dans le *château de Montlhéry* (1), la régente fit parvenir un message aux Parisiens. Aussitôt ceux-ci coururent aux armes; les barons, intimidés, se dispersèrent; Blanche et son fils furent ramenés en triomphe dans leur capitale. « Le saint roi, dit le *sire de Joinville*, m'a conté que, ce jour-là, tous les chemins étaient pleins de gens avec armes et de gens sans armes, et que tous criaient à Notre-Seigneur qu'il donnât bonne et longue vie au roi et le défendît et le gardât de ses ennemis. »

Blanche de Castille ne se borna pas à faire respecter la couronne de son fils ; elle l'affermit par ses acquisitions. C'est ainsi qu'elle ajouta au domaine royal les *comtés de Blois, de Chartres, de Sancerre et de Mâcon*. Les *traités de Meaux et de Paris*, qui terminaient la guerre des Albigeois, préparèrent la *réunion du comté de Toulouse* (1229). Malgré tous les efforts de ses ennemis, la royauté capétienne devenait de jour en jour plus puissante ; c'était jusqu'à la Méditerranée, jusqu'aux Pyrénées, qu'elle étendait maintenant sa puissance.

**3. Saint Louis**. — En 1236, **Louis IX**, âgé de vingt et un ans, fut déclaré majeur et prit en main la direction du gouvernement.

Son éducation avait été des plus sévères. Louis semblait courir au-devant des corrections : « *Battez-moi*, disait-il à son maître, *et rendez-moi sage*. » Plus d'une fois, sa mère lui avait dit qu'elle aimerait mieux le « voir mort que coupable d'un péché mortel » ; et elle avait su cultiver et développer en lui ces heureuses qualités qui devaient en faire pour tous un objet d'admiration.

« Louis IX, a dit *Voltaire*, paraissait un prince destiné à réformer l'Europe, si elle avait pu l'être, à rendre la France triomphante et policée, et à être en tout le modèle des hommes. Sa piété, qui était celle d'un anachorète, ne lui ôta aucune vertu de roi. Une sage économie ne déroba rien à sa libéralité. Il sut accorder une politique profonde avec une justice exacte, et peut-être est-il le seul homme qui ait mérité cette louange. Prudent et ferme dans le conseil, intrépide

---

(1) MONTLHÉRY, ville du département de Seine-et-Oise.

dans les combats sans être emporté, compatissant comme s'il n'avait jamais été que malheureux : il n'est pas donné à l'homme de porter plus loin la vertu. » — L'Église catholique l'a placé au rang des saints qu'elle honore.

Sa politique loyale, pacifique, animée du seul esprit de justice, devait affermir les conquêtes plus ou moins légitimes de ses prédécesseurs, et donner à la royauté capétienne sa consécration. Suivant une heureuse expression, Saint Louis *trouva le génie dans la vertu*.

**4. Saint Louis lutte contre les barons et les Anglais.** — Louis IX répétait souvent : « *Bienheureux les pacifiques !* » Il ne fit la guerre que contraint de la faire, mais il la fit bien. Les grands vassaux s'étaient encore révoltés avec l'appui du roi d'Angleterre, *Henri III*. Louis les accabla au pont de **Taillebourg** (1) et sous les murs de **Saintes** (2). La Guyenne fut le prix de ces succès (1242).

Le roi victorieux donna l'exemple d'un désintéressement unique dans l'histoire. Il pensait que les provinces enlevées jadis par Philippe-Auguste à Jean sans Terre n'avaient pas été conquises légitimement ; « sa conscience lui remordait de la terre de Normandie. » D'ailleurs il préférait aux conquêtes les avantages de la paix et voulait mettre fin à la longue rivalité des rois de France et d'Angleterre. Après de longues négociations, il signa, en 1259, le **traité d'Abbeville** (3), par lequel il rendait le Limousin, conquête de Louis VIII, et la Guyenne ; de son côté le roi d'Angleterre renonçait à toute prétention sur les provinces conquises par Philippe-Auguste, et prêtait hommage comme duc d'Aquitaine.

C'est ainsi que saint Louis s'efforçait de faire prévaloir le droit sur la force. Il ne reprit l'épée que pour lutter contre les Infidèles ; il fut le dernier héros de la croisade. Nous avons vu l'issue malheureuse de l'expédition d'Egypte et la mort du roi, sous les murs de Tunis, en 1270 (Cf. XV § 7-11.)

**5. Gouvernement de saint Louis.** — Pendant son règne, saint Louis a accompli d'importantes réformes.

---

(1) TAILLEBOURG, village du département de la Charente-Inférieure. — (2) SAINTES, sous-préfecture de la Charente-Inférieure. — (3) ABBEVILLE, sous-préfecture de la Somme.

Toutes furent inspirées par l'esprit de justice et d'équité. Louis répétait souvent : « *Il ne faut enlever son droit à personne ;* » il acceptait la société féodale, mais il voulait en corriger les abus ; tous ses efforts tendaient à mettre la paix où était la guerre, la justice où était la force, la société où régnait encore la barbarie. Mais, par cela seul, il devait singulièrement affaiblir la féodalité, dont les institutions reposaient sur l'anarchie et sur la violence.

Les deux plus grands abus de l'organisation féodale étaient les *guerres privées* et le *duel judiciaire*. Les guerres privées furent à peu près supprimées par l'établissement de la **Quarantaine-le-roi**, qui interdisait aux seigneurs de prendre les armes pour la réparation d'une injure avant un délai de quarante jours. Pendant cette trêve, le plus faible pouvait prendre un **assurement** devant la justice royale.

Saint Louis défendit dans le domaine royal « les batailles par-devant justice, par lesquelles il estimait qu'on tentât criminellement Dieu », et il mit à leur place la *preuve par témoins*. Tous les habitants du domaine, nobles, bourgeois, serfs, durent se soumettre à la décision de ses juges, baillis ou prévôts.

Ceux-ci reçurent une organisation nouvelle et furent surveillés par les *enquesteurs*, qui rappelaient les *missi* de Charlemagne.

Pour que la révolution qui substituait la juridiction royale à la juridiction individuelle s'étendît peu à peu dans tout le royaume, Louis IX introduisit l'usage des *cas royaux* et celui des *appels*. Par les cas royaux, c'est-à-dire les cas où le roi seul avait le droit de juger, les attributions des cours féodales furent resserrées dans des limites de plus en plus étroites. Par les *appels*, ceux qui avaient été condamnés par un tribunal féodal purent faire porter la cause devant le tribunal supérieur, jusqu'à la cour du roi, qui jugerait en dernier ressort.

La juridiction féodale voyait ainsi décliner à la fois ses institutions naturelles, le combat judiciaire et les guerres privées, son étendue, son indépendance.

Louis IX avait donné à la royauté la **souveraineté judiciaire.**

La cour du roi devint le **Parlement**, qui s'assembla désormais à des époques fixes et cessa d'être uniquement l'assemblée des grands vassaux. L'introduction d'une procédure par écrit rendant nécessaire la connaissance du droit romain et celle des *coutumes* (1), les seigneurs ignorants furent peu à peu forcés de céder leurs places de juges à des hommes versés dans la science du droit, les **légistes**, tout dévoués à l'autorité royale, et proclamant hautement cette maxime du pouvoir absolu qu'ils empruntaient aux lois romaines : *Si veut le roi, si veut la loi*. Nous verrons leur influence sous le règne de Philippe le Bel.

La féodalité perdait en même temps une partie de son indépendance administrative. Les seigneurs cessèrent d'être maîtres absolus dans leurs fiefs. Saint Louis les rendit responsables de la sûreté des routes, des crimes commis pendant le jour sur les chemins qui traversaient leurs domaines, et déclara que la monnaie royale avait cours forcé dans la France entière.

Louis IX étendit partout son activité, et ses réformes rattachèrent à la royauté par des liens de plus en plus étroits les diverses classes de la société. Le clergé fut défendu avec énergie contre les empiétements de la cour de Rome ; le roi devint son chef temporel et son appui.

**6. Saint Louis rendant la justice.** — Louis aimait à rendre lui-même la justice. « Il venait au jardin du Louvre, nous dit *Joinville*, et là il jugeait les querelles de ceux qui l'entouraient. »

« Souvent il arriva qu'en été il allait s'asseoir au bois de *Vincennes* (2) ; il s'adossait à un chêne, et nous faisait asseoir autour de lui ; tous ceux qui avaient affaire venaient lui parler sans empêchements d'huissiers, ni d'autres. Et alors il leur demandait : « *Y a-t-il des parties prêtes à plaider ?* » Et ceux qui étaient prêts se levaient. Et alors il disait : » *Taisez-vous tous ; on vous accordera l'un après l'autre.* » Et quand il voyait quelque chose à reprendre dans les discours de ceux qui parlaient, lui-même le corrigeait de sa bouche. »

---

(1) COUTUMES, traditions, usages qui, avant 1789, avaient force de loi dans les provinces. — (2) VINCENNES, ch.-l. de canton dans le département de la Seine.

La réputation de saint Louis s'était répandue au loin. Des Lorrains, des Bourguignons, bien d'autres encore venaient plaider leurs différends devant lui. Plus d'une fois, les souverains étrangers le prirent pour juge dans leurs querelles.

Duel judiciaire (dessin et costumes du XVe siècle).

Une affaire célèbre nous montre avec quelle fermeté Louis IX exerçait la justice royale.

*Enguerrand de Coucy* avait fait pendre trois écoliers pour un délit de chasse contre ses lapins. Cité devant la cour des pairs, il nia le crime, refusa l'enquête judiciaire et demanda à se défendre *par bataille*, c'est-à-dire en combattant ceux qui l'accusaient.

Le *duel judiciaire* était très fréquent au moyen âge. Sous les yeux des juges, au milieu d'une nombreuse foule, les adversaires étaient mis aux prises, les armes à la main. On croyait que Dieu donnait la victoire à celui qui était innocent.

Louis ne voulut pas consentir à la demande d'Enguerrand, car il pensait que « bataille n'est pas voie de droit ». Il fit grâce de la vie au coupable, sur la demande de tous les barons ; mais il le condamna à une amende considérable, à la privation du droit de justice, à faire enterrer honorablement ses victimes et à demeurer trois ans en Terre Sainte.

Le jugement parut très rigoureux, car on n'avait pas vu un seigneur de France puni pour un fait semblable, et l'un des nobles assistants s'écria : « *Si j'avais été le roi, j'aurais fait pendre tous mes barons ; car, le premier pas fait, le second ne coûte guère.* » — Louis, averti du propos, répondit : « *Je ne les ferai pas pendre, mais je les châtierai, s'ils font mal.* »

Sa piété ne nuisait pas à sa justice. Un vendredi saint, tandis que Louis lisait le psautier (1), les parents d'un seigneur détenu au Châtelet (2) vinrent lui demander grâce, lui représentant que ce jour était un jour de pardon.

Le roi, mettant le doigt sur un verset, leur montra ces paroles : « *Heureux ceux qui respectent l'arrêt des juges et appliquent la justice à tout instant de leur vie.* » — Puis, il fit venir le prévôt et continua sa lecture. Le prévôt lui ayant dit que les crimes du détenu étaient énormes, Louis fit sur-le-champ conduire le coupable au gibet.

**7. Villehardouin.** — Au règne de Louis IX correspond une période remarquable dans le développement des lettres et des arts.

**Le treizième siècle est le grand siècle du moyen âge.**

C'est alors que se forme véritablement la prose française

---

1) Psautier, recueil de Psaumes. — (2) Prison de Paris.

sous la plume de deux écrivains remarquables, Villehardouin et Joinville.

**Geoffroy de Villehardouin** était un des barons qui prirent part à la quatrième croisade. Il a raconté avec une simplicité pleine de charme, dans son livre intitulé la *Conquête de Constantinople*, tout ce qu'il avait vu et fait pendant cette mémorable expédition.

Voici comment il dépeint le départ des Croisés pour Constantinople : « Le jour était clair et serein et le vent propice et doux, lorsqu'ils se mirent en mer, et moi, Geoffroy, maréchal de Champagne qui cette œuvre ai dictée, assure que jamais on ne vit armée navale si belle, ni en si grand nombre de vaisseaux, en sorte qu'il n'y avait personne qui ne jugeât qu'elle ne dût conquérir le monde. »

Mais la vue de Constantinople avec ses hautes murailles, ses tours et ses palais, fit tomber cette naïve confiance.

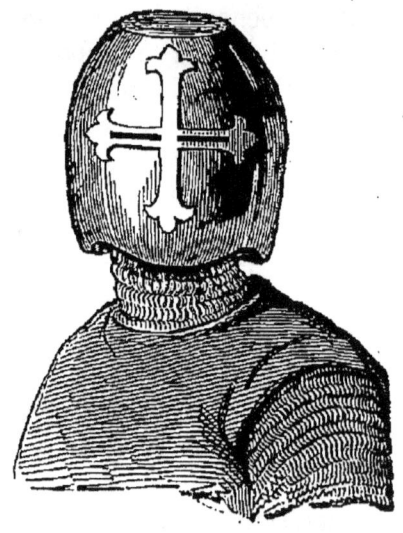
Heaume.

« Certes, dit Geoffroy, il n'y eut là cœur si assuré qui ne frémît, et non sans raison, vu que, depuis la création du monde, jamais une aussi grande entreprise ne fut faite par un si petit nombre de gens. » — Mais les Croisés reprirent bientôt courage ; ils n'hésitèrent pas à attaquer l'innombrable armée que l'empereur Alexis avait rangée sur le rivage.

« Sachez, dit le narrateur, sachez que ce fut une des plus douteuses choses à faire qui se fit jamais. Le jour pris arriva. Les chevaliers montèrent dans les vaisseaux tout armés, les heaumes lacés, les chevaux couverts et sellés, et les autres gens montèrent tous dans de grands navires ; et les galères (1) furent armées et équipées ; et cela se fit par un beau matin, un peu après le soleil levé.

---

(1) GALÈRE, navire allant à la voile et à la rame.

» L'Empereur les attendait à grandes batailles et en bel ordre de l'autre côté. Et on sonne les trompettes. A chaque galère fut attaché un vaisseau rond pour passer plus légèrement. On ne demande pas qui doit aller le premier, qui après ; chacun s'efforce de gagner des devants. Et les chevaliers se

Artisans (d'après un dessin du xiii° siècle).

lancèrent de leurs vaisseaux dans la mer jusqu'à la ceinture, le heaume lacé en tête et la lance au poing, et les bons archers, et les bons sergents, et les bons arbalétriers, chacun à l'endroit où il arriva. Les Grecs firent semblant de vouloir les repousser ; mais, quand ce vint aux lances baisser, ils tournèrent le dos ; ils s'en vont fuyant et laissent le rivage. Et sachez que jamais plus orgueilleusement on ne prit terre. »

**8. Le sire de Joinville.** — Le sire de Joinville a été

l'ami, le conseiller et l'historien de saint Louis. Il l'accompagna dans sa première croisade, partagea les souffrances de sa captivité, revint avec lui en France, mais il n'eut pas le courage de le suivre dans son expédition contre Tunis. Il a écrit des *Mémoires*, dans lesquels il raconte la vie de son maître.

Marchands (d'après un dessin du xiiie siècle).

Ce sont d'aimables causeries qui nous font aimer le roi et son serviteur.

Ce ne fut pas sans une touchante émotion que Joinville partit pour la Terre Sainte. « Je partis, dit-il, sans oser tourner la face vers mon château de Joinville, de peur d'avoir trop grand regret, et que le cœur ne me faiblît de ce que je laissais mes deux enfants et mon beau château de Joinville que j'avais fort au cœur. »

Joinville peint avec une naïveté charmante le caractère et

les vertus de son maître : « *Sénéchal,* lui dit un jour le roi pendant la traversée, *lequel vous aimeriez mieux : être lépreux* (1) *ou avoir commis un péché mortel ?* » — Et moi, dit Joinville, qui jamais ne lui voulus mentir, je lui répondis que j'aimerais mieux avoir fait trente péchés mortels que d'être lépreux. Quand les frères furent départis de là, il me rappela tout seul et me fit seoir à ses pieds et me dit : « *Ah ! fol que vous êtes, vous y êtes déçu, car vous savez qu'il n'est lèpre si laide que d'être en péché mortel ; et vous prie que, pour l'amour de Dieu et pour l'amour de moi, vous reteniez ce dit en votre cœur.* »

**9. Les corporations.** — Pendant le règne de saint Louis, le commerce prit un grand développement, grâce aux progrès de la tranquillité publique ; les *foires de Saint-Denis, de Troyes* (2), *de Beaucaire* (3) devinrent célèbres dans le monde entier.

Le roi protégea les corporations d'artisans. Dans ces temps encore troublés, il était nécessaire que les travailleurs réunissent leurs forces pour se mettre à l'abri des violences. Chaque métier formait une **confrérie** ou **corporation** ayant ses règlements et ses magistrats. Chaque corporation comprenait des *maîtres* ou *patrons*, des *apprentis* et des *compagnons*.

**10. Monuments religieux.** — La plus remarquable de ces corporations fut celle des *maîtres des œuvres de maçonnerie* à qui l'on doit d'admirables monuments : *la Sainte-Chapelle de Paris ; les cathédrales de Paris, Rouen, Amiens, Chartres, Reims, Strasbourg*, et bien d'autres encore.

L'architecture qui se développa alors a été appelée à tort **architecture gothique** ; elle doit être appelée **ogivale**. — L'art ogival doit subsister jusqu'au xvie siècle.

Ce qui caractérise le style ogival c'est par dessus tout l'élégance et la légèreté. « Dans le style ogival, dit un éminent critique, toutes les formes étaient sveltes, ténues, effilées ; c'est le règne des piliers longs et élancés, des ouvertures hautes et

---

(1) Lèpre, maladie qui couvre la peau de pustules et d'écailles ; très fréquente au moyen âge. — (2) Troyes, ch.-l. de l'Aube. — (3) Beaucaire, ch.-l. de canton dans le Gard.

rapprochées les unes des autres, des arcs pointus, multipliés latéralement, ou superposés en chaînes infinies, et se coupant

Cathédrale de Strasbourg.

l'un l'autre dans toutes les directions. Tout cela fut imité et répété dans les plus petites subdivisions des moindres ornements, jusqu'à ce qu'enfin les édifices religieux, avec leurs flèches, leurs aiguilles, leurs arcatures, présentassent l'apparence d'un réseau ou d'une dentelle. »

**Devoirs oraux.** — 1. Régence de Blanche de Castille. — 2. Éducation et vertus de saint Louis. — 3. Guerre de Louis IX contre les Anglais et traité d'Abbeville. — 4. Saint Louis rendant la justice. — 5. Procès du sire de Coucy. — 6. Prise de Constantinople par les croisés. — 7. Une conversation de Joinville avec Louis IX.

**Devoirs écrits.** — 1. Œuvre de Philippe-Auguste et de saint Louis. — 2. Rapports de Philippe-Auguste et de saint Louis avec les rois d'Angleterre. — 3. Luttes de Philippe-Auguste et de saint Louis contre les barons: résultats de cette lutte. — 4. Progrès du pouvoir royal pendant ces deux règnes; accroissement du domaine royal. — 5. Le gouvernement de saint Louis. — 6. Villehardouin et Joinville, etc.

### TABLEAU XX.

#### Saint Louis.

**1° Régence de Blanche de Castille.**
1. Minorité du roi; — révolte des barons (le sire de Coucy).
2. Energie et habileté de Blanche: — les seigneurs pacifiés.
3. Progrès du pouvoir royal: — traités de Meaux et de Paris, 1229.

**2° Saint-Louis 1226-1270.**
1. Son éducation; — ses vertus.
2. Guerre contre les barons et Henri III d'Angleterre: victoires de Taillebourg et de Saintes, 1242.
3. Traité d'Abbeville, 1259; — modération remarquable.
4. Septième croisade (Égypte); — huitième croisade (Tunis); — mort du roi, 1270.

**3° Gouvernement de Saint Louis.**
1. Réformes inspirées par l'esprit d'ordre et de justice: — d'où affaiblissement de la Féodalité.
2. Guerres privées diminuées: — quarantaine-le-roi; assurement.
3. Duel judiciaire remplacé; — preuve par témoins; — les appels.
4. Administration: — les enquesteurs royaux; — les seigneurs perdent leur indépendance administrative.
5. Louis IX justicier au Louvre, à Vincennes; — procès d'Enguerrand de Coucy.

4° Le treizième siècle
1. Le xiii⁰ siècle est le grand siècle du moyen âge.
2. Formation de la prose française: Villehardouin (*Conquête de Constantinople*); — Joinville (*Mémoires*).
3. Les corporations; développement du commerce et de l'industrie.
4. Architecture ogivale: — Notre-Dame; — la Sainte-Chapelle; — cathédrale de Strasbourg, etc.

## XXI

### Philippe le Bel et ses fils.

#### Résumé.

1. — Philippe III *le Hardi*, 1270-1285, donne à la papauté le Comtat-Venaissin et fait, au-delà des Pyrénées, une expédition inutile pour venger le massacre des *Vêpres siciliennes* (1282).

2. — Philippe IV *le Bel*, règne de 1285 à 1314. Aidé par les *légistes*, il s'efforce de compléter l'œuvre de Philippe-Auguste et de saint Louis.

3. — Après une guerre peu heureuse, il donne sa fille en mariage au fils d'Édouard I⁰ʳ. C'est l'origine de la guerre de Cent ans.

4. — Il attaque les Flamands, alliés des Anglais. Les Français sont vaincus à Courtrai, en 1302; mais, vainqueurs à Mons-sur-Puelle, en 1304, ils gardent Lille.

5-7. — Philippe le Bel soutient une longue lutte contre les prétentions du pape Boniface VIII. — Clément V, tout dévoué au roi de France, vient s'établir à Avignon et accorde la condamnation des Templiers.

8-9. — Philippe le Bel a créé l'administration en France ; — il a convoqué les premiers états généraux ; — mais, pour avoir de l'argent, il n'a reculé devant aucune exaction.

10-11. — Les fils de Philippe le Bel, Louis X, Philippe V,

Charles IV, se succèdent sur le trône sans laisser de fils. — Avec eux finissent les Capétiens directs. — La loi salique donne la couronne à Philippe de Valois, en 1328.

RÉCIT.

**1. Philippe III le Hardi. — Les Vêpres siciliennes.** — Saint Louis eut pour successeur son fils aîné, **Philippe III**, qui est connu, on ne sait pour quelle raison, sous le nom de Philippe *le Hardi*. Le nouveau roi réunit à la couronne, par héritage, *les comtés de Valois* (1), *de Nevers* (2) *et de Toulouse, l'Auvergne, le Comtat-Venaissin* (3); mais il donna au Saint-Siège ce dernier fief avec *la ville d'Avignon*. — Le domaine royal toucha aux Pyrénées et Philippe III put intervenir dans les affaires de la Castille et de l'Aragon (4).

La guerre d'Aragon eut pour but de venger le massacre des Français de Sicile. — Le peuple de *Palerme* (5), poussé à bout par la tyrannie de Charles d'Anjou et les insolences de ses soldats, s'était soulevé, au moment où les cloches des Vêpres appelaient les fidèles à l'église, et avait massacré les Français qui se trouvaient dans la ville (**massacre des Vêpres siciliennes**, lundi de Pâques **1282**). La Sicile se donna au roi d'Aragon.

Philippe III prit parti pour son oncle et conduisit au-delà des Pyrénées une expédition inutile au retour de laquelle il mourut (1285).

**2. Philippe IV le Bel (1285-1314). — Les Légistes.** — Philippe IV *le Bel*, successeur de Philippe III, eut pour but de fortifier encore l'autorité de la couronne et

---

(1) VALOIS, pays de l'ancienne France, au nord de l'Ile-de-France (villes : Crespy, Villers-Cotterets, Senlis, Compiègne; — dép. de l'Oise et sud de l'Aisne). —(2) Aujourd'hui département de la Nièvre.—(3) COMTAT (comté) VENAISSIN, aujourd'hui département de Vaucluse; chef-lieu, Avignon. Le Comtat-Venaissin devait appartenir à la papauté jusqu'à la Révolution française. — (4) CASTILLE, ARAGON, anciens royaumes d'Espagne. — (5) PALERME, ville de Sicile.

d'imposer à la France entière l'administration royale. Il fit preuve de grands talents, mais il ne recula, pour réussir, devant aucun moyen, bon ou mauvais; il fut habile, mais souvent violent et perfide.

Il fut aidé dans son œuvre par **les légistes**, c'est-à-dire par ceux qui étudiaient les lois romaines. Ces lois établissaient la souveraineté absolue du monarque. « *La loi suprême*, y lisait-on, *c'est la volonté de l'Empereur.* » — Philippe le Bel voulut appliquer ces théories à la France.

**3. Guerre de Guyenne.** — Philippe le Bel, comprenant que l'œuvre intérieure de la royauté était loin d'être achevée, se hâta de terminer par un traité la guerre lointaine d'Aragon ; mais, saisissant un prétexte que lui avaient trouvé ses légistes, il confisqua, par arrêt de sa cour, la **Guyenne** qui appartenait au roi d'Angleterre, *Édouard I$^{er}$*.

Quelques années après il fut forcé de restituer sa conquête, par le *traité de Montreuil-sur-Mer*, et il donna sa fille *Isabelle* en mariage au fils d'Édouard. *Ce mariage devait être funeste à la France et amener la guerre désastreuse connue sous le nom de guerre de Cent ans.*

**4. Guerre de Flandre.** — Les Flamands avaient pris parti pour le roi d'Angleterre ; Philippe le Bel les attaqua. La **Flandre** (1) était alors le pays le plus riche de l'Europe. Elle était couverte de villes prospères et si nombreuses, que tout le pays semblait, disait-on, ne former qu'une seule et même ville.

L'industrie y était très active. Les métiers s'y trouvaient organisés en corporations puissantes dont les plus renommées étaient celles des brasseurs et des drapiers.

Les grandes villes étaient à peu près indépendantes du comte de Flandre. C'étaient des *communes* redoutables dont les milices, bien organisées, formaient de véritables armées.

Les Flamands attendirent, près de **Courtrai** (2), la nombreuse et brillante chevalerie de Philippe le Bel. Ils s'étaient retranchés derrière un petit canal.

---

(1) FLANDRE, ancienne province formant aujourd'hui deux provinces belges, et, en France, une partie du département du Nord. — (2) COURTRAI, ville de Belgique.

A la vue de l'ennemi, les chevaliers français, pleins de mépris pour les bourgeois et les ouvriers qu'ils allaient combattre,

Milice flamande (d'après une peinture murale de l'époque).

s'élancèrent en avant, sans ordre et sans précaution, de toute la vitesse de leurs chevaux.

PHILIPPE LE BEL ET BONIFACE VIII

Tout à coup ils se trouvèrent en présence du canal, et, ne pouvant retenir leur élan, ils y culbutèrent pêle-mêle. Les Flamands n'eurent que la peine de tuer. Ils purent mesurer au boisseau les éperons d'or enlevés aux chevaliers qui avaient péri (1302).

Deux ans après, en 1304, Philippe le Bel répara cet échec par la victoire de **Mons-en-Puelle** (1). Mais les Flamands

ne cédaient pas; de nouvelles armées sortaient de leurs populeuses cités: « *Il pleut donc des Flamands!* » s'écriait le roi de France.

Enfin, découragé par une résistance dont il ne voyait pas la fin, il se résigna à traiter : de toute la Flandre il ne conservait que le pays de **Lille** (2) et de **Douai** (3).

**5. Philippe le Bel et Boniface VIII.** — Philippe était alors engagé dans une lutte dangereuse contre le pape **Boniface VIII.**

Le roi voulait lever des impôts sur le clergé de France et

---

(1) Mons-en-Puelle, ville du dép. du Nord. — (2) Lille, ch.-l. du dép. du Nord. — (3) Douai, s.-préf. du dép. du Nord.

faire juger par les tribunaux royaux les gens d'église coupables.

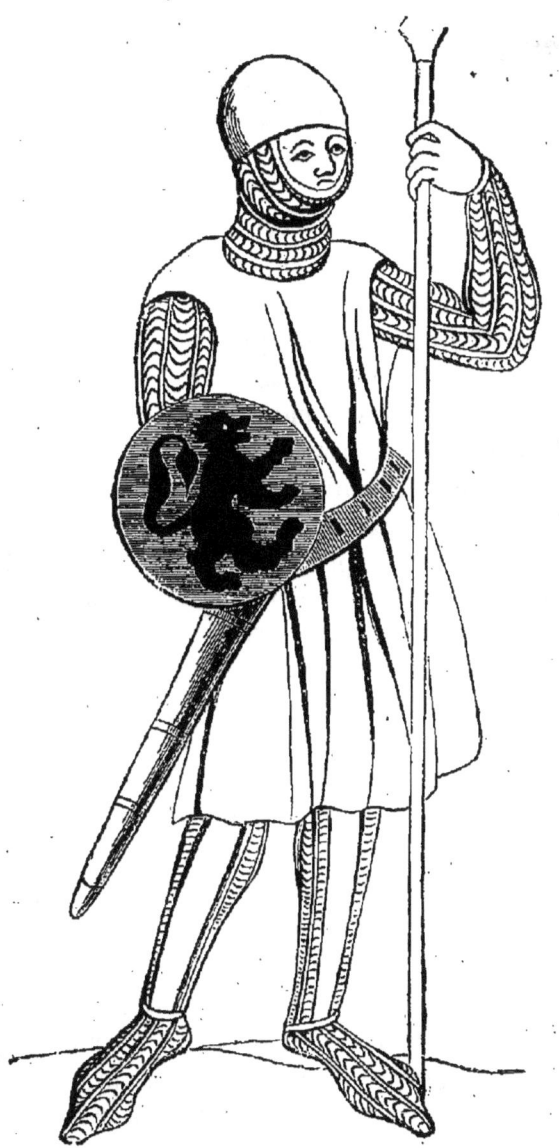

Soldat à l'époque de Philippe le Bel (dessin du temps).

Le pape prétendait que le clergé ne pouvait être imposé sans le consentement du Saint-Siège, et que les clercs ne devaient être jugés que par les tribunaux ecclésiastiques. Il soutenait en outre que toujours et partout l'autorité royale devait céder devant l'autorité pontificale.

**Si les prétentions de Boniface VIII avaient été admises, il y aurait eu deux rois en France.**

La lutte devint bientôt très violente. Philippe le Bel, excommunié, menacé de déposition, eut recours aux mesures violentes.

Un de ses conseillers, **Guillaume de Nogaret**, dressa un acte d'accusation contre le pape, puis, ne reculant devant aucune extrémité, il passa les Alpes, et, accompagné d'une troupe d'hommes armés que commandait l'italien *Sciarra Colonna*, il pénétra dans **Anagni** (1), où était Boniface. Lorsque Nogaret et Colonna parvinrent jusqu'au pape, ils le trouvèrent assis sur son trône, revêtu des insignes pontificaux. On a dit, mais cette tradition n'est pas fondée, que Colonna frappa le vieillard au visage de son gantelet de fer.

Le pape, retenu captif, fut bientôt délivré. Mais tant d'émotions avaient brisé ce vieillard de quatre-vingt-six ans; il mourut un mois après (1303).

**6. La papauté à Avignon.** — Le triomphe de Philippe le Bel fut assuré par l'élection au pontificat de *Bertrand de Goth*, archevêque de Bordeaux (2), qui prit le nom de **Clément V**. Clément, tout dévoué au roi de France, vint s'établir à **Avignon** (3) (1309). Après lui, six papes, tous Français, y résidèrent également, jusqu'en 1378.

Les Italiens ont appelé cette période la **captivité de Babylone**.

**7. Philippe le Bel et les Templiers.** — Clément V montra sa docilité en accordant à Philippe la **suppression de l'ordre des Templiers**.

Les Templiers, rentrés en Europe après la perte de la Terre Sainte, étaient nombreux, surtout en France. Philippe le Bel convoitait leurs richesses et redoutait leur puissance; il résolut leur ruine. Il les fit accuser de crimes vrais ou supposés et arrêter tous le même jour.

---

(1) ANAGNI, ville d'Italie. — (2) BORDEAUX, ch.-l. de la Gironde. — (3) AVIGNON, ch.-l. du département de Vaucluse.

Les *états généraux de Tours* (1) les déclarèrent coupables ; ceux qui rétractèrent les aveux que les tortures leur avaient arrachés furent condamnés au supplice du feu. En 1312, l'ordre fut aboli au *concile de Vienne* (2).

Le grand-maître, **Jacques de Molay**, avait été d'abord condamné à une prison perpétuelle ; il protesta de l'innocence de l'ordre et périt sur le bûcher, en 1314.

Palais des papes à Avignon (état actuel).

L'imagination populaire fut vivement frappée de ce crime. On raconta bientôt que Molay, au milieu des flammes, avait cité le pape et le roi à comparaître, dans l'année, devant le tribunal de Dieu, et on ne douta pas que la mort de Philippe et celle de Clément V, qui suivirent de près le supplice, ne fussent l'effet de la malédiction du grand-maître.

---

(1) Tours, chef-lieu du département d'Indre-et-Loire. — (2) Vienne, sous-préfecture de l'Isère.

Par son mariage, Philippe le Bel avait acquis *la Navarre* (1) et *la Champagne* (2).

**8. Gouvernement de Philippe le Bel.** — Philippe le Bel peut être considéré comme le **fondateur de l'administration en France.**

L'**organisation judiciaire**, commencée par Louis IX, fut complétée. Le **Parlement** fut définitivement constitué et installé à Paris. C'était la grande cour royale de justice dont dépendaient les tribunaux établis dans les diverses provinces.

Le Parlement, où dominaient les légistes, devait être pendant longtemps un instrument docile pour la royauté. Il ne cessera de favoriser le développement du pouvoir royal, en attaquant sans relâche les privilèges du clergé et de la noblesse contraires à la toute-puissance de la royauté.

Philippe le Bel avait besoin de grandes ressources financières pour entretenir en Flandre ou en Guyenne des armées de 50,000 hommes, tenant campagne pendant plusieurs mois, composées de soldats mercenaires qui demandaient une solde élevée, et de seigneurs qui ne consentaient plus à servir sans être largement rémunérés; pour payer tous les agents de cette nouvelle administration, vaste et compliquée, qu'il voulait établir. Pour se procurer de l'argent, il employa tous les moyens : confiscations nombreuses, spoliation des juifs, impositions mises sur le clergé, altération des monnaies. Mais il chercha aussi à s'assurer des ressources régulières en établissant à la frontière des douanes où l'on percevait des droits sur les marchandises; en organisant **l'administration financière** pour la répartition et la perception des impôts. Ces impôts furent malheureusement levés d'une façon violente et arbitraire.

**9. Le tiers état.** — Le règne de Philippe le Bel est important dans l'histoire du **tiers état** (3). C'est alors pour

---

(1) NAVARRE, ancienne province de l'Espagne. — (2) CHAMPAGNE, ancienne province qui a formé les départements des Ardennes, de l'Aube, de la Marne, de la Haute-Marne. — (3) TIERS ÉTAT, c'est-à-dire troisième état. La population était considérée comme divisée en trois états ou ordres. Le clergé et la noblesse formaient les deux premiers. Le troisième, ou *tiers état*, comprenait les *roturiers*, c'est-à-dire tous ceux qui n'appartenaient ni à l'église, ni à la noblesse.

la première fois que les députés des communes sont appelés à siéger dans une assemblée avec les évêques et les barons. Les assemblées où les trois ordres sont réunis portent le nom **d'états généraux.**

**Les états généraux, régulièrement convoqués, auraient pu, dès le XIVᵉ siècle, donner à la France un gouvernement libre et empêcher les excès du pouvoir absolu ; mais la royauté saura se soustraire à un contrôle gênant, et, pour le malheur de notre pays, le rôle des états sera presque toujours insignifiant.**

**10. Les fils de Philippe le Bel. — La loi salique.** — Les trois fils de Philippe le Bel, **Louis X** *le Hutin* (1), **Philippe V** *le Long*, **Charles IV** *le Bel*, régnèrent successivement. Tous moururent jeunes sans laisser de postérité masculine.

*Les légistes*, craignant que la couronne ne fût portée dans des familles étrangères, si on admettait le droit des filles à la succession, firent accepter par les états généraux une loi, devenue fondamentale en France, qui excluait les femmes du trône. On appela cette loi **loi salique**, parce que les légistes prétendirent l'avoir trouvée dans les vieilles lois des *Francs Saliens*.

C'est en vertu de la loi salique que Philippe V et Charles IV occupèrent le trône. A la mort de celui-ci, une nouvelle application de la loi donna la couronne au *comte Philippe de Valois*, cousin germain des trois derniers rois.

**11. Fin des Capétiens.** — **Avec Charles le Bel finissait la branche directe des Capétiens,** qui avait donné quatorze rois à la France. Ces rois, surtout Louis VI, Philippe-Auguste, Saint-Louis et Philippe le Bel, avaient accompli une œuvre considérable : ils avaient peu à peu fait disparaître l'anarchie féodale ; ils laissaient aux Valois la **royauté toute-puissante.**

**Le domaine royal**, qui, à l'avènement de Louis VI, ne comprenait guère que la province de l'Ile-de-France, s'était

---

1) Hutin, vieux mot français : vif, mutin, entêté.

considérablement agrandi et **touchait à toutes les frontières du royaume.**

**Devoirs oraux.** — 1. La bataille de Courtrai. — 2. Procès et condamnation des Templiers.
**Devoirs écrits.** — 1. La guerre de Flandre. — 2. Rapports de Philippe le Bel avec la papauté. — 3. Le tiers état et les premiers états généraux. — 4. Gouvernement de Philippe le Bel. — 5. Les Templiers ; leur condamnation. — 6. Résumez le règne de Philippe le Bel. — 7. Les fils de Philippe le Bel et la loi salique.
**Carte.** — La Flandre.

---

### TROISIÈME RACE
### Les Capétiens directs (987-1328).

| | |
|---|---|
| Hugues Capet | (987-996). |
| Robert, *le Pieux* | (996-1031). |
| Henri I<sup>er</sup> | (1031-1060). |
| Philippe I<sup>er</sup> | (1060-1108). |
| Louis VI, *le Gros* | (1108-1137). |
| Louis VII | (1137-1180). |
| Philippe-Auguste | (1180-1223). |
| Louis VIII | (1223-1226). |
| Louis IX | (1226-1270). |
| Philippe III, *le Hardi* | (1270-1285). |
| Philippe IV, *le Bel* | (1285-1314). |

| Louis X, *le Hutin* (1314-1316). | Philippe V, *le Long* (1316-1322). | Charles IV, *le Bel* (1322-1328). |
|---|---|---|

Jeanne, reine de Navarre.

### TABLEAU XXI.
### Philippe IV le Bel et ses fils.

1° **Philippe III, le Hardi 1270-1285.**
{
1. Avignon et le Comtat-Venaissin donnés au Saint-Siège.
2. En Sicile, tyrannie de Charles d'Anjou : massacre des Vêpres siciliennes, 1282 ; — la Sicile à l'Aragon.
3. Expédition inutile de Philippe III au-delà des Pyrénées.
}

2° **Philippe IV, le Bel 1285-1314. Ses guerres.**
- 1. Guerre contre Édouard Ier. — La Guyenne confisquée ; — traité de Montreuil-sur-Mer ; — mariage d'Edouard II avec Isabelle de France ; — origine de la guerre de Cent ans.
- 2. Guerre de Flandre. — Défaite de Courtrai, 1302 ; — mais victoire de Mont-en-Puelle, 1304. — Lille et Douai conservés.

3° **Philippe le Bel et la papauté.**
- 1. Prétentions de Boniface VIII : autorité royale soumise à l'autorité pontificale. — Lutte violente : — attentat d'Anagni ; mort de Boniface, 1303.
- 2. Clément V, dévoué au roi de France ; — il s'établit à Avignon, 1309 ; — accorde la suppression des Templiers (riches et puissants) ; — concile de Vienne ; supplice de Jacques de Molay.

4° **Gouvernement de Philippe le Bel.**
- 1. Les légistes ; — l'administration fondée en France ; — mais moyens perfides et violents.
- 2. L'administration des finances organisée ; — mais altération des monnaies.
- 3. Le Parlement définitivement constitué.
- 4. Progrès du tiers état ; — les premiers états généraux.

5° **Les fils de Philippe le Bel 1314-1328.**
- 1. Louis X *le Hutin* ; — Philippe V *le Long* — Charles IV *le Bel*.
- 2. La loi salique : les femmes exclues du trône.
- 3. Fin des Capétiens directs, 1328. — La loi salique donne le trône à Philippe de Valois.

# XXII

## Guerre de Cent ans : Philippe VI. (1328-1350.)

### La guerre de Cent ans.

#### (1337-1453.)

**1re partie.**
- I. Revers. — *Philippe VI et Jean* : Crécy et Poitiers. — Traité de Brétigny. — (1328-1364.)
- II. Succès. — *Charles V* chasse presque entièrement les Anglais. — Du Guesclin. — (1364-1380.)

**2e partie.**
- I. Revers. — *Charles VI* : Azincourt. — Traité de Troyes. — (1380-1422.)
- II. Succès. — *Charles VII* et Jeanne Darc. — Expulsion des Anglais. — (1422-1453.)

## Résumé.

1. — Les Valois doivent compromettre les intérêts de la France par leurs fautes et leurs passions. Les revers commencent dès le règne de Philippe VI.

2. — Philippe VI paraît tout-puissant au dedans comme au dehors : — en 1328, il triomphe des Flamands à Cassel.

3-4. — Le roi d'Angleterre, Édouard III, petit-fils de Philippe IV par sa mère, Isabelle, ne reconnaît pas la loi salique et réclame la couronne de France. Il est soutenu par les Flamands, que dirige Jacques Arteveld, et excité par le traître Robert d'Artois. La guerre commence en 1337.

5. — La France est vaincue par suite du mauvais gouvernement qu'elle subit et par la folle témérité de ses chevaliers. — L'Angleterre, devenue une nation, est habilement dirigée par Édouard III.

6.-10. — Dès 1340, la bataille de l'Écluse livre la mer aux Anglais. — En 1346, Édouard III est victorieux à Crécy où il emploie les premières *bombardes*; — en 1347, il s'empare de Calais. — Français et Anglais se trouvent également aux prises en Bretagne où a éclaté la *guerre des deux Jeanne*.

11. — Philippe VI meurt en 1350. Il a établi l'impôt odieux de la *gabelle*, mais réuni le Dauphiné à la couronne.

## Récit.

**1. Les Valois.** — Avec les Valois (1328-1589) commence l'une des périodes les plus malheureuses de notre histoire. A l'exception de deux ou de trois, les princes de cette famille ont compromis les véritables intérêts de la France par leurs fautes et leurs passions.

Les Capétiens directs s'étaient appuyés pour contenir et régler les forces brutales et désordonnées de la Féodalité sur les populations des villes et des campagnes ; ils avaient protégé le commerce, l'industrie, et gouverné dans l'intérêt général.

Les Capétiens-Valois seront les rois de la noblesse ; ce sera pour la noblesse et avec elle, non pour la nation et avec la nation, qu'ils gouverneront ; leurs prodigalités ruineront sans cesse le Trésor ; leurs guerres seront presque toujours désastreuses, parce qu'au lieu de faire appel aux forces vives de la France, ils composeront leurs armées de ces troupes féodales qui ne connaissent ni obéissance, ni discipline. — Les revers commencent dès le règne de Philippe VI.

**2. Philippe VI (1328-1350).** — Et cependant lorsqu'il monta sur le trône, **Philippe VI** pouvait passer pour le prince le plus puissant de la chrétienté. Il avait reçu des Capétiens un État florissant ; l'autorité royale s'étendait directement sur les trois quarts du royaume, et, dans les provinces qui ne faisaient pas encore partie du domaine, elle était reconnue par tous comme une autorité supérieure.

Au dehors, l'influence du roi de France était prépondérante en Europe. Les rois d'Écosse, de Bohême, de Hongrie, de Naples, étaient ses parents ou ses alliés ; le roi d'Angleterre lui rendait hommage et les papes d'Avignon lui étaient dévoués.

Toute cette puissance avait fait naître dans l'esprit de Philippe les projets les plus grandioses : il voulait entreprendre une dernière croisade et conquérir l'Orient ; il songeait à se faire élire empereur d'Allemagne à la première vacance de la couronne impériale. Le succès avait d'abord semblé répondre à son ambition, et les Flamands, qui s'étaient soulevés contre leur comte, avaient été complètement défaits à la **bataille de Cassel** (1) (1328). Mais les revers allaient venir. C'est en **1337 que commence la terrible guerre de Cent ans.**

**3. La guerre de Cent ans. — Prétentions**

---

(1) Cassel, ville du dép. du Nord.

d'Édouard III. — En 1328, le roi d'Angleterre, Édouard III, petit-fils de Philippe IV par sa mère Isabelle, avait réclamé la couronne de France* comme étant le plus proche parent mâle de Charles IV. Mais, la loi salique excluant les femmes du trône, Édouard ne pouvait tenir aucun droit du chef de sa mère. Il vit donc ses prétentions écartées, et, comme il était accablé d'embarras dans son royaume, il fut obligé de reconnaître Philippe comme roi de France, de venir même rendre hommage à son rival dans la cathédrale d'Amiens pour la *Guyenne* et le *Ponthieu* (1). Il était revenu de cette cérémonie humiliante bien décidé à faire valoir, les armes à la main, ses droits prétendus, lorsque les circonstances seraient plus favorables.

**4. Jacques Arteveld. — Robert d'Artois.** — Ce furent les affaires de Flandre qui amenèrent la lutte. Le comte de Flandre était tout dévoué au roi de France ; Philippe lui ordonna de faire saisir les Anglais qui se trouvaient

---

\* *Tableau généalogique pour expliquer l'avènement des Valois et les prétentions d'Édouard III et de Charles le Mauvais au trône de France.*

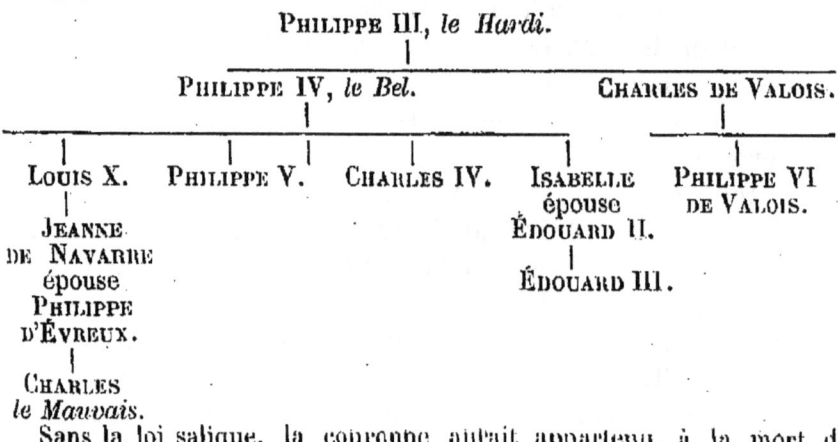

Sans la loi salique, la couronne aurait appartenu, à la mort de Louis X, à Jeanne de Navarre, puis à son fils Charles *le Mauvais*. — Sans cette même loi, Édouard III aurait eu des droits supérieurs à ceux de Philippe de Valois, car sa mère Isabelle aurait régné après Charles IV, et il aurait succédé à sa mère.

(1) PONTHIEU, partie de l'ancienne Picardie, capitale Abbeville.

dans ses États et de rompre toute relation commerciale avec l'Angleterre.

C'était la ruine de l'industrie flamande qui avait besoin des laines anglaises pour tisser ses draps. La Flandre se révolta. **Jacques Arteveld**, brasseur de Gand (1), homme éloquent et énergique, assembla les députés des principales cités et leur montra « *que sans le roi d'Angleterre ils ne pouvaient vivre; car toute la Flandre était fondée sur draperie, et sans laine on ne pouvait draper.* » Les Flamands chassèrent leur comte ; mais ils n'osaient pas se déclarer ouvertement contre Philippe VI, leur suzerain. Pour lever leurs scrupules, Arteveld les décida à reconnaître la suzeraineté du roi d'Angleterre.

En même temps, l'un des plus grands seigneurs de France, *Robert d'Artois*, qui s'était réfugié en Angleterre après de nombreux crimes, poussait Édouard à revendiquer la couronne de France, lui assurant qu'il serait soutenu par un grand nombre de Français.

La guerre fut déclarée en 1337.

**5. La France et l'Angleterre au commencement de la guerre de Cent ans.** — Au moment où la lutte s'engagea, la France paraissait beaucoup plus puissante que l'Angleterre. Mais **deux causes surtout donnèrent l'avantage à nos ennemis** pendant la plus grande partie de la guerre de Cent ans : **1° le mauvais gouvernement de la France ; 2° la folle témérité de la chevalerie française** qui amènera les désastres de Crécy, de Poitiers, d'Azincourt, comme elle a amené ceux de Mansourah et de Courtrai.

Philippe VI semble assuré de la victoire ; il se prépare mollement à la guerre et dissipe l'argent du Trésor dans de folles prodigalités ; il commet surtout la faute de ne pas s'adresser à la nation ; il ne convoque les états généraux que pour leur demander des *subsides* et il les renvoie, les subsides accordés, avec quelques vaines promesses de réformes.

---

(1) GAND, ville de Belgique.

La conduite du roi d'Angleterre est tout autre : il organise une armée régulière et bien disciplinée ; il pourvoit à tout, à la marine, aux vivres, à l'habillement des soldats ; il s'efforce de rendre nationale la guerre qu'il entreprend, fait lire dans les églises de son royaume une proclamation où il expose ses griefs et fait appel au dévouement et au patriotisme de tous.

*Jusqu'alors, les guerres entre l'Angleterre et la France ont été purement féodales.* Mais, pendant le xiiie siècle, l'Angleterre est devenue une grande nation. Elle est forte par l'union de la noblesse et de la bourgeoisie. Les seigneurs normands et les bourgeois d'origine saxonne se sont alliés pour résister aux prétentions de la royauté ; ils ont imposé à Jean sans Terre *la grande charte* de 1215 qui garantit les libertés anglaises, et, pendant toute la durée du xiiie siècle, ils ont énergiquement lutté contre les rois, qui voulaient rétablir le pouvoir absolu. La communauté des intérêts a fait oublier la diversité d'origines, et, du rapprochement des deux races, s'est formée la **nationalité anglaise** ; la langue française de Normandie et l'idiome saxon se sont mêlés ; *la langue anglaise* paraît au moment où commence la guerre de Cent ans.

**La France**, au contraire, **ne s'est pas encore régulièrement constituée.** A peine sortie de l'anarchie féodale, elle ne forme pas une nation unie par des idées et des intérêts communs. Le **patriotisme** est **tout local** ; il ne deviendra vraiment national que lorsque la communauté de souffrances aura fait naître l'idée d'une commune patrie ; l'expression « *un bon Français* » date du xive siècle.

**6. Bataille de l'Écluse.** — Un premier désastre fut amené par l'imprudence du roi de France. Philippe VI avait réuni une grande flotte pour opérer une descente en Angleterre, mais il en avait confié le commandement à un homme qui n'avait jamais vu la mer, à son trésorier, l'incapable *Bahuchet*. Elle fut surprise par les Anglais, au port de l'**Écluse** (1), et complètement détruite (1340). — *Ainsi, dès le commencement de la lutte, l'Angleterre devenait maîtresse de la*

---

(1) L'Écluse, aujourd'hui port de Hollande, au sud de l'embouchure de l'Escaut.

mer; désormais il lui sera facile de faire passer ses armées en France.

**7. Guerre de Bretagne.** — La guerre fut interrompue par une trêve; mais les hostilités continuèrent indirectement en Bretagne. — Deux prétendants se disputaient la succession du duché. Le roi de France soutenait *Charles de Blois*; le roi d'Angleterre donnait son appui à *Jean de Montfort*. La guerre de Bretagne ne devait se terminer que sous le règne de Charles V. On l'appela la *guerre des deux Jeanne*, parce que les femmes des deux rivaux, nommées toutes deux *Jeanne*, prirent, lorsque leurs maris eurent été faits prisonniers, le commandement des armées, soutinrent des sièges et gagnèrent des batailles. Ce fut une guerre de surprises, d'escarmouches, de luttes héroïques, mais peu décisives, comme le *combat des trente* Anglais contre trente Français, où la victoire resta à ces derniers, grâce à la vaillance du terrible *Beaumanoir* (1).

**8. Bataille de Crécy (1346).** — L'année 1346 fut désastreuse pour la France. La trêve ayant été rompue, Édouard III, guidé par un traître, *Geoffroy d'Harcourt*, débarqua dans la presqu'île du Cotentin et, ne rencontrant point d'obstacles, il s'avança, par la rive gauche de la Seine, jusque sous les murs de Paris, brûlant et pillant tout sur son passage. Enfin, Philippe VI parut avec une nombreuse armée. Édouard, qui n'avait avec lui que quelques milliers d'hommes, battit en retraite, serré de près par l'armée française. Il franchit la Seine et la Somme; mais il n'avait pas de vaisseaux pour repasser en Angleterre; il fut forcé de s'arrêter sur les hauteurs de **Crécy** (2), près d'Abbeville. Là, il fit prendre à ses troupes d'excellentes dispositions et attendit l'ennemi.

La prudence conseillait aux Français de remettre l'attaque au lendemain; tous les corps n'étaient pas arrivés; ceux dont on disposait étaient fatigués d'une longue marche; puis il importait de mettre un peu d'ordre dans cette immense cohue

---

(1) BEAUMANOIR. Pendant l'action, Beaumanoir, blessé et souffrant de la soif, ayant demandé à boire, un de ses compagnons lui cria : « *Bois ton sang, Beaumanoir.* » Le combat ne cessa que lorsque tous les combattants furent morts ou grièvement blessés. — (2) CRÉCY, chef-lieu de canton (Somme).

de chevaliers et de soldats mercenaires qui s'avançait en tumulte. Philippe VI consentait à attendre; mais les maréchaux eurent beau crier: « *Bannières, arrêtez!* » personne ne s'arrêta, et les chevaliers firent si bien en voulant se dépasser les uns les autres pour être au premier rang, qu'ils arrivèrent devant les lignes anglaises. Philippe ordonna aux archers génois qu'il avait à son service de commencer l'attaque; mais ceux-ci venaient de faire six heures de marche forcée dans la boue; leurs arcs étaient détendus par la pluie; ils ne purent répondre aux archers anglais qui les accablaient de leurs traits et se replièrent.

A cette vue, la chevalerie française s'indigne; Philippe ordonne de *tuer toute cette ribaudaille qui empêche la voie*, et les gens d'armes se jettent sur les Génois qui se défendent, pendant que les Anglais lancent leurs flèches sur les uns et sur les autres. Enfin, le duc d'Alençon et quelques chevaliers réussissent à se dégager; leur élan fait plier la première ligne anglaise; mais ils sont trop peu nombreux et ne tardent pas à succomber. Leur sort est partagé par une foule de seigneurs et d'hommes d'armes qui arrivent devant l'ennemi les uns après les autres, à mesure qu'ils se tirent de la bagarre des Génois. Bientôt chacun ne songe plus qu'à faire des prouesses et à mourir vaillamment; le roi de Bohême, *Jean de Luxembourg*, vieux et aveugle, fait attacher son cheval aux chevaux de deux de ses barons « pour férir un coup d'épée, » se jette dans la mêlée et y reste avec ses compagnons.

Le désastre fut complet; trente mille hommes périrent. Philippe, désespéré, avait voulu chercher la mort les armes à la main; on l'entraîna loin du champ de bataille; il se réfugia pendant la nuit au *château de Broyes*, près d'Amiens: « *Ouvrez, ouvrez*, cria-t-il au châtelain, *c'est l'infortuné roi de France.* »

Le jeune fils d'Édouard III, le *prince de Galles* (1), surnommé le **prince Noir** à cause de la couleur de son armure, avait fait des prodiges de valeur et gagné, sous les yeux de son père, ses éperons de chevalier.

**9. Les premiers canons.** — A la bataille de Crécy,

---

(1) Les fils aînés des rois d'Angleterre, héritiers présomptifs de la couronne, portent encore aujourd'hui ce titre.

les Anglais firent usage des **premiers canons**. Ce fut une des causes de leur succès.

Bombardes sur affûts.

L'usage de la *poudre* était depuis longtemps connu des *Chinois* et des *Arabes*. Son emploi pour lancer les projectiles date, en Europe, du commencement du xiv$^e$ siècle. Les canons de

Crécy étaient de longs tubes de pierre ou de fer renforcés par des cercles. Ils faisaient plus de bruit que de mal, mais ils effrayaient les chevaux par leur détonation. On les appelait des *bombardes*.

La nouvelle invention devait faire de grands progrès pendant la guerre de Cent ans. — *En rendant inutile la plus forte cuirasse, les armes à feu opèrent toute une révolution dans l'art de la guerre et établissent peu à peu l'égalité sur le champ de bataille.*

**10. Prise de Calais.** — Édouard profita de sa victoire pour venir assiéger **Calais** (1). Il voulait avoir à proximité de l'Angleterre un port où ses armées pussent facilement débarquer. Les Calaisiens résistèrent héroïquement pendant onze mois; mais aucun secours n'arrivait; ils furent forcés de capituler (1347). Édouard, irrité de la longue résistance des assiégés, voulut d'abord les faire tous périr; mais, cédant aux instances de ses chevaliers, il se borna à exiger que six notables vinssent lui apporter les clefs de la ville, la corde au cou, pour être pendus.

Lorsque la volonté d'Édouard eut été communiquée aux habitants réunis sur la place publique, les pleurs et les sanglots éclatèrent. Alors un généreux citoyen, **Eustache de Saint-Pierre** (2), s'avança et dit qu'il irait se mettre à la merci du roi d'Angleterre. Cinq autres bourgeois suivirent son exemple. Édouard les reçut avec colère et ordonna de faire venir le bourreau. Ce fut alors que la reine d'Angleterre se jeta en pleurant aux pieds de son mari et implora la grâce de ces malheureux. — « *Ah! madame*, dit Édouard, *j'aimerais mieux que vous soyez autre part qu'ici. Vous me priez tant que je ne vous l'ose refuser, et quoique je le fasse avec peine, tenez, je vous les donne, faites-en à votre plaisir.* — « *Maintenant*, disait Édouard, *je tiens les clefs de la France attachées à ma ceinture.* »

Le dévouement d'Eustache avait été l'effet d'un patriotisme tout local. On le vit bientôt. Eustache obtint la permission de revenir à Calais; il reçut même la faveur d'Édouard, qui lui

---

(1) CALAIS, chef lieu de canton (Pas-de-Calais). —. (2) C'est-à-dire du bourg de Saint-Pierre, près de Calais.

rendit ses biens et lui donna une pension « afin qu'il maintînt le bon ordre dans la ville et veillât à la garde de la place. »

**11. Dernières années du règne de Philippe VI.** — La défaite de Crécy et la prise de Calais ne furent pas les seuls malheurs du règne de Philippe VI. — Une peste terrible fit périr une grande partie de la population du royaume. — L'administration royale fut déplorable. C'est Philippe VI qui a établi l'impôt le plus odieux de l'ancienne monarchie, l'impôt sur le sel ou *gabelle* (1). — Tous ces malheurs furent faiblement compensés par l'acquisition de la *seigneurie de Montpellier* et par celle du *Dauphiné*. C'est depuis ce temps que les fils aînés des rois de France ont pris le titre de *Dauphin*.

**Devoirs oraux.** — 1. La bataille de Crécy. — 2. Le siège de Calais et le dévouement d'Eustache de Saint-Pierre.

**Devoirs écrits.** — 1. Puissance de Philippe VI au début de son règne. — 2. Exposez les prétentions d'Édouard III à la couronne de France; quels furent ses alliés. — 3. État comparé de la France et de l'Angleterre au début de la guerre de Cent ans; causes des défaites subies par les Français. — 4. La bataille de Crécy et les premiers canons. — 5. Le siège de Calais et le dévouement d'Eustache de Saint-Pierre. — 6. La guerre de Cent ans pendant le règne de Philippe VI. — 7. Résumez le règne de Philippe VI.

### TABLEAU XXII

#### RÈGNE DE PHILIPPE VI (1328-1350).

| | |
|---|---|
| 1º **Philippe VI de Valois.** | 1. Puissance de Philippe VI : — maître des trois quarts du royaume ; — son influence au dehors.<br>2. Les Flamands vaincus à Cassel, 1328. |
| 2º **Causes de la guerre de Cent ans.** | 1. Prétentions à la couronne de France d'Édouard III, petit-fils de Philippe IV, par sa mère ; — la loi salique non reconnue.<br>2. Alliés d'Édouard III : les Flamands (Jacques Arteveld).<br>3. Trahison de Robert d'Artois.<br>4. La guerre déclarée, 1337. |

---

(1) GABELLE. On ne pouvait acheter le sel que dans des greniers à sel, ou *gabelles*, établis par le roi, qui dès lors vendit cette denrée si nécessaire au prix qui lui convint.

3°
État comparé des deux puissances.
- *a. France :* 1. Apparence de force ; mais :
- 2. La nation non formée ; pas de patriotisme français ;
- 3. Incapacité de la royauté ;
- 4. Folle témérité de la chevalerie française.
- *b. Angleterre :* 1. Nation formée : la Grande Charte ; la langue anglaise ;
- 2. Habileté d'Édouard III.

4°
La guerre sous Philippe VI.
- 1. Défaite de l'Écluse : les Anglais maîtres de la mer, 1340.
- 2. Guerre de Bretagne : Charles de Blois, soutenu par les Français ; Simon de Montfort, soutenu par les Anglais ; *guerre des deux Jeanne.*
- 3. Désastre des Français à Crécy, 1346 ; les premiers canons.
- 4. Prise de Calais, 1347 : Eustache de Saint-Pierre.

5°
Fin du Règne.
- 1. Mort de Philippe VI.
- 2. La peste.
- 3. Établissement de la *gabelle* (impôt sur le sel).
- 4. Acquisition de Montpellier et du Dauphiné.

## XXIII

## Règne de Jean le Bon (1350-1364).

Résumé.

1-2. — Le règne de Jean *le Bon* (1350-1364) est aussi funeste à la France que le règne de Philippe VI. — En 1356, le désastre de Poitiers est complet ; le roi, fait prisonnier, est conduit en Angleterre.

3. — Les états généraux, dirigés par le prévôt des marchands de Paris, Étienne Marcel, essayent de limiter l'autorité royale. — Mais Marcel est tué et le Dauphin Charles reprend le pouvoir.

4-5. — La France, ruinée par la guerre et par la Jacquerie, accueille avec joie le désastreux traité de Brétigny, signé en 1360, qui lui enlève Calais et l'Aquitaine.

6. — Jean le Bon donne à son fils Philippe *le Hardi* le duché de Bourgogne, dont la puissance mettra plus d'une fois la monarchie en péril.

7. — Le chroniqueur Froissart a raconté la guerre de Cent ans jusqu'en l'année 1400.

RÉCIT.

**1. Jean le Bon (1350-1464).** — Le règne de **Jean le Bon** (c'est-à-dire *le Vaillant*), prince d'une bravoure emportée et brutale, fut aussi funeste à la France que le règne de Philippe VI. Ce furent les mêmes prodigalités ruineuses, le même esprit follement chevaleresque. La leçon de Crécy n'avait pas été comprise. Jean institua un *ordre militaire*, celui *de l'Étoile*, dont les membres juraient de se laisser tuer ou prendre, plutôt que de reculer de quatre arpents devant l'ennemi. — Cet aveuglement amena de nouveaux désastres.

**2. Bataille de Poitiers (1356).** — La trêve signée en 1348 ayant été rompue, le prince Noir débarqua avec une armée en Guyenne et ravagea la France méridionale. Jean le rencontra près de **Poitiers**. Les Anglais s'étaient retranchés sur la *colline de Maupertuis*. Ils étaient si peu nombreux, que le prince Noir, désespérant de pouvoir échapper, offrait de capituler. Mais le roi Jean voulait tirer vengeance de Crécy : il

Archer combattant (dessin du XIVᵉ siècle).

ordonna l'attaque. Les seigneurs s'élancèrent bravement et commencèrent à gravir la colline ; mais les longues flèches des archers anglais mirent le désordre dans leurs rangs ; ils durent battre en retraite. Jean eut alors une malheureuse inspiration : il commanda à ses chevaliers de mettre pied à terre et d'attendre immobiles le choc de la cavalerie ennemie qui se précipitait des hauteurs. Que pouvait faire cette infanterie improvisée, sans projectiles, couverte de pesantes armures, contre la cavalerie et les archers anglais ? La déroute fut complète ; les prisonniers furent plus nombreux que les vainqueurs.

Jean avait racheté son impéritie comme général par un brillant courage de soldat. Secondé par son jeune fils, *Philippe le Hardi*, il s'était longtemps défendu, une hache à la main. Il fut enfin forcé de se rendre. Le prince Noir s'efforça d'adoucir le malheur du roi par sa courtoisie. Il fléchit le genou devant lui en l'abordant, et le servit lui-même à table en proclamant qu'il *avait été le mieux faisant de la journée*. — Jean fut conduit prisonnier à Londres. — *Il laissait son royaume sans armée, sans ressources, livré à la plus déplorable anarchie.*

**3. Les états généraux de Paris. — Étienne Marcel.** — A la nouvelle du désastre de Poitiers, l'effroi fut grand dans toute la France. La noblesse s'était couverte de honte et personne ne comptait sur elle pour sauver le royaume. Le dauphin, *Charles*, n'avait que dix-neuf ans et s'était déconsidéré en s'enfuyant du champ de bataille. Les bourgeois vont essayer de prendre en main la direction des affaires. Guidés par *Robert Lecocq*, évêque de Laon, et surtout par **Étienne Marcel**, prévôt des marchands de Paris, homme plein d'éloquence et d'énergie, **les états généraux** de 1356, 1357, 1358, prirent les mesures nécessaires pour assurer la défense du royaume, et **tentèrent une révolution qui aurait imposé des limites au pouvoir royal.**

Ils demandaient que les états fussent désormais régulièrement convoqués ; que le vote de l'impôt leur appartînt ; que le gouvernement leur rendît compte chaque année de l'emploi des deniers publics. Dans l'intervalle des sessions, une *commission de trente-six membres*, nommée par les états, aurait assisté le roi et exercé sur toute l'administration une surveillance active.

Le dauphin Charles résista; la lutte devint bientôt violente. Étienne Marcel, poussé à bout par les obstacles qu'il rencontrait, se décida à recourir à des moyens extrêmes. Il fit mettre à mort, sous les yeux du Dauphin, deux ministres opposés aux réformes; puis, il songea à remplacer la dynastie des Valois par une dynastie nouvelle, à donner la couronne à *Charles de Navarre*, dit le *Mauvais*, de la maison d'Évreux, fils d'une fille de Louis X. Mais il fut tué par un partisan des Valois, au moment où il allait ouvrir une des portes de Paris aux soldats du prétendant navarrais. Le Dauphin rentra dans la capitale et tout se soumit à l'autorité royale.

*Ainsi échoua la tentative remarquable d'Étienne Marcel, qui aurait pu, en donnant à la France un gouvernement libre, épargner à notre pays toutes les souffrances que lui a causées le pouvoir sans contrôle de ses rois.*

**4. La Jacquerie.** — Les événements de Paris avaient eu du retentissement dans les campagnes et plusieurs provinces avaient été désolées par la **Jacquerie**, c'est-à-dire par le soulèvement des paysans (*Jacques Bonhomme* était le surnom que les nobles donnaient aux paysans par dérision). Les *Jacques* attaquèrent les châteaux, les brûlèrent, massacrèrent leurs habitants et commirent toutes sortes d'excès. Il fallut des flots de sang pour étouffer la révolte. Les campagnes se soumirent, mais restèrent incultes et dépeuplées.

**5. Traité de Brétigny (1360).** — La misère était si grande, que le désastreux **traité de Brétigny** (1) fut accueilli avec des transports de joie. Ce traité, signé en 1360, donnait aux Anglais l'Aquitaine avec ses dépendances jusqu'à la Loire, Calais, et trois millions d'écus d'or pour la rançon du roi.

**6. Origine de la maison de Bourgogne.** — Jean ne revint en France que pour commettre de nouvelles fautes. Il venait d'acquérir par héritage *le duché de Bourgogne*; il s'empressa de le détacher de la couronne pour le donner

---

(1) BRÉTIGNY, ville d'Eure-et-Loir.

en *apanage* **(1)** à son quatrième fils, *Philippe le Hardi*. C'est ainsi que fut fondée la *deuxième maison capétienne de Bourgogne*, qui devait être si funeste à la France et mettre plus d'une fois la monarchie en péril. — Jean mourut peu après à Londres, où il était retourné, on ne sait pour quel motif (1364).

FRANCE — GUERRE DE CENT ANS

**7. Froissart.** — Le récit dramatique du siège de Calais et du dévouement d'Eustache de Saint-Pierre nous a été laissé par le célèbre chroniqueur **Froissart** (2). Dans son ouvrage intitulé *Chronique de France, d'Angleterre, d'Écosse et*

---

(1) APANAGE, fief donné à un prince de la famille royale. — (2) Né à Valenciennes (Nord), en 1333, mort en 1410.

d'*Espagne*, Froissart a raconté la guerre de Cent ans jusqu'à l'année 1400. Toujours en voyage, véritable « chevalier errant de l'histoire », il a assisté à beaucoup d'événements et a connu presque tous les hommes qui jouèrent un rôle dans les guerres de son temps. Il excelle dans le récit des batailles, des sièges, des fêtes, des tournois. — Depuis Villehardouin et Joinville la langue française a fait de grands progrès; Froissart n'a pas besoin d'être traduit pour être compris.

**Devoir oral.** — Racontez la bataille de Poitiers.

**Devoirs écrits.** — 1. La bataille de Crécy. — 2. Les états généraux et la tentative d'Etienne Marcel. — 3. Origine de la maison de Bourgogne. — 4. La Jacquerie. — 5. Villehardouin, Joinville et Froissart. — 6. Résumez le règne de Jean le Bon. — 7. La guerre de Cent ans, depuis 1337 jusqu'au traité de Brétigny.

## TABLEAU XXIII.

### Jean le Bon (1350-1364).

**1° Bataille de Poitiers, 1356.**
1. Le prince Noir ravage le midi; — sa retraite.
2. Bataille de Poitiers, 1356; — témérité des chevaliers; incapacité mais bravoure du roi.
3. Jean prisonnier à Londres.
4. Situation désastreuse de la France.

**2° Étienne Marcel.**
1. Discrédit de la royauté et de la noblesse; efforts de la bourgeoisie pour sauver la France.
2. États généraux de 1356, 1357, 1358.
3. Etienne Marcel, prévôt des marchands de Paris.
4. Efforts pour imposer des limites au pouvoir royal : — vote de l'impôt, surveillance des finances, etc.
5. Deux conseillers du Dauphin massacrés; — la couronne offerte à Charles de Navarre; — mort d'Etienne Marcel.

**3° Traité de Brétigny, 1360.**
1. La France désolée par la Jacquerie.
2. Paix de Brétigny, 1360; — les Anglais gardent Calais, l'Aquitaine et ses dépendances jusqu'à la Loire.
3. Le duché de Bourgogne donné en apanage à Philippe le Hardi. — Mort de Jean à Londres, 1364.
4. Chronique de Froissart; — progrès de la langue française.

## XXIV

## Règne de Charles V (1364-1380).

### Résumé.

1-2. — Charles V, *le Sage*, règne de 1364 à 1380; sa prudence doit raffermir la couronne ébranlée. Son épée fut le breton Bertrand Du Guesclin.

3. — En 1364, Du Guesclin bat à Cocherel, en Normandie, les Navarrais que commande le captal de Buch.

4. — L'année suivante, il est pris à la bataille d'Auray, où périt Charles de Blois; mais le traité de Guérande termine la guerre de Bretagne au profit du roi de France (1365).

5. — Du Guesclin se met à la tête des *grandes Compagnies* pour aller établir Henri de Transtamare sur le trône de Castille; il réussit d'abord, mais, en 1367, le prince Noir est vainqueur à Navarette.

6. — Du Guesclin, rendu à la liberté, assure, par la victoire de Montiel, le trône de Castille à Henri de Transtamare.

7-9. — Devenu connétable, malgré sa petite naissance, il ruine, par une guerre habile, les Anglais, qui ne conservent en France que quelques ports; — mais il meurt, en 1380, au siège de Châteauneuf-de-Randon.

10. — Charles V a gouverné avec économie; il a protégé les lettres et les arts; il a construit la Bastille et fixé à quatorze ans la majorité des rois.

### Récit.

**1. Charles V le Sage (1364-1380).** — En 1364, la situation du royaume était déplorable : au sud, *les Anglais* avec le *prince Noir*; — au nord, *les Flamands* et *Édouard III* dans le Ponthieu ; — à l'ouest, *Jean de Montfort* en Bretagne, et *Charles le Mauvais* qui occupait les places principales de la Normandie ; — partout, des bandes d'Anglais ou de soldats jadis à la solde de la France, licenciés après Brétigny, et parcourant le royaume sous le nom de *Malandrins* ou de *Routiers*.

Mais le nouveau roi ne ressemblait pas à ses prédécesseurs. Charles V n'avait rien de guerrier ; il était maladif et ne pouvait tenir la lance. C'était un prudent politique, vivant retiré dans son hôtel Saint-Pol ou dans sa *librairie* du Louvre, méritant le nom de *Sage* (c'est-à-dire de lettré, dans le langage de l'époque), et s'entourant d'habiles conseillers. *Sa prudence devait raffermir la couronne que les fautes de Philippe VI et de Jean le Bon avaient ébranlée.*

Pour lutter contre ses nombreux ennemis, ce ne fut pas à un grand seigneur qu'il confia le commandement de ses armées, mais à un homme de petite noblesse dont le nom est resté populaire en France, à Du Guesclin.

**2. Du Guesclin.** — **Bertrand Du Guesclin** était né près de Rennes, en 1314. Ses contemporains ne nous ont pas laissé de lui un beau portrait :

> *Camus, noir et massant* (maussade),
> *Le plus laid qui fût de Rennes à Dinan.*

Dans son enfance, il avait désespéré ses parents par son humeur indocile. Il passait son temps à lutter avec les enfants de son âge, et souvent il revenait tout couvert de sang à la maison paternelle. Son père l'enferma, mais il s'échappa et se réfugia chez un de ses oncles, qui gagna par ses bons procédés cette âme en apparence grossière, mais au fond généreuse. Son père lui pardonna bientôt en apprenant sa brillante valeur dans un tournoi où il avait vaincu tous ses adversaires.

Du Guesclin se forma au métier des armes et commença sa réputation dans les guerres difficiles de la Bretagne. — Comme capitaine, Du Guesclin est loin de ressembler aux téméraires chevaliers de Crécy ou de Poitiers. Dans la guerre, il voit autre chose que l'occasion de faire de belles prouesses ; il veut avant tout le succès et, pour l'obtenir, il a recours aux ruses, aux feintes, aux retraites simulées, aux surprises nocturnes.

Ce qui le distingue encore des hommes de son temps, c'est l'intérêt que lui inspirent les pauvres, les faibles, les laboureurs. Il se refusait à les piller, comme faisaient la plupart des autres chefs, et, une fois, il refusa de grosses sommes que Charles V lui offrait, en apprenant que l'on devait tirer cet argent des marchands et des pauvres gens.

Capitaines à l'époque de la guerre de Cent ans (dessin du temps).

Charles V comprit tout le parti qu'il pouvait tirer d'un homme comme Du Guesclin, et, dès son avènement, il lui confia de grands commandements.

**3. Bataille de Cocherel (1364).** — Du Guesclin délivra d'abord la Normandie de Charles de Navarre que soutenait *le captal* (capitaine) *de Buch*, un des plus redoutables chefs anglais. Les Navarrais occupaient, près de **Cocherel** (1), une hauteur de difficile accès; il les attira dans la plaine par une fuite simulée et les battit complètement (1364). Ce furent, comme il le disait, les *joyeuses étrennes* de la nouvelle royauté.

**4. Du Guesclin en Bretagne.** — Il alla ensuite combattre en Bretagne pour le parti français de Charles de Blois; on engagea la **bataille d'Auray** (2) malgré ses avis; Charles de Blois fut tué, Du Guesclin fait prisonnier. Mais Charles V termina la guerre par le *traité de Guérande* (3). Jean de Montfort reconnaissait la suzeraineté du roi de France et rompait toute relation avec les Anglais (1365).

**5. Du Guesclin en Espagne.** — Restaient les *grandes compagnies* qui ne cessaient de ravager le royaume, « *leur chambre,* » comme disaient ces routiers. — On résolut de les prêter à **Henri de Transtamare**, qui voulait enlever le trône de Castille à son frère *Pierre le Cruel*, allié des Anglais. Du Guesclin, dont le nom était déjà populaire parmi les gens de guerre, alla hardiment trouver les chefs des grandes compagnies; il leur montra, dans l'expédition projetée, honneur et richesses, et les décida à le suivre. Il fut d'abord victorieux et plaça Henri de Transtamare sur le trône. Mais le prince Noir vint au secours du roi dépossédé. Une grande bataille fut, malgré Du Guesclin, engagée à **Navarette** (au sud des Pyrénées) et complètement perdue. Du Guesclin, qui avait fait des prodiges de valeur, tomba pour la seconde fois entre les mains de ses ennemis (1367).

**6. Du Guesclin prisonnier.** — Le prince de Galles avait juré de garder son prisonnier. Comme Du Guesclin n'en paraissait pas ému, le prince lui demanda la cause de sa résignation : « *Depuis que je suis ici*, répondit le rusé Breton, *je me trouve le premier chevalier du monde ; car on raconte partout que vous me craignez et que vous n'osez pas me mettre à rançon.* » Le prince, piqué de cette réponse, lui rendit la liberté en le

---

(1) COCHEREL, village du département de l'Eure. — (2) AURAY, chef-lieu de canton (Morbihan). — (3) GUÉRANDE, chef-lieu de canton (Loire-Inférieure).

laissant fixer lui-même sa rançon. Du Guesclin la fixa à près de cent mille livres, et, comme le prince lui demandait où il les trouverait : « *Henri de Transtamare*, dit-il, *quoi qu'il advienne, sera roi d'Espagne et en payera la moitié ; pour l'autre moitié, j'ose dire que le roi de France l'acquittera, et, si besoin était, il n'y a femme ou fille en mon pays, sachant filer, qui ne voulût gagner avec sa quenouille de quoi me tirer de prison.* » Cette conduite inspira une telle admiration à ses adversaires, que la princesse de Galles lui offrit une partie de la somme et l'embrassa pendant qu'il fléchissait le genou devant elle : « *Vraiment*, dit Bertrand en se relevant, *je pensais être le plus laid chevalier qui fût au monde ; j'ai meilleure opinion de moi maintenant qu'une si belle et grande dame m'a octroyé une telle faveur.* »

Du Guesclin profita de sa liberté pour recommencer la guerre en Espagne et la victoire de **Montiel** assura la couronne à Henri de Transtamare.

**7. Du Guesclin connétable.** — Mais la France avait besoin de l'épée du héros. Charles V venait de rompre le traité de Brétigny et avait déclaré la guerre à l'Angleterre. Ce fut à Bertrand Du Guesclin qu'il donna l'épée de **connétable**, c'est-à-dire le commandement général des armées. En vain le Breton refusa en disant : « *Qu'il était un pauvre chevalier et de basse origine ; qu'il n'oserait commander aux frères du roi, à ses neveux et cousins.* » — « *Messire Bertrand*, répondit le sage monarque, *ne vous excusez pas, car je n'ai frère, cousin, neveu, ni baron, ni comte en mon royaume qui ne vous obéisse ; s'il en était autrement, il me courroucerait fort. Prenez donc cette épée, je vous prie.* » — Du Guesclin l'accepta et s'en servit pour le bien de la France.

**8. Expulsion des Anglais.** — Il fit aux Anglais une guerre de petits combats, de sièges, d'embuscades, prenant les villes, détruisant l'ennemi en détail, mais d'une manière sûre. A la mort d'Édouard III, en 1377, les Anglais ne conservaient plus que quelques ports, Bayonne, Bordeaux, Brest, Calais. « *Il n'y eût oncques* (jamais) *roi de France qui moins s'armât et qui me donnât tant à faire*, » disait le roi d'Angleterre en parlant de Charles V.

**9. Mort de Du Guesclin.** — Les Anglais occupaient

encore quelques châteaux forts dans la France méridionale. Ce fut en assiégeant l'une de ces places, *Châteauneuf-de-Randon*, près de Mende, que Du Guesclin fut atteint de la maladie dont il devait mourir. Ses dernières paroles furent pour recommander à ses compagnons de ne jamais oublier, « *en quelque pays qu'ils fissent la guerre, que les gens d'église, les femmes, les enfants et le pauvre peuple n'étaient pas leurs ennemis.* » — Le chef anglais vint déposer les clefs de la place sur le cercueil du connétable.

Charles V fit faire à son grand capitaine de magnifiques funérailles et voulut que Du Guesclin fût inhumé à Saint-Denis, dans les caveaux des rois. — Deux mois après, il succombait à son tour, à peine âgé de quarante-quatre ans (1380).

**10. Sage administration de Charles V.** — Charles V avait affermi les victoires de ses capitaines par de sages *ordonnances*, qui malheureusement furent oubliées après lui. Il avait gouverné avec une grande économie et laissait en mourant un trésor de dix-sept millions, somme considérable pour l'époque. — Il avait protégé les sciences, les lettres et les arts ; il avait recueilli neuf cent cinquante volumes, premier fond de la *Bibliothèque royale* ; il avait fait traduire en français la Bible ainsi que beaucoup d'ouvrages anciens. — Il avait fait construire beaucoup de monuments, entre autres *la Bastille* de Paris. — Une ordonnance de 1375 avait fixé la majorité des rois à quatorze ans.

**Devoirs oraux.** — 1. Premières années de Du Guesclin ; sa manière de comprendre la guerre ; son humanité. — 2. Batailles de Cocherel et d'Auray ; — 3. Du Guesclin en Espagne : Navarette et Montiel. — 4. Du Guesclin prisonnier du prince de Galles. — 5. Du Guesclin nommé connétable. — 6. Mort de Du Guesclin.

**Devoirs écrits.** — 1. État de la France en 1364. — 2. Résumez la vie de Du Guesclin. — 3. Résumez le règne de Charles V, etc. — (*Mêmes sujets que pour les devoirs oraux*).

## TABLEAU XXIV

**Règne de Charles V 1364—1380 Succès**

1. Charles V le *Sage*, sa prudence; son habileté.
2. Son capitaine: le breton Bertrand Du Guesclin.
3. Du Guesclin victorieux des Navarrais à Cocherel, en 1364.
4. En Bretagne, bataille d'Auray : Charles de Blois tué; Du Guesclin prisonnier ; — mais traité de Guérande, 1365.
5. Les grandes compagnies : — Du Guesclin, à leur tête ; — le trône de Castille donné à Henri de Transtamare; mais, en 1367, victoire du prince Noir à Navarette: Du Guesclin prisonnier ; — il est mis à rançon ; — sa victoire de Montiel: — Henri roi de Castille.
6. Reprise de la guerre contre les Anglais. — Du Guesclin *connétable*. — Expulsion presque complète des Anglais. — Mort d'Édouard III, 1377.
7. 1380, mort de Du Guesclin au siège de Châteauneuf-de-Randon. — Mort de Charles V.
8. Sage gouvernement de Charles V : — économies; lettres et arts protégés ; — la Bastille ; — majorité des rois fixée à 14 ans.

## XXV

## Règne de Charles VI (1380-1422).

### Résumé.

1. — Les oncles du nouveau roi, Charles VI, se disputent le pouvoir; ils provoquent à Paris l'insurrection des *Maillotins*, mais, au nord, les Flamands sont écrasés à Roosebeke (1382).

2-3. — Charles VI se décide à confier le gouvernement aux *Marmousets*; mais, en 1392, après l'attentat commis sur le connétable Olivier de Clisson, il devient fou en traversant la forêt du Mans ; — les Marmousets sont éloignés des affaires.

4-5. — Le duc de Bourgogne, Jean sans Peur, fait assassiner son rival, le duc d'Orléans, frère du roi, en 1407. C'est alors que commence la longue guerre civile des Armagnacs et des Bourguignons, soutenus à Paris par les Cabochiens.

6-8. — Le roi d'Angleterre, Henri V, remporte, en 1415, la grande victoire d'Azincourt. — Fortifié, après l'assassinat de Jean sans Peur au pont de Montereau, par l'alliance du nouveau duc de Bourgogne, Philippe *le Bon*, il impose le traité de Troyes qui lui livre la France, 1420. — Charles VI et Henri V meurent la même année, en 1422.

Récit.

**1. Charles VI (1380-1422).** — Après la mort de Charles V la France tomba dans une nouvelle période d'anarchie et de misères.

Le nouveau roi, **Charles VI**, n'avait que douze ans lorsqu'il monta sur le trône. Ses oncles, *les ducs d'Anjou, de Berry, de Bourgogne et de Bourbon*, se disputèrent la régence et se partagèrent le gouvernement comme une proie. Ils gaspillèrent le trésor de Charles V et écrasèrent le peuple d'impôts. Les bourgeois de Paris se révoltèrent, brisèrent les portes de l'Arsenal et s'emparèrent de *maillets* (1) de plomb pour massacrer les percepteurs des nouvelles taxes. Ce fut *l'insurrection des Maillotins*. — Au nord, les Flamands, conduits par *Philippe Arteveld*, prirent les armes; ils furent écrasés par le duc de Bourgogne et le jeune roi à la *bataille de Roosebeke* (2) (1382).

**2. Les Marmousets.** — Un moment l'on put croire que l'ordre et la modération allaient rentrer dans le gouvernement. Le jeune roi, cédant à de sages conseils, se décida à enlever le pouvoir à ses oncles et confia l'administration aux anciens ministres de Charles V, que les princes appelaient par dérision *les Marmousets* (3), parce qu'ils étaient hommes de petite naissance.

Mais les Marmousets n'eurent pas longtemps la direction

---

(1) Maillet, espèce de marteau à deux têtes. — (2) Roosebeke, petite ville de Belgique. — (3) Marmousets. Ce nom désignait les figures grotesques sculptées au portail des églises.

des affaires. Les princes évincés avaient juré de se venger. En 1392, le *connétable Olivier de Clisson*, le plus énergique des nouveaux conseillers, fut assailli et presque tué par une bande

Armure plate du xvᵉ siècle.

que conduisait *Pierre de Craon*. Le duc de Bretagne donna asile au meurtrier et refusa de le livrer à la justice royale.

**3. Folie du roi.** — Charles VI, irrité, se mit à la tête d'une armée pour aller saisir le coupable. Comme il traversait la forêt du Mans par une grande chaleur, un homme couvert de haillons s'élança au-devant de lui, et, saisissant la bride de son cheval : « *Noble roi*, s'écria-t-il, *ne chevauche pas plus en avant, car tu es trahi.* » Le roi, qui avait déjà donné des symptômes de démence, fut effrayé ; et quelques instants après, un page ayant laissé tomber sa lance sur le casque de son voisin, il tressaille au bruit du fer, devient furieux et s'élance sur ceux qui l'entourent en criant : « *Avant! avant! sur les traîtres!...* » **Il était fou et il avait encore trente ans à régner** (1392). — Les Marmousets furent écartés ; le gouvernement appartint de nouveau aux oncles du roi, à son frère, puis aux partis tour à tour victorieux dans la guerre civile.

**4. Armagnacs et Bourguignons.** — Le duc de Bourgogne, Philippe le Hardi, mourut en 1404. Son fils, le farouche et sanguinaire **Jean sans Peur**, lui succéda et disputa le gouvernement au jeune frère du roi, **Louis, duc d'Orléans.** La rivalité des deux princes amena une longue période de crimes et de guerres civiles ; elles commencèrent lorsque Jean eut fait assassiner le duc d'Orléans (1407). Les partisans de la maison d'Orléans, excités par la veuve du prince assassiné, *Valentine Visconti*, de Milan, s'armèrent et prirent pour chef le comte *Bernard d'Armagnac*(1), dont la fille avait épousé le fils aîné de Louis d'Orléans ; on les appela les **Armagnacs.** Les partisans de Jean sans Peur portèrent le nom de **Bourguignons.**

**5. Les Cabochiens.** — Comme au lendemain de Poitiers, la bourgeoisie parisienne essaya de porter remède à l'anarchie par une réforme politique. Le savant médecin *Jean de Troyes* et l'éloquent *Eustache de Pavilly* tentèrent une révolution analogue à celle d'Étienne Marcel. Mais le parti réformateur, aveuglé par la résistance qu'il rencontra, commit la faute de s'allier au duc de Bourgogne que soutenait la brutale corporation des bouchers (*écorcheurs*), conduite d'abord par *Simon Caboche*, plus tard par le bourreau *Jean Capeluche*. Les excès des **Cabochiens** rendirent une réaction inévitable ; les

---

(1) ARMAGNAC, province de Gascogne qui forme aujourd'hui le département du Gers.

modérés appelèrent les Armagnacs qui entrèrent à Paris et firent un massacre général des Bourguignons.

**6. Bataille d'Azincourt (1415).** — La guerre étrangère se joignit à la guerre civile. Le roi d'Angleterre,

Arbalétriers, combattant.

*Henri V*, débarqua à l'embouchure de la Seine. Maître de *Harfleur* (1), après un siège héroïquement soutenu, il voulut regagner Calais par terre. Il rencontra l'armée française, beaucoup plus nombreuse que la sienne, à **Azincourt** (2). La

---

(1) HARFLEUR, ville de la Seine-Inférieure. — (2) AZINCOURT, bourg du Pas-de-Calais.

Assassinat de Jean sans Peur (d'après un dessin du temps).

noblesse essuya une défaite encore plus complète que celles de Crécy et de Poitiers. Elle avait repoussé les gens des communes qui voulaient combattre les Anglais en disant : « *Qu'avons-nous à faire de ces gens de boutique ; nous sommes déjà trois fois plus nombreux que les Anglais !* » — Plus de 8,000 gentilshommes périrent ; les Anglais ne laissaient que 1.600 hommes sur le champ de bataille (1415).

**7. Assassinat de Jean sans Peur.** — La défaite d'Azincourt, suivie de la prise de Caen et de Rouen par les Anglais, rapprocha les partis ennemis des Armagnacs et des Bourguignons. Une entrevue fut ménagée entre Jean sans Peur et le dauphin Charles (depuis Charles VII). Elle eut lieu à **Montereau** (1), sur le pont de l'Yonne. Mais, au moment où le duc de Bourgogne s'agenouillait devant le Dauphin, il fut tué par *Tanneguy Duchâtel* et les autres compagnons du jeune prince (1419).

**8. Traité de Troyes (1420).** — Le crime ne profita qu'aux Anglais. Le fils de Jean, *Philippe le Bon*, s'unit aussitôt à Henri V, et, de concert avec la reine, *Isabeau de Bavière*, qui trahissait à la fois ses devoirs d'épouse et de mère, il signa le honteux **traité de Troyes** (1420). Le Dauphin était déshérité ; Henri V épousait *Catherine de France*, fille de Charles VI ; **le roi d'Angleterre deviendrait roi de France lorsque la mort de Charles aurait rendu le trône vacant.** — Le duc de Bourgogne était déclaré indépendant de la couronne de France.

Les Anglais furent reçus dans Paris, où les Bourguignons étaient rentrés après un horrible massacre des Armagnacs.

Henri V ne survécut guère à ses succès. Il mourut en 1422, quelques jours avant le malheureux Charles VI.

**Devoirs oraux.** — 1. Les Marmousets. — 2. La folie du roi. — 3. La bataille d'Azincourt.

**Devoirs écrits.** — 1. Résumez ce chapitre. — 2. Crécy, Poitiers, Azincourt. — 3. La guerre contre les Anglais pendant le règne de Charles VI.

---

(1) MONTEREAU, chef-lieu de canton de Seine-et-Marne.

## TABLEAU XXV

### CHARLES VI (1380-1422).

**1° Le roi mineur.**
1. Le gouvernement entre les mains des oncles du roi.
2. A Paris, révolte des Maillotins.
3. Les Flamands vaincus à Roosebeke, 1382.

**2° Les Marmousets.**
1. Les anciens ministres de Charles V au pouvoir.
2. Mais attentat commis sur Olivier de Clisson ; le meurtrier en Bretagne.
3. Folie du roi, 1392 (forêt du Mans).
4. Chute des Marmousets.

**3° Armagnacs et Bourguignons.**
1. Mort de Philippe le Hardi, 1404.
2. Rivalité de Jean sans Peur et du duc d'Orléans, frère du roi.
3. Assassinat du duc d'Orléans, 1407.
4. Rivalité des Bourguignons et des Armagnacs, partisans de la maison d'Orléans et du pouvoir royal.
5. A Paris, réformes politiques tentées par la bourgeoisie ; — mais excès des Cabochiens.
6. Les Armagnacs à Paris : massacre des Bourguignons.

**4° La guerre étrangère.**
1. Henri V en France ; — il prend Harfleur. — il est victorieux à Azincourt, 1415.
2. Essai de rapprochement entre les Armagnacs et les Bourguignons ; — mais assassinat de Jean sans Peur au pont de Montereau, 1419.
3. Philippe le Bon s'allie aux Anglais : — trahison de la reine Isabeau de Bavière ; — traité de Troyes, 1420 ; — la France livrée aux Anglais ; — à Paris, massacre des Armagnacs.
4. En 1422, mort de Henri V et de Charles VI.

## XXVI

## Règne de Charles VII (1422-1461).

### Résumé.

1-2. — Charles VII (1422-1461) n'est d'abord que le *roi de Bourges* pendant que Henri VI d'Angleterre est proclamé roi de France à Paris. — Les Anglais, toujours vainqueurs, assiègent Orléans en 1428.

3-10. — C'est alors que Jeanne Darc paraît. Elle délivre

Orléans, bat les Anglais à Patay et mène le roi à Reims, où il est sacré ; — mais elle échoue devant Paris ; elle est prise devant Compiègne et livrée aux Anglais qui la font mourir sur le bûcher, à Rouen, en 1431.

11. — Les Anglais n'en sont pas moins vaincus et Charles VII, réconcilié avec le duc de Bourgogne au traité d'Arras (1435), rentre dans Paris en 1436. — La Normandie est reconquise par la victoire de Formigny et la Guyenne par celle de Castillon, qui termine la guerre de Cent ans, en 1453.

12. — La retraite des Anglais permet à la royauté de reconstituer sa puissance.

13. — Charles VII s'assure des revenus réguliers par la taille perpétuelle, et la force militaire par la création d'une armée permanente (compagnies d'ordonnance, francs-archers, artillerie).

14. — Il triomphe de la Praguerie ; — soutient, puis abandonne Jacques Cœur. — Il a publié la *Pragmatique de Bourges* et soumis à son pouvoir la noblesse, le clergé, le tiers état.

### Récit.

**1. Charles VII (1422-1461). — État de la France en 1422.** — Le fils de Henri V fut proclamé à Paris sous le nom de *Henri VI* ; le Dauphin prit le nom de **Charles VII**. Il y avait deux rois en France ; à qui appartiendrait le royaume ?

Les forces semblaient bien inégales. Henri VI possédait *Paris* avec presque toutes les *provinces au nord de la Loire* ; au sud, la *Guyenne* et la *Gascogne* ; il disposait de la Bourgogne ; le Parlement, l'Université, l'Église étaient pour lui ; il avait pour tuteur son oncle, le *duc de Bedford*, habile administrateur et grand homme de guerre.

Charles VII était maître du *Berry*, de l'*Orléanais*, de la *Touraine*, du *Poitou*, de l'*Anjou* et du *Maine*. Les provinces méridionales le reconnaissaient comme souverain légitime ; mais, en réalité, elles étaient indifférentes à sa cause. Ses ennemis pouvaient l'appeler le *roi de Bourges*. — Il n'avait aucune des qualités qu'exigeait la situation critique dans laquelle il se trouvait ; indolent et frivole, dominé par d'indignes favoris, tout entier à ses plaisirs, « *il perdait gaiement son royaume* ». Il avait à son service de vaillants capitaines comme *La Hire*, *Xaintrailles*, *Dunois, le connétable de Richemont*; mais, pour toute armée, il n'avait que des soldats mercenaires, indisciplinés et pillards. Aussi les Anglais étaient-ils vainqueurs partout où l'on essayait de les arrêter, à *Crevant-sur-Yonne* (1), à *Verneuil* (2), etc. **La situation semblait désespérée.**

**2. Siège d'Orléans.** — En 1428, Bedford se décida à frapper un coup décisif. Il leva une armée considérable et envoya le *duc de Salisbury* mettre le siège devant **Orléans**, ville qui était regardée comme la clef des provinces du Midi. Si Orléans tombait au pouvoir des Anglais, le royaume était perdu. — Mais les malheurs de la guerre de Cent ans avaient fortifié et étendu le sentiment national. Le clergé, la noblesse, le peuple surtout, sentirent que, sans un effort suprême, c'en était fait de l'indépendance nationale. Les Orléanais résistèrent avec un admirable héroïsme. Les Anglais allaient lever le siège de la place, lorsqu'eut lieu le malheureux *combat de Rouvray* (3), connu sous le nom de *journée des Harengs* (février 1429). Cet échec jeta le découragement parmi les défenseurs d'Orléans ; la famine les décimait ; ils allaient être forcés de se rendre ; Orléans était perdue et la France avec elle... **Jeanne Darc parut.**

**3. Jeanne Darc à Domrémy**. — Jeanne Darc naquit à *Domrémy* (4), petit village de Lorraine, le 6 janvier 1412. Ses parents étaient pauvres, vertueux et attachés au parti royaliste. Son âme compatissante fut de bonne heure

---

(1) CREVANT, bourg de l'Yonne. — (2) VERNEUIL, chef-lieu de canton (Eure). — (3) La bataille de Rouvray fut appelée *journée des Harengs*, parce que les Français défoncèrent à coups de canon les tonneaux de harengs que l'armée anglaise, qu'ils avaient attaquée, apportait aux assiégeants, et en couvrirent le sol. — (4) DOMRÉMY, village du dép. des Vosges.

exaltée par le spectacle des ruines que faisait la guerre. Plus d'une fois elle vit ses frères revenir blessés, et ses parents forcés d'abandonner leur chaumière. C'est ainsi qu'elle apprenait les malheurs du royaume de France. Dès l'âge de treize ans, elle crut entendre une voix « *belle et douce* » qui lui prescrivait d'aller au secours du royaume. Cette voix la pressa à plusieurs reprises, mais elle hésitait : « *Je ne suis qu'une pauvre fille*, pensait-elle, *je ne saurais chevaucher ni conduire les hommes d'armes.* » Mais « *la pitié qui était au royaume de France* » et le péril d'Orléans mirent fin à cinq années de combats intérieurs.

Maison de Jeanne Darc.

Elle parla à son père, qui s'écria tout irrité qu'il aimerait mieux la noyer de ses propres mains que de la voir aller avec des gens de guerre. Mais un de ses oncles consentit à l'accompagner. Elle partit.

**4. Jeanne Darc à Vaucouleurs.** — Elle alla trouver, à *Vaucouleurs* (1), le *sire de Baudricourt*, capitaine du roi. Celui-ci la crut tout d'abord folle, et il ne répondit à ses demandes qu'en menaçant de la renvoyer, « *bien souffletée* »,

---

(1) VAUCOULEURS, chef-lieu de canton (Meuse).

à ses parents. Jeanne insista : « *Il faut, lui dit-elle, que je sois devers le roi avant la mi-carême, dussé-je user mes jambes jusqu'aux genoux pour y aller ; car personne au monde, ni roi, ni duc, ni aucun autre, ne peut relever le royaume de France; il n'y a de secours qu'en moi. Il faut que je parte et que j'accomplisse ma mission.* »

L'enthousiasme des habitants de Vaucouleurs décida enfin Baudricourt ; deux gentilshommes crurent en Jeanne et s'offrirent pour la conduire vers le roi ; les gens du pays se cotisèrent pour lui payer une armure de chevalier. Elle partit avec une petite troupe de dix hommes seulement. Le voyage était périlleux ; il fallait traverser cent cinquante lieues de pays occupés par les garnisons anglaises et bourguignonnes. Mais Jeanne n'éprouvait aucune crainte : « *Ne craignez rien*, disait-elle à ses compagnons, *Dieu me fait ma route. C'est pour cela que je suis née.* »

**5. Jeanne Darc à Chinon.** — Vingt jours après son départ de Vaucouleurs, Jeanne arriva à *Chinon* (1), où se tenait le roi, et le reconnut, dit-on, bien qu'il se fût mêlé aux courtisans : « *Gentil Dauphin*, lui dit-elle en s'agenouillant, *j'ai nom Jeanne, et vous mande le Roi du ciel, par moi, que vous serez sacré et couronné dans la ville de Reims. Saint Louis et saint Charlemagne sont à genoux devant lui, faisant prière pour vous. Le plaisir de Dieu est que vos ennemis, les Anglais, s'en aillent dans leur pays et que le royaume vous demeure.* »

Cependant Charles hésitait à reconnaître la mission de Jeanne. On fit subir à la pauvre fille de longues épreuves ; les théologiens et les juristes de Poitiers l'interrogèrent ; on ne cessa de la trouver ferme dans sa foi, pure dans ses mœurs, ardente pour sa mission. « *Dieu a pitié de vous*, dit-elle au roi, *de votre royaume et de votre peuple.* » Et « elle traita merveilleusement des manières de faire vider les Anglais hors du royaume, dont le roi et son conseil furent tout émerveillés, car elle fut autant simple en toutes autres choses comme une pastourelle. »

Bientôt la surprise et l'admiration furent universelles ; il n'y

---

(1) Chinon, sous-préfecture d'Indre-et-Loire.

eut aucun qui l'eût entendue, qui ne dît en pleurant que c'était une créature de Dieu. » Sa renommée s'était répandue

Jeanne Darc reconnaît le roi (vitrail moderne de la cathédrale d'Orléans).

partout; le peuple se réveilla et se reconnut dans Jeanne, qu'il appelait « *la fille de Dieu, la fille au grand cœur.* » On rappelait une vieille prédiction qui disait que « *le royaume perdu par une femme* (Isabeau de Bavière) *serait sauvé par une jeune fille de Lorraine.* »

**6. Jeanne Darc à Orléans**. — Enfin Charles se décida à accepter l'aide de Jeanne et lui donna un *état*, c'est-

Les Français entrent dans Orléans (dessin du xv° siècle).

à-dire une maison [militaire, composée d'un écuyer, de deux pages, de deux hérauts d'armes et d'un aumônier; « elle était armée tout en blanc, une petite hache à la main, montée sur un grand coursier noir, un gracieux page portant son étendard. » On lui confia une petite armée pour faire entrer un convoi de vivres dans *Orléans*, qui était sur le point de se rendre. Les Anglais, épouvantés à son approche, laissèrent passer le convoi; Jeanne renvoya ses troupes et entra seule dans la place (29 avril 1429).

Elle y fut reçue en triomphe, comme une envoyée du ciel; sa présence ranima tous les courages, et Jeanne entraîna les Orléanais qui, jusqu'alors, s'étaient contentés de défendre leurs murs, à l'attaque des positions anglaises. La première à l'assaut, la dernière à la retraite, Jeanne ne voulait point verser le sang; toujours maîtresse d'elle-même, elle écartait l'ennemi de la lance ou de la hache. L'aspect du sang français la mettait hors d'elle-même. « *Hélas! disait-elle, je n'ai jamais vu le sang d'un Français, sans que les cheveux ne se dressassent sur ma tête.* »

Les Anglais furent bientôt chassés des forts ou *bastides* qu'ils avaient élevés autour de la ville. A l'assaut du *fort des Tournelles*, Jeanne fut blessée d'un trait qui la frappa entre l'épaule et la gorge, mais elle raffermit le courage des siens et les entraîna à un dernier assaut : « *En avant!* criait-elle, *tout est vôtre, en avant!* » Les Anglais, terrifiés, levèrent le siège, abandonnant leurs canons et leurs bagages (8 mai 1439).

« Votre peuple, écrivait alors le duc de Bedford en Angleterre, votre peuple, assemblé devant Orléans en grand nombre, a reçu un coup violent qui semble être tombé du ciel. Ce choc lui est survenu, à mon avis, de la folle pensée et du déraisonnable effroi qu'a causés sur lui un disciple des enfers, appelé Jeanne, qui a usé de faux enchantements et de sorcellerie. »

**7. Jeanne Darc à Reims**. — Orléans délivré, Jeanne se rendit auprès du roi pour l'engager à marcher sur Reims. Dans son opinion, comme dans celle du peuple, le sacre faisait la royauté, et elle ne donnait jamais à Charles d'autre nom que celui de *gentil Dauphin*. Mais l'expédition n'était pas facile; Reims était entre les mains des Bourguignons; pour y arriver, il fallait traverser près de cent lieues de pays ennemis, et l'on n'avait pas d'armée. L'enthousiasme que Jeanne inspirait en donna une, et Charles se décida à tenter l'entreprise. La **victoire de Patay** (1) ouvrit la route

---

(1) Patay, chef-lieu de canton (Loiret).

de Reims. « *Avez-vous de bons éperons?* » avait dit avant la bataille Jeanne aux capitaines qui l'entouraient. — « *Eh quoi! lui répondit-on, est-ce pour fuir?* » — « *Non certes,* reprit-elle gaiement, *ce sont les Anglais qui vont fuir, et il nous faudra de bons éperons pour les atteindre.* » Ils prirent la fuite comme Jeanne l'avait annoncé; ils laissaient 3,000 morts sur le champ de bataille et leur chef, *Talbot,* prisonnier. — Les villes de Troyes et de Châlons furent enlevées; enfin l'armée royale arriva à **Reims**, que les Anglais, dans leur découragement, avaient abandonné. Pendant la cérémonie du sacre (17 juillet 1429), Jeanne se tint debout près de l'autel, son étendard à la main. « *Il avait été à la peine,* disait-elle plus tard, *c'était justice qu'il fût à l'honneur.* »

**8. Jeanne Darc à Paris et à Compiègne.** — Jeanne voulait qu'on marchât en avant; les Anglais étaient terrifiés, le duc de Bedfort était absent; il fallait profiter des circonstances pour frapper un grand coup et reprendre Paris. Mais Charles, que rien ne pouvait tirer de son indolence, était retombé sous l'influence de ses conseillers. Ceux-ci se défiaient de l'enthousiasme que Jeanne inspirait, et, ne comprenant pas la force de l'élan national que la jeune fille de Domrémy avait fait naître, ils voulaient ramener l'armée derrière la Loire. On perdit un temps précieux.

Enfin, malgré l'opposition des courtisans, on attaqua *Paris;* mais l'on n'avait fait aucun des préparatifs nécessaires pour assurer le succès. Jeanne ne fut pas soutenue; elle fut même peut-être trahie. Blessée à la cuisse en donnant l'assaut à la *porte Saint-Honoré,* elle voulait que l'on tentât un nouvel effort; on ne l'écouta pas et le siège fut levé honteusement. Charles VII revint à Chinon.

Au printemps suivant, Jeanne, accompagnée de quelques chevaliers, se jeta dans *Compiègne* (1), que les Bourguignons assiégeaient. Le jour même de son arrivée, elle fit une vigoureuse sortie; mais elle fut forcée de battre en retraite, et, quand elle se présenta pour rentrer dans la place, le pont était levé; elle se défendit vaillamment; à la fin elle fut ren-

---

(1) COMPIÈGNE, sous-préfecture de l'Oise.

versée de cheval, faite prisonnière et livrée au comte *Jean de Luxembourg*, vassal du duc de Bourgogne, qui la vendit aux Anglais.

Jeanne Darc blessée devant Paris (vitrail moderne de la cathédrale d'Orléans).

Charles ne fit rien pour sauver celle qui avait tout fait pour lui; ce lâche abandon a déshonoré sa mémoire.

**9. Jeanne Darc à Rouen.** — Le martyre de Jeanne, conduite à *Rouen,* commença. Les Anglais l'avaient enfermée dans une dure prison, où elle était enchaînée et exposée sans cesse aux insultes de grossiers soldats. Ceux-ci demandaient sa mort avec fureur, croyant que cette mort leur rendrait la victoire, et qu'ils montreraient au peuple, en la faisant condamner comme sorcière, que ce n'était pas le ciel, mais l'enfer, que Charles VII avait pris pour auxiliaire.

Le procès fut dirigé par l'évêque de Beauvais, *Pierre Cauchon,* homme tout dévoué aux Anglais. Ce fut un modèle d'iniquité. On eut recours à tout, au mensonge, à la calomnie, aux perfidies les plus atroces, pour trouver matière à accusation. Une pauvre fille de dix-neuf ans se trouva seule, sans conseil, sans défendeur, devant une assemblée de juges décidés à la trouver coupable. On lui fit subir de longs interrogatoires ; on chercha à l'embarrasser par des questions absurdes, captieuses. Jeanne ne se démentit pas un seul jour ; plus d'une fois elle déconcerta ses juges par ses réponses.

« Jeanne, lui disaient-ils, croyez-vous être en état de grâce ? — *Si je n'y suis pas, Dieu veuille m'y mettre ; si j'y suis, Dieu veuille m'y maintenir !* — N'avez-vous pas dit que les étendards faits par les hommes d'armes à la ressemblance du vôtre leur portaient bonheur ? — *Non, je disais seulement : Entrez hardiment parmi les Anglais, et j'y entrais moi-même.* — Quelle était la pensée des gens qui vous baisaient les mains, les pieds et les vêtements ? — *Les pauvres gens venaient volontiers à moi, parce que je ne leur faisais point de déplaisir ; je les soutenais et défendais selon mon pouvoir.* — Croyez-vous avoir bien fait de partir sans la permission de vos père et mère ? — *Ils m'ont pardonné.* — Pensiez-vous donc ne point pécher en agissant ainsi ? — *Dieu le commandait ; quand j'aurais eu cent pères et mères, je serais partie.* — Dieu hait-il les Anglais ? — *De l'amour ou de la haine que Dieu a pour les Anglais, je n'en sais rien, mais je sais bien qu'ils seront mis hors de France, sauf ceux qui y périront.* » — On la menaça de la torture : « *Vraiment,* dit-elle, *si vous deviez me faire déchirer les membres et partir l'âme hors du corps, je ne vous dirais pas autre chose; et si je disais autre chose, après je vous dirais que vous me l'auriez fait dire par force.* »

Elle fut condamnée à une détention perpétuelle, *au pain de douleur et à l'eau d'angoisse,* pour pleurer ses péchés en même

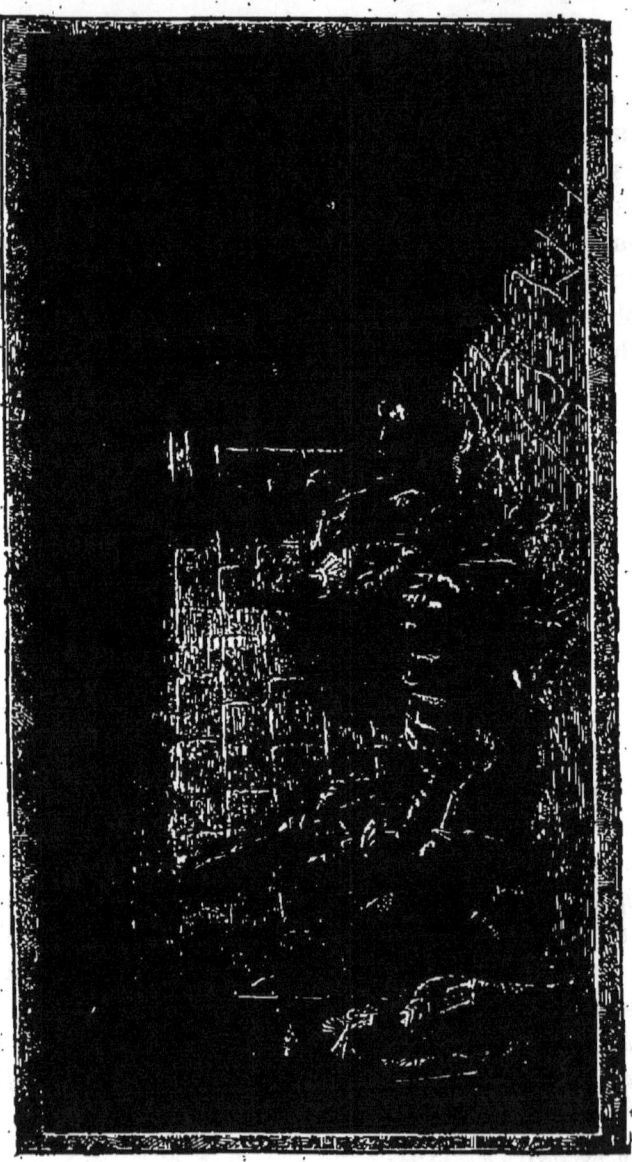

Jeanne Darc en prison à Rouen (vitrail moderne de la cathédrale d'Orléans).

temps on lui fit promettre de ne plus porter de vêtements d'homme. Les Anglais trouvèrent la sentence trop douce; ils tirèrent leurs épées et voulurent tuer les juges : « *Nous saurons bien la reprendre,* » leur dit l'évêque.

**10. Martyre de Jeanne Darc.** — Pendant son sommeil on lui déroba ses habits de femme. Le matin, Jeanne ne trouva plus que des habits d'homme qu'elle fut bien forcée de revêtir. Aussitôt on la déclara *relapse*, c'est-à-dire retombée dans sa faute, et on la condamna à être brûlée vive. A cette sentence, l'infortunée fondit en larmes : « *Hélas*, disait-elle, *réduire en cendres mon corps qui n'a rien de corrompu ! Ah ! j'en appelle à Dieu des cruautés qu'on me fait !* » — Les soldats anglais se jetèrent sur elle et la traînèrent au supplice (30 mai 1431).

Le bûcher avait été dressé sur la *place du Vieux-Marché* de Rouen. Jeanne était vêtue d'une longue robe et coiffée d'une mitre sur laquelle on lisait : *Hérétique, relapse, idolâtre.* Arrivée au lieu du supplice, elle s'agenouilla, invoqua Dieu et la sainte Vierge, pardonnant à tous et demandant aux assistants de prier pour elle. Elle réclama une croix ; un Anglais lui en fit une avec un bâton ; mais elle en voulait une de l'église voisine : on lui apporta celle de la paroisse de Saint-Sauveur.

Cependant les soldats anglais s'impatientaient ; deux sergents la saisirent et la livrèrent au bourreau. Un instant la nature faiblit chez Jeanne : « *O Rouen !* s'écria-t-elle, *seras-tu donc ma dernière demeure ?* » — Le feu venait d'être mis au bûcher ; Jeanne, s'oubliant pour ne penser qu'au dominicain qui l'exhortait toujours, lui dit de descendre et de lui tenir haut devant les yeux la croix de Saint-Sauveur. Les dernières paroles que le frère entendit furent celles-ci : « *Oui, mes voix étaient de Dieu, mes voix ne m'ont pas trompée. Jésus, Marie, mon Dieu, mon Dieu !* »

« Dix mille hommes pleuraient, peut-être même l'évêque Pierre Cauchon, ce qui ne l'empêcha pas d'ordonner de jeter dans la Seine les restes de Jeanne, dont on eût fait des reliques. Quelques Anglais seuls riaient ou tâchaient de rire. Un d'eux, des plus furieux, avait juré de mettre un fagot au bûcher ; Jeanne expirait au moment où il le mit, il se trouva mal ; ses camarades le menèrent à une taverne pour le faire boire et reprendre ses esprits, mais il ne pouvait se remettre : « J'ai vu, disait-il hors de lui-même, j'ai vu de sa bouche, avec le dernier soupir, s'envoler une colombe. » D'autres avaient lu dans les flammes le mot qu'elle répétait : « Jésus ! » Le bourreau alla le soir trouver frère Isambart ; il était tout épouvanté ; il se confessa, mais il ne pouvait croire que Dieu lui pardonnât jamais... Un secrétaire du roi d'Angleterre disait tout haut en revenant : « *Nous sommes perdus ; nous avons brûlé une sainte*. » (Michelet).

Jeanne avait été la **sainte de la patrie**.

**11. Fin de la Guerre de Cent ans.** — Le sentiment patriotique que Jeanne avait éveillé ne disparut pas avec elle. La cause de Charles VII devint de plus en plus la cause nationale. Tous, nobles, bourgeois, paysans s'unirent dans un même sentiment de haine contre l'Anglais envahisseur et se groupèrent autour de l'étendard royal. Charles, *le bien servi*, était sorti enfin de sa longue indolence et travaillait activement à la réorganisation de l'armée française. *Jeanne Darc* ne s'était pas trompée quand elle avait annoncé aux Anglais qu'ils seraient chassés de France ; elle avait ramené la victoire et, après elle, les succès ne furent plus interrompus.

En 1435, le duc de Bourgogne fait sa paix avec Charles VII par le **traité d'Arras** et promet d'être *bon Français* ; — en 1436, le connétable de Richemont s'empare de Paris ; — enfin les derniers Anglais sont expulsés de la *Normandie* par la victoire de **Formigny** (1) (1450) ; — de la *Guyenne*, par celle de **Castillon** (2) (1453). — De toutes leurs conquêtes, ils ne conservaient plus que *Calais*. **La guerre de Cent ans était terminée.**

**La haine de l'ennemi et une longue communauté de souffrances avaient créé la patrie française.**

**12. Œuvre de Charles VII et de Louis XI.** — La retraite des Anglais permit à la royauté française de reprendre l'œuvre commencée par Philippe-Auguste, Louis IX, Philippe le Bel. **Charles VII et Louis XI assureront le triomphe du pouvoir monarchique sur l'anarchie féodale.**

Le but était bien difficile à atteindre. Les désastres de la

---

(1) Formigny, village du Calvados. — (2) Castillon, chef-lieu de canton dans le département de la Gironde.

guerre de Cent ans avaient permis à la Féodalité de reprendre son ancienne indépendance. Les maisons de **Bretagne**, d'**Anjou** (*Provence, Anjou, Maine, Lorraine*), — de **Bourgogne**, le disputaient à la maison royale de splendeur et de puissance. Le duc de Bourgogne était le véritable chef de la Féodalité. Il réunissait sous sa domination la *Bourgogne*, la *Franche-Comté*, les *villes de la Somme* (1), la *Flandre* (2), la *Hollande* (3), le *Hainaut*, *Namur*, le *Brabant* (4). C'était le prince le plus riche de l'Europe. — Charles VII se mit résolument à l'œuvre.

**13. La taille perpétuelle. — L'armée permanente.** — Il réussit d'abord à s'assurer des revenus réguliers en établissant la **taille perpétuelle**, c'est-à-dire un impôt qui pût être levé chaque année sans qu'il fût nécessaire de s'adresser aux États généraux. C'était un abus de l'autorité royale; mais, pour le moment, cette usurpation fut utile.

Francs-archers.

La taille perpétuelle servit à entretenir la **première armée permanente** que la France ait eue. Ce fut la cavalerie des *compagnies d'ordonnance*. Ces compagnies étaient au nombre de quinze et comprenaient chacune cent *lances garnies*. Une lance se composant de six hommes, cette cavalerie formait un corps d'environ 9,000 *gens d'armes* (d'où *gendarmerie*) bien disciplinés, sur lesquels le roi pouvait toujours compter.

---

(1) VILLES DE LA SOMME : Saint-Quentin, Péronne, Amiens, Abbeville. — (2) FLANDRE, ancienne province formant deux provinces de la Belgique et une partie du département du Nord. — (3) HOLLANDE, aujourd'hui province du royaume de Hollande ou des Pays-Bas. — (4) HAINAUT, NAMUR, BRABANT, provinces de la Belgique.

Charles VII essaya de créer une infanterie nationale qui eût remplacé ces troupes mercenaires, avides et indisciplinées, dont on s'était servi jusqu'alors. Il institua la milice des *francs-archers*. Un homme par paroisse devait chaque dimanche s'exercer au maniement de l'arc, et se tenir prêt à répondre au premier appel des capitaines royaux. Ces soldats

Palais de Jacques Cœur, à Bourges.

étaient affranchis de tout impôt; de là le nom qu'on leur donna. Cette tentative échoua malheureusement et, sous Louis XI, on revint aux mercenaires.

*L'artillerie* avait été perfectionnée et organisée par *les frères Bureau*. C'était à elle surtout que l'on devait les succès de Formigny et de Castillon.

Charles VII protégea le commerce qui prit de grands développements, grâce surtout aux entreprises du célèbre **Jacques Cœur**. Fils d'un mercier de Bourges, Jacques Cœur, dont la devise était : « *A cœur vaillant rien d'impossible* », avait su, dans le commerce avec l'Orient, se faire une immense fortune. Il avait pu prêter au roi 24 millions pour reconquérir la Normandie. Charles VII fut ingrat. Il prêta l'oreille aux accusations mensongères portées contre le riche financier. Celui-ci fut condamné, dépouillé de tous ses biens, jeté dans un couvent. Il réussit à s'en échapper et se rendit à Rome. Le pape le nomma son amiral, et l'envoya combattre les Turcs. Jacques Cœur mourut, dans l'île de Chio, d'une blessure reçue en combattant.

**14. Triomphe du pouvoir royal.** — Les réformes de Charles VII, les progrès de son pouvoir avaient irrité et effrayé les seigneurs. Ceux-ci s'étaient soulevés, excités par le Dauphin, Louis, qui prit les armes contre son père. Charles VII triompha, grâce à son artillerie, de cette révolte connue sous le nom de **Praguerie**, par allusion à la guerre que les Bohémiens de *Prague* (1) venaient de soutenir contre l'empereur d'Allemagne. Le Dauphin s'enfuit à la cour du duc de Bourgogne, qui lui fit un accueil empressé. « *Le duc de Bourgogne*, disait Charles VII, *ne fait pas attention qu'il nourrit à sa cour un renard qui mangera ses poules.* » — L'hôte du duc de Bourgogne devait être Louis XI.

En 1438, la **Pragmatique sanction** de Bourges avait limité le pouvoir des papes sur le clergé de France et réformé de graves abus qui s'étaient introduits dans l'Église.

**Ainsi la royauté étendait de nouveau son autorité sur les trois ordres : la noblesse, le clergé, le tiers état.**

Charles VII mourut en 1461. L'œuvre qu'il a commencée sera achevée par son fils, Louis XI, qui doit rendre le pouvoir royal absolu.

**Devoirs oraux.** — 1. Jeanne Darc à Domrémy. — 2. Jeanne Darc à Vaucouleurs. — 3. Jeanne Darc à Chinon. — 4. Jeanne à Orléans. — 5. Jeanne à Patay et à Reims. — 6. Jeanne devant Paris

---

(1) PRAGUE, capitale de la Bohême.

et à Compiègne. — 7. Le procès de Jeanne. — 8. Mort de Jeanne. — 9. Jacques Cœur.

**Devoirs écrits.** — 1. Exposez l'état de la France à l'avènement de Charles VII. — 2. Jeanne Darc jusqu'à sa captivité. — 3. Procès et mort de Jeanne. — 4. Montrez comment le patriotisme est né; comment la nationalité française s'est développée pendant la guerre de Cent ans. — 5. Exposez les principales institutions de Charles VII, et dites comment le pouvoir royal a été affermi.

## TABLEAU XXVI.

### Règne de Charles VII.

**1° Charles VII. Première période, 1422-1429.**

*Période de désastres.* — 1. En 1422, Henri VI proclamé roi de France et d'Angleterre; — sa puissance; — le duc de Bedford.
2. Charles VII, *roi de Bourges*; — son indolence; — ses capitaines : connétable de Richemont, Dunois, Lahire, etc.
3. Défaites de Crevant-sur-Yonne et de Verneuil.
4. Siège d'Orléans, 1428; — défaite de Rouvray ou journée des Harengs, février 1429.

**2° Jeanne Darc, 1429-1431.**

1. Née à Domrémy : ses *voix*, ses hésitations.
2. Jeanne à Vaucouleurs (Baudricourt).
3. Jeanne à Chinon, auprès du roi; — enthousiasme populaire.
4. Jeanne entre dans Orléans; — prise des Tournelles; — fuite des Anglais, 8 mai 1429.
5. Victoire de Patay; — sacre du roi à Reims, juillet.
6. Indolence de Charles VII; défiance de ses conseillers. — Jeanne blessée devant Paris; — prise à Compiègne; — vendue aux Anglais, 1430.
7. Jeanne à Rouen; — son procès (Pierre Cauchon). — Mort de Jeanne, 30 mai 1431.

**3° Fin de la guerre de Cent ans.**

1. La guerre nationale; — réveil de Charles VII; — réorganisation de l'armée.
2. Traité d'Arras avec le duc de Bourgogne, 1435.
3. Richemont s'empare de Paris, 1436.
4. Les Anglais chassés de Normandie par leur défaite à Formigny, 1450; — de la Guyenne, par leur défaite à Castillon, 1453.
5. Fin de la guerre de Cent ans; — elle a créé la patrie française.

Reconstitution du pouvoir royal.
1. Les grandes maisons féodales : Bretagne, Anjou, Bourgogne.
2. La taille perpétuelle.
3. L'armée permanente : 15 compagnies d'ordonnance (100 lances garnies ; — gendarmerie); — milice des francs-archers ; — progrès de l'artillerie (Jean et Gaspard Bureau).
4. Développement du commerce : Jacques Cœur.
5. Révolte de la Praguerie vaincue.
6. La Pragmatique sanction de Bourges, 1438.
7. Triomphe du pouvoir royal.

## XXVII

## L'Allemagne et l'Italie à la fin du Moyen Age.

### Résumé.

1-2. — Après la mort de Frédéric II, l'anarchie règne en Allemagne de 1250 à 1273 : c'est le *grand interrègne*. — Pour avoir quelques garanties, les villes forment des ligues dont la plus célèbre est la Ligue hanséatique.

3-4. — Rodolphe de Habsbourg, empereur en 1273, rétablit l'ordre et donne à son fils l'investiture de l'Autriche. — Mais les Suisses, menacés par les ducs d'Autriche, assurent leur indépendance par la conjuration du Rutli (1307), les victoires de Morgarten (1315) et de Sempach (1386).

5. — Sous la maison de Luxembourg, le pouvoir impérial redevient faible; Charles IV, par la *Bulle d'or*, donne à l'Empire sa loi électorale. — Avec Albert II, en 1438, la maison d'Autriche reprend possession de la couronne impériale qu'elle doit garder.

6-7. — La papauté est en décadence. En 1309, Clément V s'établit à Avignon et commence la *captivité de Babylone*; — de 1378 à 1448, le *Grand Schisme* divise la chrétienté entre les papes de Rome et ceux d'Avignon. Le concile de Constance, qui fait brûler Jean Huss, et le concile de Bâle ont été impuissants.

8-9. — Les villes d'Italie perdent leurs libertés à la suite de leurs dissensions. — Gênes est longtemps une république maritime prospère; — Florence trouve le repos et la gloire sous les Médicis.

10-11. — Venise doit sa prospérité aux croisades. Elle est gouvernée par l'aristocratie inscrite au *Livre d'or*; le *doge* est impuissant; tout le pouvoir appartient au *Conseil des Dix*.

12. — Au midi, le royaume de Naples appartient à la maison d'Anjou jusqu'en 1435.

RÉCIT.

### 1. Allemagne : le grand interrègne (1250-1273).

— En 1250, la mort de Frédéric II avait déterminé l'écroulement de la puissance impériale. De nombreux prétendants se disputèrent la couronne; mais aucun ne parvint à faire triompher ses prétentions, à exercer quelque autorité réelle. Ce fut le **grand interrègne** qui dura de **1250 à 1273**.

Pendant cette période de vingt-trois ans, l'anarchie fut portée au comble. Les princes usurpaient les domaines impériaux; les *chevaliers-brigands* interceptaient les routes et rançonnaient les voyageurs; il ne restait plus, en Allemagne, disait-on, d'autre droit que le *droit du poing*, c'est-à-dire le droit du plus fort.

### 2. La Ligue hanséatique.

— Au milieu de cette confusion, les villes essayèrent de trouver quelques garanties en s'unissant contre les pillards. C'est alors que se développèrent la *ligue des villes du Rhin*, la *ligue des villes de Souabe* et, surtout, la fameuse **Hanse teutonique**.

Celle-ci fut formée par les villes de la Baltique et de la mer du Nord. *Lübeck*, sur la Baltique, *Hambourg*, sur l'Elbe, *Brême* sur le Weser, étaient les capitales de la Confédération, et elles ont conservé jusqu'à nos jours leur indépendance et le titre de *villes hanséatiques.* — La Hanse comprit bientôt quatre-vingts cités. Elle devint assez redoutable pour imposer des traités à la Suède et au Danemark ; assez riche, assez prospère pour établir des comptoirs en Angleterre, en Flandre, à Rouen, à Paris, en Italie. Presque tout le commerce des États scandinaves était entre les mains des Hanséates ; en Russie, les ports de *Riga* et de *Revel*, le comptoir de *Novgorod* servaient de débouchés aux marchandises de la Chine et de l'Asie centrale.

**3. Rodolphe de Habsbourg (1273-1291).** — En 1273, l'excès de maux causés par le *grand interrègne* détermina les princes allemands à rétablir une autorité centrale. Ils donnèrent la couronne impériale à **Rodolphe de Habsbourg**, le fondateur de la maison qui règne encore aujourd'hui sur l'Autriche. C'était un petit seigneur de Souabe qui devait son nom à un vieux château des environs de Bâle. On le disait pieux et brave ; mais sa pauvreté était son titre principal aux yeux des électeurs, qui voulaient bien un empereur, mais qui ne voulaient pas un maître.

Ce fut cependant ce qu'à force d'habileté et de courage Rodolphe sut devenir. On le voyait sans cesse chevaucher du Rhin au Danube, rasant les châteaux, faisant pendre les pillards et les rebelles. Les têtes les plus fières durent se courber devant le soldat parvenu. Le roi de Bohême lui-même, le puissant *Ottocar*, fut vaincu, dépouillé des **duchés d'Autriche et de Styrie**. Le fils de Rodolphe, *Albert*, reçut l'investiture de ces provinces destinées à devenir le **noyau de la monarchie autrichienne**. Le justicier mourut en 1291.

**4. Indépendance des cantons suisses.** — Le fils de Rodolphe, *Albert I*er, voulut imposer aux Suisses (1) une domination tyrannique et les rattacher complètement à son duché héréditaire d'Autriche.

Poussés à bout par les violences du bailli *Gessler*, les trois petits cantons de **Schwitz**, d'**Uri** et d'**Unterwalden** se mirent à la tête de la résistance. Trois de leurs citoyens, *Stauffacher*, *Walter Fürst* et *Arnold de Melchthal*, chacun avec dix

---

(1) Ce nom vient du canton de Schwitz. Les Suisses s'appelaient jadis les *Helvètes*.

amis, formèrent, en 1307, la **conjuration de Rutli**, sur les bords du lac de Lucerne. Albert marcha contre eux, mais il fut tué sur les bords de la Reuss (1) par son neveu *Jean de Souabe**.

Cependant les ducs d'Autriche n'avaient pas renoncé à leurs prétentions. Il fallut aux Suisses les belles victoires de **Morgarten**, en 1315, et de **Sempach**, en 1386, pour assurer leur indépendance.

La victoire de Sempach a été rendue célèbre par le dévouement d'**Arnold de Winkelried**. Les chevaliers autrichiens avaient mis pied à terre ; ils formaient un bataillon impénétrable hérissé de piques et couvert de fer. Les charges impétueuses des Suisses étaient venues se briser contre ce mur d'acier. Tout à coup, un citoyen de Lucerne, Arnold, s'élance, saisit une brassée de piques et les presse contre sa poitrine. Il tombe percé de vingt blessures ; mais ses compagnons se précipitent par la brèche qu'il a ouverte et remportent une victoire complète (1386).

C'est ainsi que fut formé un nouvel État. A la fin du Moyen Age, la Suisse ne comprenait encore que **huit cantons** : les trois cantons primitifs d'*Uri*, de *Schwitz* et d'*Unterwalden*, puis les cantons, successivement associés, de *Lucerne*, *Zürich*, *Glaris*, *Zug*, *Berne*.

**5. Faiblesse du pouvoir impérial. — La maison d'Autriche.** — Après la mort d'Albert (1308) la puissance impériale s'avilit de nouveau ; les successeurs de

---

* **Guillaume Tell.** — A l'insurrection des Suisses se rattache la légende héroïque de Guillaume Tell. Suivant les récits populaires, Guillaume Tell, l'habile chasseur, refusa de saluer un chapeau que Gessler avait fait élever sur la place publique d'Altorf ; il fut saisi et condamné à abattre, à la distance de 120 pas, une pomme placée sur la tête de son jeune fils. Il réussit, mais il fut retenu prisonnier par Gessler qui voulut le conduire lui-même au château de Küssnacht, sur le lac des Quatre-Cantons. Une tempête s'éleva ; Gessler fit confier un aviron au prisonnier dégagé de ses chaînes. Tell se dirigea vers le rivage, s'élança sur une plate-forme, encore appelée le *saut de Tell*, attendit le tyran sur la route de Küssnacht, et le tua d'une flèche. — Guillaume Tell devait être plus tard un des héros de Morgarten en 1315.

---

(1) Reuss, rivière de Suisse, se jette dans l'Aar, affluent du Rhin.

Rodolphe furent incapables de réprimer les désordres. Les ligues défensives se multiplièrent. Des tribunaux secrets, dépendant d'une association occulte appelée la **Sainte-Wehme**, se formèrent en Westphalie. Les *francs-juges* s'associaient entre eux pour citer, au fond des bois, juger et exécuter tous ceux qui se rendaient coupables de violences. Les condamnés étaient pendus aux branches d'un arbre ou bien frappés avec un poignard où était gravé le nom de la Sainte-Wehme. Auprès du corps on laissait l'arme qui avait servi et, en même temps, la sentence prononcée par les francs-juges.

— C'était la force mise au service du droit luttant contre la force aveugle et tyrannique.

De 1308 à 1438, c'est la **maison de Luxembourg** qui possède, presque sans interruption, la couronne impériale. Un prince de cette famille, *Charles IV*, donna à l'Allemagne sa loi électorale (1356). La **Bulle d'or** confiait à **sept électeurs** le droit d'élire l'empereur.

Exécution des jugements du tribunal Wehmique.

Il y avait trois électeurs ecclésiastiques : les *archevêques de Trèves, de Cologne et de Mayence*; et quatre laïcs : le *roi de Bohême*, le *comte palatin du Rhin*, le *duc de Saxe*, le *margrave de Brandebourg*.

Avec *Albert II*, en **1438, la maison d'Autriche reprend possession de la couronne impériale qu'elle doit conserver**. Mais le titre d'empereur n'est guère alors qu'un titre sans autorité; le pouvoir central appartient à la **Diète**, assemblée des princes et des seigneurs allemands.

En 1452, *Frédéric III* est le *dernier empereur couronné à Rome*.

**6. Italie : — décadence de la Papauté.** — La

Papauté semblait avoir assuré son triomphe par la ruine des Hohenstaufen. Au grand *jubilé* de l'an 1300, **Boniface VIII** fit porter devant lui l'épée, le sceptre et le globe impérial, attributs de la puissance temporelle, en même temps que la croix, symbole de la puissance spirituelle; il fut servi à table par les rois de Sicile et de Hongrie. Le rêve de Grégoire VII et d'Innocent III, la *théocratie*, semblait à la veille de devenir une réalité.

Mais ces dehors de puissance cachaient une faiblesse réelle. Boniface VIII est outragé, vaincu par le roi de France Philippe le Bel; et, en 1309, la **translation du Saint-Siège à Avignon** par **Clément V** marque la **défaite de la Papauté** dans la lutte qu'elle soutient depuis si longtemps contre le pouvoir temporel. Le pape doit renoncer, comme l'empereur, à son rêve de domination universelle. Il ne lui reste plus que sa puissance temporelle à Rome, et son autorité spirituelle sur la chrétienté. La première est sur le point de lui être ravie par le tribun **Rienzi**, qui, en 1347, tente de rétablir la république romaine; la seconde est compromise par le **grand schisme**.

**7. Le grand schisme (1378-1448).** — Ce schisme célèbre éclata en 1378, lorsque le parti italien, voulant affranchir la Papauté de la *Captivité de Babylone*, nomma un pape italien, Urbain VI, qui rétablit le Saint-Siège à **Rome**. Les cardinaux français se prononcèrent pour un pape de leur nation, Clément VII, qui demeura à **Avignon**. Toute la chrétienté se partagea entre les deux pontifes, et le schisme, perpétué par les successeurs d'Urbain et de Clément, se prolongea pendant soixante-dix ans, de 1378 à 1448.

Les conséquences du schisme furent lamentables pour l'Église, affaiblie par ses divisions, déconsidérée par de nombreux abus, par la lutte qui mettait ses chefs aux prises les uns contre les autres. C'est alors que se produisirent les **hérésies** de **Wiclef**, en Angleterre, et de **Jean Huss**, en Bohême, les précurseurs de la Réforme.

Des conciles généraux travaillèrent à rétablir la paix religieuse. Le **concile de Constance**, convoqué en 1414, fit comparaître Jean Huss avec son disciple, *Jérôme de Prague*, les envoya au bûcher malgré le sauf-conduit accordé aux deux hérétiques par l'empereur *Sigismond*. Une terrible guerre de religion éclata en Bohême ; le sang coula à flots.

Le concile put terminer le schisme pour quelques années ; mais tous ses efforts pour réformer l'Église furent impuissants. Les décrets inspirés par le sage et savant *Gerson*, chancelier de l'Université de Paris, furent éludés par la Papauté. — Le **concile de Bâle**, en 1431, ne réussit pas mieux; le schisme recommença ; il devait durer jusqu'en 1448.

**8. Les villes italiennes.** — Au XIIIe siècle, les villes italiennes s'étaient affranchies de la domination allemande ; mais elles perdirent bientôt, par leurs **discordes**, la liberté qu'elles avaient su conquérir par l'union. On vit reparaître les noms de **Guelfes** et de **Gibelins**, désignant cette fois la **démocratie** et l'**aristocratie**, qui se disputaient partout le pouvoir.

Tour penchée de Pise.

Les républiques qui s'étaient formées au nord et au centre, épuisées par leurs dissensions, se donnèrent pour la plupart ou subirent des maîtres. Ceux-ci étaient soutenus par des armées de soldats mercenaires, les **condottieri**, qui vendaient leurs services au plus offrant. C'est ainsi que s'établirent : — à *Mantoue*, la **maison des Gonzague**; à *Ferrare*, la **maison d'Este**; à *Milan*, la **maison des Visconti**, dépossédée vers le milieu du XVe siècle, par celle des **Sforza**.

**9. Gênes et Florence.** — Quelques républiques conservèrent plus longtemps leurs libertés : les plus glorieuses furent celles de Gênes, de Florence, de Venise.

**Gênes** fut puissante par ses vaisseaux; elle disputa à Venise la suprématie commerciale de l'Orient; elle s'empara de la *Corse*. Mais, après une ère de spendeur, affaiblie par les discordes continuelles des factions, elle fut réduite à se placer elle-même sous une domination étrangère, d'abord sous celle du roi de France, Charles VI, puis, en 1421, sous celle des ducs de Milan.

**Florence** fut également longtemps agitée par les querelles des nobles et du peuple qui causèrent l'exil du *Dante* et celui de *Pétrarque*. Elle ne sortit de l'anarchie qu'aux dépens de sa liberté. Les **Médicis**, riche famille de marchands, se rendirent maîtres du pouvoir, en 1378, sous le titre de *gonfaloniers*, en s'appuyant sur le parti populaire, et ils surent le conserver par les bienfaits et la gloire de leur gouvernement. *Jean de Médicis* fut appelé le « père des pauvres »; *Cosme de Médicis*, « le père de la patrie ».

Florence, bien gouvernée, étendit sa domination sur toutes les autres républiques de la Toscane, sur **Pise** elle-même, victime de ses divisions *.

**10. Venise : sa prospérité.** — L'origine de **Venise** remonte aux invasions. Les habitants d'*Aquilée* et de *Padoue*, fuyant devant Attila, avaient cherché un asile au milieu des lagunes de la *Brenta*, de la *Piave* et de l'*Adige*, sur des îles sablonneuses, coupées de mille canaux. La ville nouvelle, Venise, était gouvernée par des assemblées populaires et

---

* UGOLIN. — Au XIIIe siècle, déchirée par les factions, vaincue par les Génois, menacée jusque dans son existence par les villes de la Toscane, Pise avait cru trouver son salut dans la dictature d'un de ses concitoyens. Elle nomma le comte *Ugolin* capitaine du peuple pour dix ans. Ugolin parvint à dissoudre la ligue toscane formée contre sa patrie; mais il chercha à établir définitivement sa domination et exerça la plus affreuse tyrannie contre tous ceux qui lui portaient ombrage. Alors Guelfes et Gibelins, réconciliés, s'emparèrent du tyran, l'enfermèrent dans une tour avec quatre de ses fils et petits-fils, et jetèrent dans l'Arno les clefs de la prison. Ces malheureux moururent au milieu des tortures de la faim. Ugolin, si l'on en croit le Dante, aurait essayé de manger ses enfants (1288).

par un magistrat portant le nom de duc ou de **doge**. Les croisades assurèrent sa fortune en lui ouvrant les ports de la Syrie, en multipliant ses relations avec l'Orient. La prise de Constantinople par les Latins lui valut les ports et les îles de la Grèce ; le doge prit le titre bizarre de *seigneur d'un quart et demi de l'empire grec.*

La prospérité de Venise fut un moment compromise par la rivalité de Gênes et la chute de l'empire latin de Constantinople ; elle se releva, et, vers le commencement du XVe siècle, la république était parvenue à son plus haut degré de richesse et de puissance. Non contente de posséder le commerce de

Le *Bucentaure.*

l'Orient et de dominer sur la Méditerranée, elle envoyait ses vaisseaux dans les ports de l'Espagne, de la Flandre et de l'Angleterre ; ses marchands se rendaient en foule aux grandes foires de France et d'Allemagne. Reine de la mer et du commerce, elle était en même temps la reine de l'industrie dont elle avait dérobé les secrets aux Grecs et aux Arabes.

**11. Gouvernement de Venise.** — Mais, à Venise, la liberté n'existait que de nom. Les assemblées populaires avaient disparu dès la fin du XIIIe siècle. Le pouvoir appartenait à une **aristocratie** égoïste, composée de quelques familles dont les noms étaient inscrits sur le fameux *Livre d'or*, livre irrévocablement fermé à toute illustration nouvelle. L'aristocratie confia la direction des affaires d'abord à un **Sénat**, recruté dans son sein; puis, à partir de 1308, à un **Conseil des Dix**, magistrature sans appel, chargée de veiller à la sûreté de l'État, entourée d'une terreur mystérieuse, servie par une police vigilante et impitoyable. Le **doge** ne conserva que les apparences du pouvoir. Sa principale fonction fut d'aller chaque année, du haut de la poupe dorée du *Bucentaure*, jeter son anneau dans la mer Adriatique, et renouveler par ces fiançailles symboliques l'éternelle union de Venise et de la mer. — Le peuple, nourri et amusé par l'État, était heureux d'un régime qui laissait fort tranquilles les petites gens et les familles qui ne visaient pas à s'emparer des affaires publiques.

**12. La Maison d'Anjou.** — Dans l'Italie méridionale, la **maison d'Anjou** s'était emparée, en 1268, du **royaume de Naples** enlevé à la maison de Souabe. Elle perdit la Sicile après le massacre des *Vêpres siciliennes* en 1282; mais elle devait régner à Naples jusqu'en 1435. Elle finit avec la reine *Jeanne II* qui adopta pour héritier *Alphonse V le Magnanime, roi d'Aragon*.

**Devoirs oraux.** — 1. Le grand interrègne. — 2. La ligue hanséatique. — 3. Rodolphe de Habsbourg. — 4. Légende de Guillaume Tell. — 5. Arnold de Winkelried. — 6. Histoire d'Ugolin. — 7. Le gouvernement de Venise.

**Devoirs écrits.** — 1. Le grand interrègne et les villes hanséatiques. — 2. Indépendance des cantons suisses. — 3. L'Allemagne de 1250 à 1453. — 4. La papauté à la fin du Moyen Age; le grand schisme. — 5. Histoire de Venise; son gouvernement.

**Carte.** — L'Allemagne et l'Italie à la fin du Moyen Age.

## TABLEAU XXVII.

### L'Allemagne et l'Italie à la fin du Moyen Age.

**A Allemagne.**

1º Le *grand interrègne*, 1250-1273; — anarchie; les chevaliers-brigands; — la Ligue hanséatique : Lübeck, Brême, Hambourg, etc.
2º Rodolphe de Habsbourg, empereur de 1273 à 1291, rétablit l'ordre; — il donne à son fils Albert l'investiture de l'Autriche.
3º Indépendance des cantons suisses : — Conjuration du Rutli, 1307 : Schwitz, Uri, Unterwalden. — Légende de Guillaume Tell. — Victoires des Suisses à Morgarten, 1315; — à Sempach (Arnold de Winkelried), 1386.
4º A la mort d'Albert Iᵉʳ, 1308, nouvelle anarchie : la Sainte-Wehme. — Maison de Luxembourg, 1308-1438, sans pouvoir. — La bulle d'or de Charles IV : les sept électeurs, 1356.
5º En 1438, l'Empire à la maison d'Autriche : — la Diète.

**Italie.**

*1º La Papauté.*

1. Grandeur apparente du Saint-Siège sous Boniface VIII : jubilé de 1300.
2. Mais Boniface vaincu par Philippe le Bel.
3. La papauté à Avignon (Clément V, 1309) et *captivité de Babylone*.
4. Tentative de Rienzi à Rome, 1347.
5. Le *grand schisme*, 1378-1448 : papes de Rome et papes d'Avignon.
6. Hérésies de Wiclef et de Jean Huss.
7. Conciles de Constance, 1414, et de Bâle, 1431, impuissants.

*2º Les villes italiennes.*

1. Leurs discordes; perte de la liberté : — les Visconti, puis les Sforza à Milan, etc.; — les *condottieri*.
2. Gênes s'empare de la Corse; — décadence.
3. Florence : luttes intérieures; — splendeur sous les Médicis, 1378.
4. Venise : — prospérité due aux croisades; — apogée au XVᵉ siècle; — l'aristocratie du Livre d'or; — le Sénat et le Conseil des Dix; — le doge sans pouvoir.
5. La maison d'Anjou à Naples jusqu'en 1435; — la maison d'Aragon.

## XXVIII

## Les Turcs en Europe. — La fin du Moyen Age.

### Résumé.

1. — Les succès des Turcs ont pour causes principales l'état de l'Europe au xv⁰ siècle, la constitution politique et l'organisation militaire de l'Empire Ottoman.

2. — Othman et Orkhan se rendent puissants en Asie Mineure et organisent la milice des Janissaires. — Gallipoli est occupé en 1356.

3-5. — Amurat I$^{er}$ triomphe des Serbes à Kossovo, en 1389 ; — Bajazet l'Éclair triomphe des Hongrois et des Français à Nicopoli, en 1396 ; — mais il est vaincu à Ancyre, en 1402, par le mongol Tamerlan, descendant de Gengis-Khan.

6-7. — Amurat II a pour adversaires le Hongrois Jean Hunyade et l'Albanais Scanderbeg. — En 1453, Mahomet II s'empare de Constantinople.

8. — Les dernières années du xv⁰ siècle marquent la fin du Moyen Age : — les invasions sont terminées ; — la Féodalité tend à disparaître ; — l'autorité du Saint-Siège n'est plus souveraine ; — la civilisation renaît ; — les nations modernes se constituent.

### Récit.

**1. La dernière invasion.** — Le Moyen Age commence avec les invasions qui mettent fin à l'Empire romain d'Occident ; il se termine par la dernière invasion que l'Europe ait subie, celle des Turcs Ottomans qui détruisent, au xv⁰ siècle, l'Empire grec d'Orient.

Le triomphe des Turcs a deux causes principales : 1⁰ l'état de l'Europe au xv⁰ siècle ; — 2⁰ la constitution politique et l'organisation militaire de l'Empire Ottoman.

1⁰ Tandis que les nations de l'Europe occidentale et centrale s'organisent lentement, l'**Europe orientale** reste **morcelée** en une foule d'États dont aucun n'est assez puissant pour arrêter les nouveaux envahisseurs.

La *Russie*, à demi barbare, divisée en principautés et républiques rivales, ne forme pas encore un corps de nation. — Su

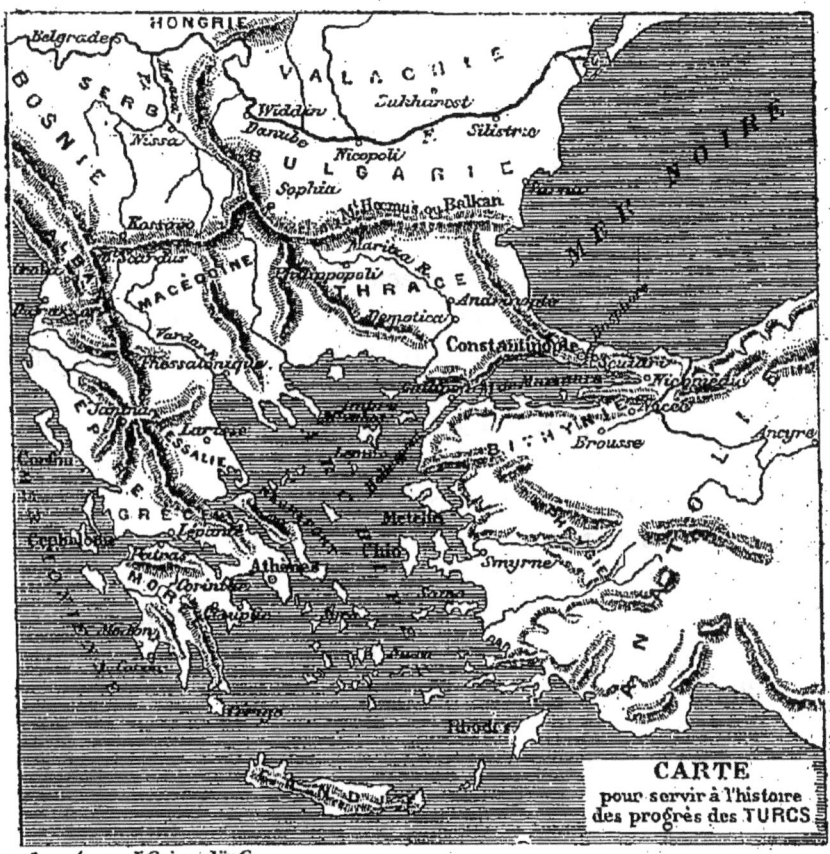

le Danube, les principautés de *Moldavie*, *Valachie*, *Serbie*, *Bulgarie*, *Bosnie* sont faibles et s'épuisent encore en luttes stériles. — L'*Empire Grec*, relevé en 1261, ne possède que la Thrace, la Macédoine, quelques parties de la Grèce et de l'Asie Mineure; il est affaibli par une longue décadence morale et matérielle. — La *Hongrie* et la *Pologne* sont devenues des royaumes; elles ont acquis assez d'unité et de force pour servir de remparts à l'Europe; mais ces États agissent isolément, ils manquent de troupes réglées ; ils ont à lutter sans cesse contre leurs voisins.

2° Tandis que les peuples européens n'ont que des troupes irrégulières et sans discipline, les Sultans disposent d'armées nombreuses, aguerries, bien disciplinées. — Tandis qu'en Europe les rois voient leur autorité entravée et contestée, les chefs ottomans sont investis d'une autorité sans bornes qui leur permet de faire agir toutes les forces de leur nation dans une direction invariable.

### 2. Les Turcs Ottomans. — Les Janissaires.

— Les **Turcs Ottomans** ou **Osmanlis** se rattachent à la *race tartare* ; ils tirent leur nom d'un de leurs chefs *Othman* ou *Osman* ; ils sont les adeptes fanatiques de la religion de Mahomet.

Au commencement du XIIIe siècle, **Soliman**, aïeul d'Othman, commandait une troupe d'environ quatre cents cavaliers à la solde des sultans d'Iconium. Telle a été l'origine d'une puissance qui devait faire trembler l'Europe.

**Othman** s'empara d'une partie de l'Asie Mineure ; — son successeur, **Orkhan**, occupa *Brousse* (1326), *Nicomédie*, *Nicée* (1) et organisa la terrible milice des janissaires.

« Les **janissaires** ou *jenghitchéri* (nouveaux soldats) étaient de jeunes chrétiens, enlevés par les soldats turcs à leurs parents dès l'âge le plus tendre, et élevés dans des familles turques ou au *sérail*, c'est-à-dire dans le palais du Sultan ; ils apprenaient à lire la loi de l'islam ; ils étaient soumis à une discipline très rigoureuse. Pour la moindre faute, ils recevaient une punition corporelle et devaient baiser la main du personnage masqué qui la leur infligeait. Ils ressemblaient à des moines avec leur longue robe grise ; ils n'avaient pour tout ornement qu'une plume de héron ou de faisan au turban. Ils épiçaient avec la faim les carottes et les navets qui leur servaient de nourriture. Le Sultan était considéré comme leur père nourricier ; aussi leurs officiers portaient-ils les noms bizarres d'inspecteurs de la soupe, de chefs des cuisines, etc. Leurs réunions se tenaient autour de la marmite ; et plus tard, quand ils renversèrent la marmite symbolique, c'était le signal

---

(1) Villes d'Asie Mineure.

bien connu d'une révolte contre le Sultan dont ils refusaient la nourriture (1). »

Les janissaires ont été le principal instrument des conquêtes faites par les Sultans ottomans. Leur force venait de leur *discipline* qui leur assurait l'avantage sur les turbulentes milices féodales et de leur *fanatisme* qui les poussait à braver aveuglément le péril.

Vers la fin du règne d'Orkhan, en 1356, les janissaires s'emparèrent de la forte place de *Gallipoli*, clef des Dardanelles : les Turcs avaient un pied en Europe.

**3. Amurat I$^{er}$.** — Le fils d'Orkhan, **Amurat** ou Mourad I$^{er}$, s'empara de la *Thrace*, de la *Roumélie*, et fit d'*Andrinople* la capitale de son empire. Les Valaques, les Hongrois, les Serbes s'unirent pour repousser l'ennemi. Une bataille sanglante s'engagea à *Kossovo* (2) (1389). Les chrétiens succombèrent. Le Sultan vainqueur parcourait le champ de carnage, lorsqu'un soldat serbe, caché parmi les cadavres, s'élança sur lui et le blessa mortellement. Les Ottomans vengèrent Amurat en massacrant, aux pieds de leur chef expirant, tous les chrétiens prisonniers.

**4. Bajazet. — Bataille de Nicopoli (1396).** — Le fils d'Amurat, **Bajazet** (1389-1402), a été surnommé l'*Éclair* à cause de la rapidité de ses conquêtes. Il acheva la soumission de la *Serbie* et de la *Bulgarie*, franchit le Danube et menaça la *Hongrie*.

En Europe, la terreur fut grande. On prêcha une croisade pour arrêter Bajazet, qui annonçait que bientôt, maître de l'Italie, il donnerait à manger à son cheval sur l'autel de Saint-Pierre de Rome. Un grand nombre de chevaliers français, parmi lesquels se trouvait *Jean de Nevers* (plus tard Jean sans Peur, duc de Bourgogne), vinrent se joindre aux Hongrois pour combattre les Ottomans. La bataille se livra, en 1396, dans les plaines de la Bulgarie, près de **Nicopoli**. Le roi de Hongrie voulait que ses troupes, accoutumées à combattre les Turcs, fussent placées au premier rang. Les

---

(1) H. Vast : Cours de Seconde. — (2) Cassovie ou Kossovo en Serbie.

Croisés, qui regardaient ce poste comme le plus honorable, refusèrent de céder. Ils se précipitèrent, avec l'impétuosité qui leur avait été si souvent fatale, sur l'armée musulmane rangée en croissant. Les Turcs les laissèrent s'engager au milieu de leur armée; puis les ailes se replièrent et enveloppèrent l'armée chrétienne. La mêlée fut effroyable. Les Croisés succombèrent; mais ils s'étaient défendus avec une telle valeur, que les Turcs avaient perdu 60,000 hommes.

Bajazet renonça de ce côté à ses conquêtes et se jeta sur l'Empire de Byzance. Le salut de Constantinople vint des Mongols.

**5. Les Mongols : Tamerlan. — Bataille d'Ancyre (1402).** — Au xiiie siècle un second Attila, le mongol *Témoudgin*, plus connu sous le surnom de **Gengis-Khan**, avait menacé de renouveler l'invasion des Huns. Après avoir subjugué la Chine et le Turkestan, les **Mongols** avaient envahi la Russie, incendié Moscou, dévasté la Pologne; ils ne s'étaient arrêtés qu'aux frontières de l'Autriche, devant l'énergique résistance de la Hongrie et de l'Allemagne.

A la fin du xive siècle, un descendant de Gengis-Khan, *Timour-lenk*, plus connu sous le nom altéré de **Tamerlan**, réveilla l'ardeur guerrière des tribus mongoles. Maître de la plus grande partie de l'Asie, il voulut enlever aux Turcs leurs conquêtes. La rencontre eut lieu, en Asie Mineure, dans les plaines d'*Angora* ou **Ancyre** (1402). Les Turcs furent vaincus. Bajazet, arrêté dans sa fuite, fut amené au camp des Mongols, pieds et mains liés, et conduit devant Tamerlan. Celui-ci, dit-on, se mit à rire, non du vaincu, mais de la bizarrerie de la fortune, qui avait mis les destinées du monde entre les mains d'un borgne et d'un boiteux.

Le vainqueur d'Ancyre était un impitoyable conquérant : à Delhi, dans l'Inde, il avait fait massacrer 100,000 esclaves qui l'embarrassaient; à Bagdad, il avait érigé une pyramide avec 90,000 têtes coupées; ailleurs, il avait fait écraser par sa cavalerie 1,000 enfants envoyés pour le fléchir. — Agé de soixante-dix ans, mais toujours infatigable, il allait conquérir la Chine, lorsqu'il mourut en 1405.

**6. Amurat II. — Scanderbeg.** — Amurat II,

petit-fils de Bajazet, recommença la guerre sainte contre le[s] chrétiens : Constantinople fut assiégée, l'Albanie soumise, l[a] Hongrie menacée. Mais Amurat trouva deux adversaires redou[tables : sur le Danube, *Jean Hunyade*, régent de Hongrie, et dans les montagnes de l'Albanie, *Georges Castriot*, surnomm[é] **Scanderbeg** (le seigneur Alexandre).

Avec 15,000 guerriers à peine, Scanderbeg soutint contr[e] les Turcs une guerre de vingt-quatre ans et fut victorieu[x] dans vingt-deux combats. Les lieutenants du Sultan furen[t] tour à tour vaincus; Amurat lui-même à la tête de 100,00[0] hommes échoua devant *Croïa*. On raconte mille traits de l[a] force et de l'audace du héros albanais : des hommes fendus de la tête à la ceinture d'un seul coup de cimeterre, des tau‑ reaux furieux abattus, etc. Les Ottomans étaient pleins d'ad‑ miration pour leur terrible ennemi. Lorsque, dans la suite, ils s'emparèrent des lieux où Scanderbeg avait été enseveli, ils déterrèrent son corps, afin de contempler les restes du héros, et s'en partagèrent les ossements, croyant qu'en les portant ils se rendraient invincibles.

**7. Mahomet II : — Prise de Constantinople (1453).** — En 1451, Mahomet II avait succédé à Amu‑ rat II : la dernière heure de Constantinople avait sonné. L'Eu‑ rope était indifférente ; à la veille de leur ruine, les Byzantins ne s'occupaient que de querelles théologiques.

En 1453, Mahomet investit la ville par terre et par mer. Comme le port de Constantinople était fermé par de fortes chaînes, il eut recours, pour s'en rendre maître, à un strata‑ gème étrange. Il fit, en une nuit, couvrir une demi-lieue de chemin, sur terre, de planches de sapin enduites de suif et de graisse; puis, sur ce plancher improvisé, il fit tirer, à force de machines et de bras, 80 galères et 70 navires. Le lende‑ main matin, les assiégés virent avec stupeur une flotte en‑ tière descendre de la terre dans le port.

Le 29 mai, un dernier assaut commença pendant la nuit. Au lever du soleil, la moitié de la ville était prise; quelques heures après, les Musulmans se répandaient partout, incendiaient les maisons, égorgeaient 40,000 citoyens, et jetaient dans les fers 60,000 captifs. Le dernier empereur, *Constantin Dragasès*, n'avait pas manqué à son devoir ; il s'était fait tuer en combattant vaillamment sur les remparts. Son corps était tellement défiguré par les blessures, qu'on ne le reconnut qu'aux aigles d'or brodés sur ses brodequins de pourpre.

Après deux jours de massacres et de pillage, Mahomet fit son entrée à cheval dans la ville dévastée. A la vue de toutes ces ruines, le conquérant ne put se défendre d'un triste retour sur la fragilité des choses humaines, et répéta ces vers du poète persan : « *L'araignée a filé sa toile dans le palais impérial, et la chouette a chanté sur les tours son chant de deuil.* »

**8. Fin du Moyen Age.** — Les historiens font commencer en **1453** la période dite des **temps modernes**. Pendant la seconde moitié du XVe siècle, de nombreux signes marquent la **fin du Moyen Age** et la naissance d'une époque nouvelle dans l'histoire de l'Europe.

**Le régime féodal** n'est pas encore détruit, mais il tend à disparaître et **ne forme plus la base de la société**. L'Europe n'est plus morcelée en un nombre infini d'États féodaux ; de **grandes monarchies** se constituent ; presque partout, le pouvoir royal, favorisé par les besoins d'ordre et de sécurité, s'élève au-dessus de la Féodalité abattue.

Les Turcs Ottomans s'emparent de Constantinople : **l'ère des invasions est close ; le dernier débris de l'Empire romain a disparu**. Les Infidèles sont maîtres d'une partie de l'Europe et la **voix de la Papauté**, qui jadis avait jeté des millions de Croisés sur les rivages de la Palestine, **se fait vainement entendre**. Les rois, occupés avant tout des progrès de leur puissance et des intérêts de leurs royaumes, ne sont pas disposés à tenter de lointaines et ruineuses expéditions. Les peuples n'ont plus cet enthousiasme religieux qui les entraînait à la suite d'un Pierre l'Ermite ou d'un Godefroy de Bouillon. La *Réforme* va venir qui enlèvera une grande partie de l'Europe à l'autorité du Saint-Siège.

Vers le même temps, de **grandes découvertes maritimes**, comme celle de l'Amérique, en **1492** ; le progrès rapide de **remarquables inventions**, comme la *boussole*, la *pou-*

dre à canon, l'*imprimerie*, etc., la *Renaissance* des lettres et des arts, qui se développe avec l'étude des chefs-d'œuvre de Rome et de la Grèce, apportent de graves changements dans la condition morale et matérielle des États, et préparent un nouvel ordre de choses.

La Féodalité disparaît ; la souveraineté de l'Église de Rome est contestée ; la civilisation renaît, après de longs siècles d'ignorance et de barbarie ; le moyen âge est bien terminé : les temps modernes vont commencer.

**Devoirs oraux.** — 1. Les janissaires. — 2. Bataille de Kossovo.— 3. Bataille de Nicopoli.— 4. Bataille d'Ancyre.—5. Scanderbeg.—6. Prise de Constantinople.

**Devoirs écrits.** — 1. Causes qui ont favorisé les progrès des Turcs. — 2. Les janissaires. — 3. Règne de Bajazet. — 4. La prise de Constantinople. — 5. Tableau résumé des progrès des Turcs. — 6. Les batailles de Kossovo, de Nicopoli et d'Ancyre. — 7. La fin du Moyen Age.

**Carte à tracer.** — Carte pour servir à l'histoire des Turcs.

## TABLEAU XXVIII.

### Les Turcs en Europe.

**1° Causes.**
1. État de l'Europe au xv° siècle : — faiblesse et morcellement de l'Europe orientale ; — décadence de l'Empire grec.
2. Armées régulières et disciplinées ; — autorité absolue des Sultans.

**2° Premiers progrès.**
1. Turcs de race tartare ; — leur chef Othman.
2. Orkhan à Nicée et à Gallipoli, 1356.
3. Les janissaires, instrument principal de la conquête.

**3° Les Turcs en Europe.**
1. Amurat I$^{er}$ vainqueur des Serbes à Kossovo, 1389.
2. Bajazet I$^{er}$ vainqueur à Nicopoli, 1396.
3. Les Mongols : — Gengis-Khan au xiii$^e$ siècle. — Tamerlan vainqueur de Bajazet à Ancyre, 1402.
4. Amurat II lutte contre le Hongrois Hunyade et l'Albanais Scanderbeg.
5. En 1453, Mahomet II prend Constantinople, laissé sans secours.

**4° Fin du Moyen Age.**
1. Ruine de la Féodalité ; — progrès du pouvoir royal.
2. Décadence de l'autorité pontificale ; — la foi religieuse moins vive.
3. La *Renaissance* commence : — grandes découvertes et grandes inventions.
4. Fin des invasions.

FIN.

# TABLE DES CARTES

|  | Pages. |
|---|---|
| 1. Gaule indépendante | 10 |
| 2. Gaule romaine | 23 |
| 3. Europe à l'époque des invasions | 32 |
| 4. Gaule mérovingienne | 44 |
| 5. Austrasie et Neustrie | 58 |
| 6. Arabie et pays voisins | 75 |
| 7. Empire carlovingien | 102 |
| 8. Normandie | 125 |
| 9. Allemagne et Italie | 149 |
| 10. Europe au temps des Croisades | 166 |
| 11. Angleterre | 187 |
| 12. Ile de France et pays voisins (*Domaine royal en 1108*) | 203 |
| 13. Provinces françaises appartenant au roi d'Angleterre Henri II à la fin du règne de Louis VII | 209 |
| 14. France de 987 à 1328 | 216 |
| 15. Flandre, Artois et Picardie | 41 |
| 16. France: — Guerre de Cent ans | 263 |
| 17. Carte pour servir à l'histoire des progrès des Turcs | 308 |

# TABLE DES CHAPITRES

|  |  | Pages. |
|---|---|---|
| Introduction | . . . . . . . . . . . . . . . . . . . . . . . . . . . . | 1 |
| I. | — La Gaule indépendante. . . . . . . . . . . . . . . . | 3 |
| II. | — La Gaule romaine . . . . . . . . . . . . . . . . . . | 16 |
| III. | — La grande invasion. . . . . . . . . . . . . . . . . | 28 |
| IV. | — Les Francs. — Clovis et ses fils. . . . . . . . . . | 41 |
| V. | — Neustrie et Austrasie. — *Frédégonde et Brunehaut.* — *Les maires du palais et les rois fainéants.* . . | 53 |
| VI. | — L'Empire d'Orient. — Justinien. . . . . . . . . . . | 65 |
| VII. | — Les Arabes. — Mahomet. . . . . . . . . . . . . . . | 73 |
| VIII. | — La famille d'Héristal . . . . . . . . . . . . . . . | 88 |
| IX. | — Les guerres de Charlemagne. . . . . . . . . . . . . | 96 |
| X. | — Gouvernement de Charlemagne. . . . . . . . . . . . | 105 |
| XI. | — Les successeurs de Charlemagne. — *Démembrement de l'Empire.* — *Les Normands.* . . . . . . . . . . . | 114 |
| XII. | — La Féodalité. . . . . . . . . . . . . . . . . . . . | 128 |
| XIII. | — Allemagne et Italie au moyen âge. . . . . . . . . . | 146 |
| XIV. | — La première Croisade. . . . . . . . . . . . . . . . | 159 |
| XV. | — Les Croisades *(suite)* . . . . . . . . . . . . . . | 169 |
| XVI. | — Les Normands en Angleterre et dans les Deux-Siciles. | 182 |
| XVII. | — Affranchissement des villes. — Les communes. . . . | 195 |
| XVIII. | — La royauté capétienne : Louis VI et Louis VII. . . | 201 |
| XIX. | — Philippe-Auguste. . . . . . . . . . . . . . . . . . | 211 |
| XX. | — Saint Louis. . . . . . . . . . . . . . . . . . . . | 223 |
| XXI. | — Philippe le Bel et ses fils. . . . . . . . . . . . | 237 |
| XXII. | — Guerre de Cent ans : Philippe VI (1328-1350). . . | 248 |
| XXIII. | — Règne de Jean le Bon (1350-1364). . . . . . . . . | 259 |
| XXIV. | — Règne de Charles V (1364-1380). . . . . . . . . . | 265 |
| XXV. | — Règne de Charles VI (1380-1422) . . . . . . . . . | 271 |
| XXVI. | — Règne de Charles VII (1422-1461) . . . . . . . . | 278 |
| XXVII. | — L'Allemagne et l'Italie à la fin du moyen âge . . | 296 |
| XXVIII. | — Les Turcs en Europe. — La fin du moyen âge. . . | 307 |

www.ingramcontent.com/pod-product-compliance
Lightning Source LLC
Chambersburg PA
CBHW071238160426
43196CB00009B/1112